JN121351

所有者の所在の把握が難しい土地に関する探索・利活用のためのガイドライン

第3版

～所有者不明土地探索・利活用ガイドライン～

所有者の所在の把握が難しい土地への対応方策に関する検討会

収録内容

■ 所有者の所在の把握が難しい土地に関する探索・利活用のための
 ガイドライン

■ 所有者の所在の把握が難しい土地に関する探索・利活用のための
 ガイドライン事例集

日本加除出版株式会社

所有者の所在の把握が難しい土地に関する探索・利活用のためのガイドライン

（第３版）

～所有者不明土地探索・利活用ガイドライン～

はじめに

　不動産登記簿等の所有者台帳により、所有者が直ちに判明しない、又は判明しても連絡がつかない土地（以下「所有者の所在の把握が難しい土地」という。）については、相続件数の増加や、地方から都市への人口移動に伴う不在村者の増加などにより、地方を中心に今後も増加することが想定されます。

　将来、このような土地が増大すれば、公共事業のみならず、民間も含めた様々な事業の推進において土地の円滑な利活用に支障を来すだけでなく、所有者の探索や所有権の取得等に要する負担も増大するおそれがあります。また、登記名義人が死亡しており、その相続人が多数にのぼるような土地は、たとえ所有者が判明したとしても利活用という観点からは様々な支障が生じます。

　基礎自治体や森林組合等、日頃、所有者の所在の把握が難しい土地の問題に直面することが多い現場にとって、所有者の探索の人的、経済的、時間的負担はとても大きいものです。また、所有者の所在の把握が難しい土地の課題は多様であることから、所有者探索や制度活用に当たってノウハウが必要とされることも、所有者の所在の把握が難しい土地の利活用を困難にする要因となっています。

　このため、「所有者の所在の把握が難しい土地への対応方策に関する検討会」の検討を経て、関係省庁の協力も得ながら、所有者探索の方法や所有者が不明である場合の解決方法について、対象となる土地の状況別等に整理し、具体事例を添付することで、実務に携わる担当者向けのガイドラインを作成しました。

　本ガイドラインについては、広く関係者の協力を得ながら普及を図るとともに、事例については今後とも随時蓄積を図り、市区町村等からの要望を受け、適宜更新を行っていくものとします。各都道府県、市区町村、事業主体等におかれましては、是非本ガイドラインのご活用を図っていただきますとともに、改善等のご要望があれば、お寄せいただければ幸いです。

平成28年3月
所有者の所在の把握が難しい土地への対応方策に関する検討会
委員長　山野目　章夫

はじめに

本ガイドラインで扱う「所有者不明土地」について

従来、本ガイドラインでは「所有者の所在の把握が難しい土地」について、「不動産登記簿等の所有者台帳により、所有者が直ちに判明しない、又は判明しても所有者に連絡がつかない土地」と定義づけていたところですが、「骨太の方針2018」や「所有者不明土地の利用の円滑化等に関する特別措置法」（平成30年法律第49号。以下「所有者不明土地法」といいます）等において「所有者不明土地」の語が用いられたこと等を踏まえ、本ガイドラインでも第3版より「所有者不明土地」の語を利用することとします。

なお、本ガイドラインで取り扱う「所有者不明土地」は、所有者不明土地法上の「所有者不明土地」より広く、以下の具体例のような土地を想定しています。

【本ガイドラインで取り扱う所有者不明土地の具体例】
● 所有者の探索を行う者の利用できる台帳が更新されていない、台帳間の情報が異なるなどの理由により、所有者（登記名義人が死亡している場合は、その相続人も含む。以下同じ。）の特定を直ちに行うことが難しい土地
● 所有者を特定できたとしても、転出先・転居先が追えないなどの理由により、その所在が不明である土地
● 登記名義人が死亡しており、その相続人を特定できたとしても、相続人が多数となっている土地
● 所有者の探索を行う者の利用できる台帳に、全ての共有者が記載されていない共有地など

【参考】
○所有者不明土地の利用の円滑化等に関する特別措置法（平成30年法律第49号）（抄）
　（定義）
第二条　この法律において「所有者不明土地」とは、相当な努力が払われたと認められるものとして政令で定める方法により探索を行ってもなおその所有者の全部又は一部を確知することができない一筆の土地をいう。
2　（略）

【改訂履歴と主な改訂事項】
平成29年3月
・平成28年度所有者の所在の把握が難しい土地への対応方策に関する検討会
　での検討を経てガイドラインを第2版に改訂
・関係法律等の改正による制度改正を反映
・制度活用などについての事例の拡充

令和元年11月
・令和元年度所有者の所在の把握が難しい土地への対応方策に関する検討会
　での検討を経てガイドラインを第3版に改訂
・関係法律等の改正による制度改正等を反映

所有者の所在の把握が難しい土地への対応方策に関する検討会委員名簿
（五十音順、敬称略、R1.11.18時点）

委　員　長

　　山野目章夫　　　　　早稲田大学大学院法務研究科教授

委　　　員

　　金沢　　和則　　　　日本行政書士会連合会専務理事

　　北村　　喜宣　　　　上智大学法科大学院教授

　　國吉　　正和　　　　日本土地家屋調査士会連合会会長

　　佐藤　　亨　　　　　全国市長会経済部長

　　杉浦　　綾子　　　　公益社団法人日本不動産鑑定士協会連合会副会長

　　中村　　多美子　　　日本弁護士連合会家事法制委員会委員

　　肱黒　　直次　　　　全国森林組合連合会代表理事専務

　　平井　　貴昭　　　　日本税理士会連合会常務理事

　　堀　　　正弘　　　　一般財団法人公共用地補償機構専務理事

　　峯田　　文雄　　　　日本司法書士会連合会理事

　　柚木　　茂夫　　　　一般社団法人全国農業会議所専務理事

　　吉原　　祥子　　　　公益財団法人東京財団政策研究所政策オフィサー

― 目　次 ―

目　次

目　次

目　次

第1章　一般的な所有者情報の調査方法

　　所有者情報の調査方法は、調査をする主体、調査の目的、対象となる土地の状況など
によって異なりますが、この章では、所有者情報を調査する場合の一般的な方法を紹介
します（図1-1）。

　　所有者情報の一般的な調査方法は、

①　まず調査対象となる土地に関する登記記録に記録された土地の所有権の登記名義人
　　又は表題部所有者（以下「所有権登記名義人等」という。）を把握します（具体的な
　　方法は、本章1-1を参照。以下同じ。）。

②　次に、その所有権登記名義人等について住民票の写し又は住民票記載事項証明書
　　（以下「住民票の写し等」という。）を入手して、当該所有権登記名義人等の生存及び
　　現在の住所を公簿上で確認します（1-2）。

③　ここまでの調査で、公簿上の所有権登記名義人等の生存と現在の住所が判明した場
　　合には、居住確認（1-5）を経て所有者[1]を特定します。

④　所有権登記名義人等が転出又は死亡しているため、住民票が消除されていて、住民
　　票の写し等が交付されない場合には、住民票の除票の写し又は除票記載事項証明書
　　（以下「住民票の除票の写し等」という。）を入手することにより、その状況を把握し
　　ます（1-2）。

⑤　④により所有権登記名義人等の転出が判明した場合には、転出先の市区町村から住
　　民票の写し等を入手します。さらに転出している場合には、④・⑤の手順を繰り返し
　　ます。

⑥　⑤において転出先が判明しなかった場合には、戸籍の表示のある住民票の除票の写
　　し等を入手して本籍地を把握し、次にこの本籍地の市区町村から戸籍の附票の写しを
　　入手します。

⑦　④～⑥の調査により所有権登記名義人等の現在の住所が公簿上で確認できた場合に
　　は、居住確認（1-5）を経て所有者を特定します。

⑧　④により所有権登記名義人等が死亡していることが判明した場合には、戸籍の表示
　　のある住民票の除票の写しを入手して本籍地を把握し、戸籍の調査により所有権登記
　　名義人等の法定相続人を探索します（1-3）。法定相続人を特定した上で、当該法定
　　相続の戸籍の附票の写しを入手します。

⑨　⑧の調査により法定相続人の現在の住所が公簿上で確認できた場合には、居住確認
　　（1-5）等を経て所有者を特定します。

⑩　登記記録に記録された所有権登記名義人等の住所に住民票及び住民票の除票が存在

1　「所有者」は真実所有権のある者のこと。相続その他一般承継があったときは、相続人・その他一般
　承継人が所有者となる。所有実態が登記記録に反映されている場合は、所有権登記名義人等と所有者
　が同一となる。なお、本ガイドライン中、強調のため「現在の所有者」等と記載することもあるが、
　特に断りのないかぎり意味は変わらない。

　しない場合や戸籍の附票の写しが入手できない場合、当該所有権登記名義人等や法定
　相続人が④〜⑥又は⑧の調査により判明した住所に居住していない場合は、聞き取り
　調査などの調査を行います（1-4）。利用できる所有者情報が少ない場合は、聞き取
　り調査を中心に行うこともあります。
⑪　書面上の所有者や法定相続人の氏名と住所が判明した場合には、居住確認を行い、
　土地所有者を特定します（1-5）。

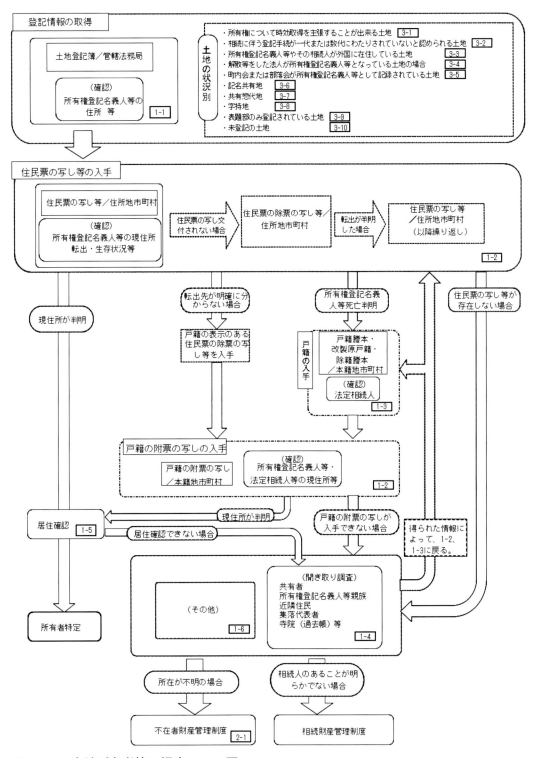

図１-１：土地所有者等の探索フロー図

　　　注１）図中の 1-1 等は、本ガイドラインの見出しを意味している。
　　　注２）公用請求については、本章 1-2（6）、1-3（7）を参照のこと。

1-1　登記情報（所有権登記名義人等の氏名及び住所）の確認

ポイント

● 土地所有者を特定する際には、まず登記事項証明書などを取得し登記記録に記録された内容を確認する。
● 登記記録に記録された内容から、所有権登記名義人等の氏名及び住所、地積（面積）、登記の時期・原因、所有権以外の権利の有無及びその内容を確認する。
● 登記記録に記録された所有権登記名義人等が、現在の所有者でない場合も多い。

（1）不動産登記簿について

　　不動産登記は、土地や建物の所在・面積、所有者の住所・氏名、担保権の有無といった権利関係などを登記官が公の帳簿（不動産登記簿）に記録し、権利関係などの状況を公示することで、取引の安全と円滑を図る役割を果たしています。

　　なお、不動産登記は土地と建物につき行われ、それぞれ独立した登記簿が存在しますが、本ガイドラインでは特に断らない限り土地に関する登記事項が記録された土地登記簿を指します。

（2）登記記録に記録された情報の確認方法

　　法務局（登記所）から登記事項証明書の交付を受けることによるほか、法務大臣が指定する法人が行う登記情報提供サービスによってインターネットを利用して登記情報を取得することで確認できます。

（a）登記事項証明書の交付請求

　　登記事項証明書の交付請求の方法には、以下の三つの方法があります。交付請求に当たっては、交付手数料のほか、登記事項証明書を郵送で受け取る場合には、その送料が必要です。

● 法務局（登記所）へ交付申請書（図1-2）を提出
　　登記事項証明書1通当たり600円（1通の枚数が50枚を超える場合には、以降50枚ごとに100円加算）の手数料を納付します。対象の土地を管轄する登記所（以下「管轄登記所」という。）以外の登記所においても交付申請をすることができます。
　　手数料は、交付申請書（図1-2参照）右側の「収入印紙欄」の所定の場所に収入印紙を貼り付けて納付します。

● 法務局（登記所）へ郵送で交付申請書を提出

　　登記事項証明書１通当たり600円（１通の枚数が50枚を超える場合には、以降50枚ごとに100円加算）の手数料を納付します。登記事項証明書を郵送で受け取る場合には、その送料が必要です（返信用切手を同封して申請）。

　　手数料の納付方法は、法務局（登記所）で直接請求する場合と同様です。

● オンライン（インターネット）申請

　　法務局（登記所）等の窓口に出向くことなく、登記・供託オンライン申請システム（http://www.touki-kyoutaku-online.moj.go.jp/）により請求します。登記事項証明書の交付手数料は、指定した登記所の窓口で受け取る場合は１通当たり480円、郵送で受け取る場合は１通当たり500円（いずれの場合も１通の枚数が50枚を超える場合には、以降50枚ごとに100円加算）で、書面で申請を行うよりも低額で利用できます。

　　手数料の納付は、インターネットバンキング、モバイルバンキング又は電子納付対応のＡＴＭを利用することができます。

情報番号１１１０（記載要領）１／１ページ

不動産用	登記事項証明書 登記簿謄本・抄本交付申請書

※ 太枠の中に記載してくださ

住　所	東京都千代田区霞が関１－１－１	収入印紙欄
フリガナ　ホウム　　タロウ 氏　名　法　務　太　郎		収入印紙

※地番・家屋番号は、住居表示番号（○番○号）とはちがいますので、注意してください。

種　別 （レ印をつける）	郡・市・区	町・村	丁目・大字・字	地　番	家屋番号 又は所有者	請求通数
1 ☑土地 2 □建物	千代田区	霞ヶ関	一丁目	1番1		1
3 □土地 4 □建物						
5 □土地 6 □建物						
7 □土地 8 □建物						
9 □財団（□目録付） □船舶 □その他						

収入印紙は割印をしないでここに貼ってください。
（登記印紙も使用可能）

※共同担保目録が必要なときは、以下にも記載してください。
次の共同担保目録を「種別」欄の番号＿＿＿＿番の物件に付ける。
　□現に効力を有するもの □全部（抹消を含む） □（＿）第＿＿＿号

※該当事項の□にレ印をつけ、所要事項を記載してください。
☑ 登記事項証明書・謄本（土地・建物）
　専有部分の登記事項証明書・抄本（マンション名＿＿＿＿＿＿＿＿＿）
　□ただし、現に効力を有する部分（抹消された抵当権などを省略）
□ 一部事項証明書・抄本（次の項目も記載してください。）
　共有者＿＿＿＿＿＿＿＿＿＿＿に関する部分
□ 所有者事項証明書（所有者・共有者の住所・氏名・持分のみ）
　□ 所有者　　□ 共有者＿＿＿＿＿＿＿＿＿

□ コンピュータ化に伴う閉鎖登記簿
□ 合筆、滅失などによる閉鎖登記簿・記録（昭和 平成 ＿＿年＿＿月＿＿日閉鎖）

交付通数	交付枚数	手数料	受付・交付年月日

（乙号・1）

**図1-2：登記事項証明書（登記簿謄本・抄本）交付申請書（見本）（出典：法務局ウェブ
サイト（http://houmukyoku.moj.go.jp/homu/content/000130851.pdf））**

登記事項証明書等の請求に関する案内が掲載されている法務局のサイト
http://houmukyoku.moj.go.jp/homu/static/fudousantouki.html

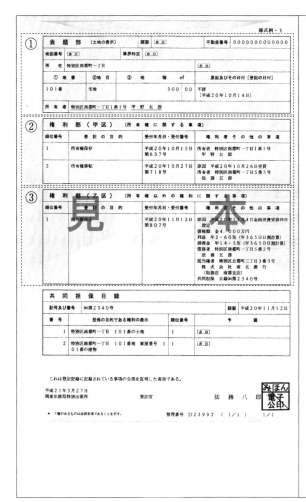

「表題部」「権利部（甲区）」「権利部（乙区）」などで構成される。

① 表題部

所在、地番、地目（土地の現況）、地積（土地の面積）など、不動産の物理的概要が記録される。

※表題部にする登記を「表示に関する登記」という。表示に関する登記の申請手続を行う専門家としては、土地家屋調査士がある。

② 権利部（甲区）

所有者の住所・氏名・取得年月日・所有権の取得原因（売買、相続など）など、所有権に関する事項が記録され、過去から現在に至るまでの所有者が分かる。所有権が移転している場合、その原因（売買・相続など）や、所有者の住所と氏名が記載される。

③ 権利部（乙区）

抵当権設定・地上権設定など所有権以外の権利に関する事項が記録される。

※甲区・乙区にする登記を「権利に関する登記」という。権利に関する登記を行う専門家としては、司法書士がある。

図1-3：土地に関する登記事項証明書（見本）。登記記録に記録された内容を書面に出力して登記官が認証したもの。登記事項証明書には、登記記録の全部を記載した「全部事項証明書」と、一部を記載した「一部事項証明書」（現在事項証明書、何区何番事項証明書、所有者証明書など）がある。現在では原則としてすべての登記簿が電算化されている。（出典：法務省ウェブサイト http://www.moj.go.jp/content/000001918.pdf））

〇閉鎖登記記録

　甲土地の滅失の登記をした場合や、甲土地の管轄が異なる登記所の管轄となった場合や甲土地を乙土地に合筆する合筆の登記をした場合などには、甲土地の登記記録は閉鎖されます。

〇閉鎖登記簿

　コンピュータ化される前に閉鎖された登記簿やコンピュータ化により閉鎖された登記簿です。

〇旧土地台帳

　旧土地台帳は、元々、課税台帳として税務署に備えられていたものですが、戦後、土地に対する税が地方税（固定資産税）となったことに伴い、登記所に移管されたものです。旧土地台帳には、①土地の所在、②地番、③地目・地積、④所有者の住所・氏名又は名称などが登録されており、登記簿に記載されている以前の所有者や分合筆や地目の変更の経緯を知ることができるなど、不動産の経緯を調査する上で重要な役割を果たすものです。旧土地台帳は昭和35年法律第227号によって廃止され、登記簿に一元化されました。

　閉鎖された登記記録とともに閉鎖登記簿・旧土地台帳を確認することで登記記録に表題部所有者として記録されている者の過去の住所についての情報が得られることもあります。

　なお、閉鎖登記記録、閉鎖登記簿や旧土地台帳を調べるときは、管轄登記所へ行く必要があります。

　（b）登記情報提供サービスでの確認

　　　登記情報提供サービス（http://www1.touki.or.jp/gateway.html）は，登記所が保有する登記情報を、インターネットを使用してパソコンの画面上で確認できる有料サービスです。照会時点における登記情報をリアルタイムに利用者のパソコンで表示・保存することができる一方、登記事項証明書のような法的証明力はありません。利用料金は、登録利用における初期登録費用として個人は300円、法人利用は740円、国及び地方公共団体等は560円に加え、不動産登記情報の全部事項一件につき334円（指定法人の情報提供手数料14円と、登記手数料令第13条により国に納入する登記手数料320円）が必要となります。

（3）登記記録に記録された情報の確認に当たっての注意点（地番の確認）

　　　登記所からの登記事項証明書の交付、登記情報提供サービスによる照会のいずれ

の場合も、「住所（住居表示）」ではなく、「地番[2]」で対象とする土地を特定する必要があることに注意を要します。これは、登記所では登記に関する情報が「地番」で管理されていることによります。そのため、対象とする土地の地番が不明の場合には、まず地番を調べることから始めます。

　一般的な地番の確認方法は、住宅地図と公図を重ねあわせて印刷した地図を利用する方法で、そのための地図が複数の出版社から発行されています。また、林地台帳[3]、農地台帳、固定資産課税台帳等のなかには、各地番が記載されていることが多いため、これらの台帳類の閲覧が可能な場合は、林地や農地に関する地図等の関係図面と照合することで、対象地の地番を確認できる場合があります。

　なお、登記情報提供サービスにおいては、インターネット上で地番検索用住宅地図を閲覧することができます。

　山林など居住地から離れた場所では、市販の地図に収録されていない場合があります。そのような場所で、林地台帳等の関連台帳での地番確認もできない場合などは、対象地近くの土地について、公図や登記所備付地図を請求し、その図面に示された隣接地番を順番にたどっていくことで、対象地番を確認する方法があります。

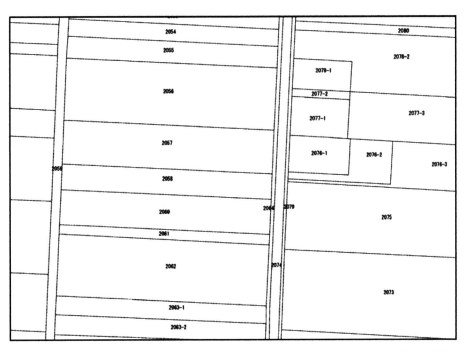

図1-4：地図・公図見本　（出典：国土交通省土地・建設産業局『土地所有者情報調査マニュアル』（平成24年））

2　一筆の土地毎に登記所が付する番号のことを地番という。地番と住居表示で市町村が付する住居表示の番号は異なる場合がある。

3　平成28年の森林法改正により新たに創設された林地台帳においては、地番を記載するものとされている。

（4）公用請求について

　　登記事項証明書の交付を請求する場合には、一般的には手数料を納めることが必要となりますが、自治体の職員が、職務上請求する場合にはその手数料納付が免除されています（登記手数料令第19条）。公用による交付申請の際は、収入印紙欄に収入印紙を貼付するかわりに同欄内に「登記手数料令第19条により免除」等と付記します。なお、請求件数が多数になり、申請書の所定欄に書ききれない場合は、請求地番等の事項の一覧表を別紙として作成し、交付申請書とともに左側2箇所をホッチキス止めした上で、見開き部分に申請者（市区町村長等）印を割印します。

＜参照条文＞

登記手数料令

第19条　国又は地方公共団体の職員が、職務上請求する場合には、手数料（第2条第6項から第8項まで、第3条（同条第6項を第10条第3項において準用する場合を含む。）、第4条、第7条、第9条及び第10条第2項に規定する手数料を除く。）を納めることを要しない。

（5）登記事項証明書の確認

　　登記事項証明書に、所有権登記名義人として記載されている者は、真実の所有者と異なる場合があります。

　　また、登記記録に記録されている所有権登記名義人等の住所が、住民票の住所と異なる場合があります。

（a）所有権登記名義人等について

　　登記事項証明書を確認すると、表題部の記載のみで、権利部の記載がないものが存在します（図1-5）。また、表題部の所有者に関する欄に、「A外○名」、「共有惣代A外○名」などの記載がなされており、その共有者を全て把握できない場合があります[4]。

4　このような表題部所有者欄が正常に記録されていない土地の登記及び管理の適正化を図るため、表題部所有者不明土地の登記及び管理の適正化に関する法律（令和元年法律第15号。以下「表題部所有者法」という。）が新たに制定された。詳細については7-4（6）参照。

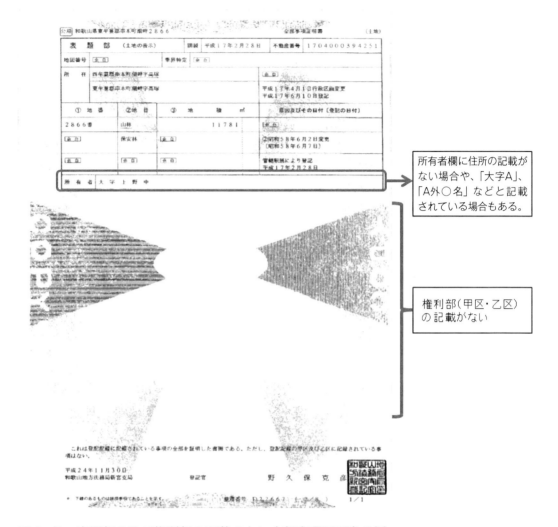

所有者欄に住所の記載がない場合や、「大字A」、「A外○名」などと記載されている場合もある。

権利部（甲区・乙区）の記載がない

図1-5：表題部のみで権利部の記載のない全部事項証明書の例

　さらに、全部事項証明書の権利部（甲区）に記載されている最後の登記の受付年月日が、明治・大正など古い場合は、登記記録に記載された所有権登記名義人等が既に死亡している可能性が高いことに十分留意する必要があります（図1-6）。

　その他、登記事項証明書等の住所地に外国地が記載され、その所在が把握できない場合や、法人名義での登記が確認できたが、その法人が解散している場合などもあります。

表　題　部　（土地の表示）	調製 [余白]		不動産番号	0000000000000	登記受付年月日が記載されている。最後の登記の受付年月日が古い場合は所有権が移転している可能性にも留意が必要
地図番号 [余白]	筆界特定 [余白]				
所　在　特別区南都町一丁目		[余白]			

①　地　番	②地　目	③　地　　積　　㎡	原因及びその日付〔登記の日付〕
101番	宅地	300 00	不詳〔平成20年10月14日〕

所　有　者　特別区南都町一丁目1番1号　甲　野　太　郎

権　利　部　（甲　区）　（所　有　権　に　関　す　る　事　項）				登記原因（売買・相続等）、所有者住所・氏名が記載されている。時効取得をして、登記を行った場合は、登記原因としてその旨明記される。海外在住の場合、海外住所が記載される。
順位番号	登　記　の　目　的	受付年月日・受付番号	権　利　者　そ　の　他　の　事　項	
1	所有権保存	平成20年10月15日第637号	所有者　特別区南都町一丁目1番1号甲　野　太　郎	
2	所有権移転	平成20年10月27日第718号	原因　平成20年10月26日売買所有者　特別区南都町一丁目5番5号法　務　五　郎	

図1-6：全部事項証明書の権利部の記載の例　（出典：法務省ウェブサイト（http://www.moj.go.jp/content/000001918.pdf）を改変）

（b）所有権登記名義人等の住所について

　　登記記録に記録されている所有権登記名義人等の住所について、必ずしも住民票の住所が記録されているわけではないことに注意が必要です。これは、昭和32年以前は登記の際に住所についての証明書の添付が必要ではなかったため、住民票の住所ではなく本籍や居所などが登記記録に記録されている場合があるためです。なお、昭和32年5月以降は、登記手続の際に住所証明書を添付することとされたため、登記手続時の所有権登記名義人等の住民票の住所が記録されます。ただし、登記記録に記録された住所から所有権登記名義人等が転居している場合にその変更が登記記録に反映されているとは限らないことに留意が必要です。

（c）長期相続登記等未了土地の付記について

　　所有者不明土地法により、登記官が、所有権の登記名義人の死亡後長期間にわたり相続登記がされていない土地について、公共の利益となる事業を実施しようとする者からの申出に応じて、登記名義人の法定相続人等を探索する制度が新たに設けられました。

　　登記官による探索がされた土地については、職権で、長期間にわたり相続登記等がされていない土地である旨等が登記に付記（図1−7参照）されるとともに、登記名義人に係る法定相続人情報が登記所に備え付けられます。

　　そして、登記名義人の相続人や上記の申出をした者は、法定相続人情報を閲覧することができます。また、相続登記の申請においては、法定相続人情報（法定相続人情報に相続人の全部又は一部が判明しない旨の記録がないものに限ります。）の作成番号を申請書に記載することにより、相続があったことを証する戸籍謄本等の添付を省略することができます。

＜参照条文＞
「所有者不明土地の利用の円滑化等に関する特別措置法に規定する不動産登記法の特例に関する省令」
第8条　表題部所有者又は登記名義人の相続人が登記の申請をする場合において、当該表題部所有者又は登記名義人に係る法定相続人情報の作成番号(法定相続情報に第一条第二項第五号に規定する事項の記録がないものに限る。)を提供したときは、当該作成番号の提供をもって、相続があったことを証する市町村長(特別区の区長を含むものとし、地方自治法(昭和二十二年法律第六十七号)第二百五十二条の十九第一項の指定都市にあっては、区長又は総合区長とする。次項において同じ。)その他の公務員が職務上作成した情報の提供に代えることができる。

権　利　部　　（甲区）　　　　（所有権に関する事項）			
順位番号	登　記　の　目　的	受付年月日・受付番号	権　利　者　そ　の　他　の　事　項
1	所有権保存	昭和何年何月何日 第何号	所有者　何市何町何番地 　甲　某
付記1号	長期相続登記等未了土地	余　白	作成番号　第5100−2018−0001号 平成30年何月何日付記

図1−7：長期相続登記等未了土地の付記の例

（6）登記事項証明書の確認後の対応

　　　現場で対応することの多い土地の状況としては、以下があり、その状況の把握と解決方法については、第3章で紹介しています。

	土地の状況	登記事項証明書での所有権登記名義人等の記載等 土地の状況の確認方法	関連記載
所有権登記名義人等から所有権が移転等している土地	所有権について時効取得を主張することができる土地	所有権について時効取得を主張することができる状態（取得時効が完成して時効を援用できる状態又は既に時効を援用した状態をいう。以下同じ。）であるにもかかわらず、取得時効を援用せず、あるいは取得時効の援用による権利変動が登記記録に反映されていない場合。現地調査等により判明する。	3-1
	相続に伴う登記手続が一代又は数代にわたりされていない土地	所有者情報を調査した結果、相続が発生しており、その次の代又は複数の代の相続人が所有している場合。例えば、登記事項証明書では、表題部の登記の日付（表題部のみ登記されている場合）又は権利部の受付年月日が古いときは、所有権登記名義人等の住民票の写し等を取得することにより相続の有無等を確認する。	3-2
	所有権登記名義人等やその相続人が外国に在住している土地	登記記録に記録されている住所が外国である場合のほか、登記記録に記録されている住所から外国に転出等している場合等。後者の場合には、所有権登記名義人等又は相続人の住民票の除票の写し等を取得して外国への転出が判明する。	3-3
	解散等をした法人が所有権登記名義人等となっている土地	所有権登記名義人等が法人である場合には、当該法人の法人登記により解散を確認する。取締役等が長らく変更されていない場合は活動が停止されている可能性が高い。	3-4
歴史的な経緯等により名義が特殊な土地	町内会又は部落会を所有権登記名義人等とする登記がされている土地	登記事項証明書の権利部の所有者の欄に「A町内会」、「A部落会」と記録されている。	3-5
	記名共有地	登記事項証明書の表題部の所有者の欄に「A外〇名」と記録されている。	3-6
	共有惣代地	登記事項証明書の表題部の所有者の欄に「共有惣代A」、「共有惣代A外〇名」と記録されている。	3-7
	字持地	登記事項証明書の表題部の所有者の欄に「大字A」、「字A」と記録されている。	3-8
	表題部のみ登記がされている土地	登記事項証明書の表題部のみがあり、権利の登記がされていない土地（上記の土地の状況を除く。）	3-9
	未登記の土地	表題登記がされていない土地	3-10

1-2　住民票の写し等及び戸籍の附票の写しの取得（所有権登記名義人等の現住所・転出・生存状況の確認）

ポイント

> ● 所有権登記名義人等の住所と生存状況を、住民票の写し等に記載された内容により確認する。
> ● 所有権登記名義人等が転出又は死亡している場合、住民票の写し等は交付されない。その場合は、住民票の除票の写し等により、所有権登記名義人等の転出又は死亡の状況を確認する。

（1）住民票について

　　登記記録の記録を調査することにより把握できた所有権登記名義人等が個人である場合、その所有権登記名義人等が登記記録に記録された住所に実際に住んでいるか（転出又は死亡していないか）などを、住民票の記載事項により確認します。

　　住民票は、市区町村が作成する個々の住民に関する記録（帳票）で、世帯ごとに編成した住民基本台帳として管理されています。住民票には、住民基本台帳法第7条に基づき以下の事項が記載されます。

　　　・氏名・出生の年月日・男女の別
　　　・世帯主、世帯主でない者については世帯主の氏名及び世帯主との続柄
　　　・戸籍の表示（本籍及び筆頭者）・住民となった年月日（その市区町村に住み始めた日）
　　　・住所及び一の市区町村の区域内において新たに住所を変更した者については、その住所を定めた年月日及び従前の住所
　　　・新たに市区町村の区域内に住所を定めた者については、その住所を定めた旨の届出の年月日
　　　・個人番号
　　　・選挙人名簿に登録された者についてはその旨
　　　・国民健康保険・後期高齢者医療・介護保険・国民年金・児童手当・米穀配給に関する事項
　　　・住民票コード
　　　・その他政令で定める事項

　　また、住民の転出や死亡などの理由により住民票が消除又は改製された場合、消除又は改製前の住民票を「住民票の除票」といいます。住民票の除票は死亡時の住所地あるいは転出元の住所地で保存されます。住民票の除票には、住民票の記載事

15

項と住民票の消除の理由のほかに、以下の事項が記載されます。

　　　・転出の場合：転出先の住所、転出年月日
　　　・死亡の場合：死亡年月日
　　　・改製の場合：改製年月日

　　住民票の除票の保存期間は、消除された日から5年間とされていましたが、情報通信技術の活用による行政手続等に係る関係者の利便性の向上並びに行政運営の簡素化及び効率化を図るための行政手続等における情報通信の技術の利用に関する法律等の一部を改正する法律（令和元年法律第16号、以下「デジタル手続法」という。）及び住民基本台帳法施行等の一部を改正する政令（令和元年政令第26号。以下「改正住基令」という。）により、150年間の保存が義務づけられることとなりました。デジタル手続法の施行日（令和元年6月20日）前に5年間を超えて保存されていた住民票の除票や削除等してから5年間を超えた住民票の除票の写し等については交付を受けることができない可能性がありますので、市区町村の担当課に確認することが必要になります。

（2）戸籍の附票について

　　戸籍の附票は、戸籍に記載されている者全員の住所等が記載されている公簿です。また、転出や転居をした場合には、住所の履歴を把握することが可能です。ただし、婚姻や転籍などで新戸籍が編製されると、新しい戸籍の附票に記録されることとなりますので、新しい戸籍の附票の写しの交付を受ける必要がある場合もあります。

　　また、戸籍に記載されている者全員が除籍になると、戸籍の附票全体も消除されるほか、必要に応じ市町村長は戸籍の附票の改製を行うことができます（消除又は改製が行われた場合、消除又は改製される前の戸籍の附票を「戸籍の附票の除票」といいます。）。戸籍の附票の除票の保存期間は、消除された日から5年間とされていましたが、デジタル手続法及び改正住基令により、150年間の保存が義務づけられることとなりました。デジタル手続法の施行日（令和元年6月20日）前に5年間を超えて保存されていた戸籍の附票の除票や消除等してから5年間を超えた戸籍の附票の除票の写しについては交付を受けることができない可能性がありますので、市区町村の担当課に確認することが必要となります。

（3）住民票の写し等や戸籍の附票の写しによる住所の確認方法

　　住所の確認は、管理する市区町村に対し、住民票の写し等の交付を受けるか、住民票の写し等の交付を受けることができない場合に戸籍の附票の写しの交付を受けることにより行います。

　　住民票の写しは、住民票（住民基本台帳）の記載事項を専用紙に写したものです。このほか、住民票記載事項証明書（住民票の記載事項のうち請求目的において必要

とされるもののみの証明書）もあり、これらをまとめて本書では「住民票の写し等」と表記しています。住民票の写し等の交付を受ける場合には、記載内容を確認したい者の住民票のある市区町村（住所地市区町村）に対し、その者の氏名、住所、請求事由などを明らかにして交付請求を行います。土地所有者の探索においては、登記記録に記録された所有権登記名義人等の氏名、住所、請求事由などを明らかにして交付請求を行うこととなります（図1-8）。なお、住民票の除票の写し等の交付を受ける場合の手続はこれに準じた手続となります。

　戸籍の附票の写しは、戸籍の附票の記載事項を専用紙に写したものです。戸籍の附票の写しの交付を受ける場合には、記載内容を確認したい者の戸籍のある市区町村（本籍地市区町村）に対し、その者に係る氏名、戸籍の筆頭者の氏名、本籍などを明らかにして交付請求を行います。なお、戸籍の附票の除票の写しの交付を受ける場合の手続はこれに準じた手続となります。

本籍又は住所	必要な者の氏名	戸　籍			除　籍			改製原			不在籍証明書	住民票				不在住証明書	戸籍謄抄本の場合筆頭者
		謄本	抄本	附票	謄本	抄本	附票	謄本	抄本	附票		世帯全員	世帯一部	除票	本籍記載		

| 使用の理由 | | 不動産登記簿の記載された所有者の所在を確認する必要があるため |
| | | 不動産登記簿に記載された土地所有者が故人であることから相続人の所在を確認する必要があるため |

図1-8：ある県が住民票の写し等の交付を請求する際に使用している請求書類（部分）。実際の請求の際には、請求事由や法的根拠等を書き添える。

（4）住民票の写し等や戸籍の附票の写しの交付請求に当たっての注意点（請求権者の限定）

　　住民票の写し等や戸籍の附票の写しの交付については、住民基本台帳法に以下の

とおり定められており、交付請求に当たっては、請求事由（法的根拠等）等を明確に示す必要があることに注意が必要です。

(a) 住民票の写し等及び住民票の除票の写し等の交付

　　住民票の写し及び住民票の除票の写し等の交付請求は、以下の場合に可能です。

① 住民基本台帳に記録されている者が自己又は自己と同一の世帯に属する者に係る住民票の写し等の交付請求をする場合（第12条第1項）

※住民票の除票の写し等については、市町村が保存する除票に記載されている者がその者に係るものの交付請求を行う場合に限ります（第15条の4第1項）。

② 国や地方公共団体の機関が、法令で定める事務の遂行のために必要である場合（第12条の2第1項、第15条の4第2項）

③ 自己の権利行使・義務履行のために住民票の記載事項を確認する必要がある者、国又は地方公共団体への提出が必要な者、その他住民票の記載事項を利用する正当な理由がある者からの申出である場合（第12条の3第1項、第15条の4第3項）。

④ 弁護士・司法書士等の特定事務受任者から、受任している事件又は事務の依頼者が③に掲げる者に該当することを理由として交付の申出をする場合（第12条の3第2項、第15条の4第4項）

(b) 戸籍の附票の写し及び戸籍の附票の除票の写しの交付

　　戸籍の附票の写し及び戸籍の附票の除票の写しの交付請求は、以下の場合に可能です。

① 戸籍の附票及び戸籍の附票の除票に記録されている者又はその配偶者、直系尊属若しくは直系卑属がこれらの者に係る戸籍の附票の写しの交付請求をする場合（第20条第1項、第21条の3第1項）

② 国や地方公共団体の機関が、法令で定める事務の遂行のために必要である場合（第20条第2項、第21条の3第2項）

③ 自己の権利行使・義務履行のために戸籍の附票の記載事項を確認する必要がある者、国又は地方公共団体の機関への提出が必要な者、その他戸籍の附票の記載事項を利用する正当な理由がある者からの申請である場合（第20条第3項、第21条の3第3項）

④ 弁護士・司法書士等の特定事務受任者から、受任している事件又は事務の依頼者が③に掲げる者に該当することを理由として交付の申出をする場合（第20条第4項、第21条の3第4項）

（5）登記記録と住民票の写し等や戸籍の附票の写しの突き合せによる土地所有者の特定

　　住民票の写し等や戸籍の附票の写しの交付を受けた上で、その記載内容と登記記録に記録された所有権登記名義人等の住所と突合し、次の要領で所有者の特定等を行います（図1-9）。

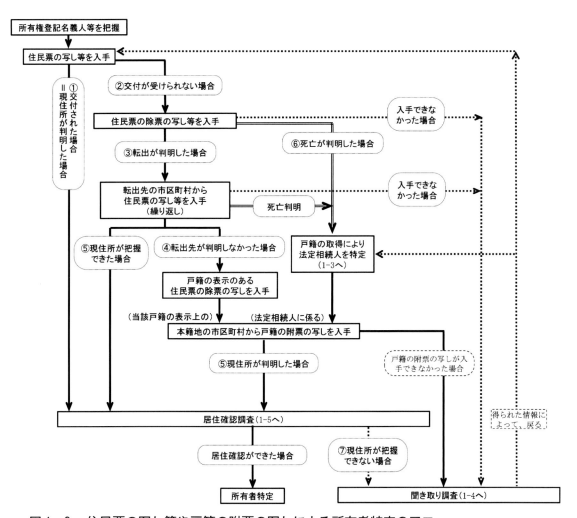

図1-9：住民票の写し等や戸籍の附票の写しによる所有者特定のフロー

　①　登記記録に記録された所有権登記名義人等の住所と住民票の写し等の住所が一致した場合

　　住民票の写し等が交付されることにより、書面上での土地所有者の氏名及び住所が判明したことになります。その場合は、居住確認調査（1-5）を経て、土地所有者の特定に至ります。

②　登記記録に記録された所有権登記名義人等の住所と住民票の写し等の住所が一致しない場合又は所有権登記名義人等に係る住民票の写し等の交付が受けられない場合

　　請求をした対象者が転出又は死亡している場合には、住民票は既に消除されているため、住民票の写し等は交付されません。その場合は、住民票の除票の写し等を入手することにより、対象者の転出又は死亡の状況を確認するとともに、転出していた場合は転出先の住所の確認を行うことになります。ただし、デジタル手続法の施行日（令和元年6月20日）前に5年間を超えて保存されていた住民票の除票や消除等してから5年間以上が経過した住民票の除票の写し等については交付を受けることができない可能性があります。

③　住民票の除票の写し等により、転出していることが判明した場合

　　住民票の除票の写し等に記載された転出先の市区町村から、住民票の写し等を同様の方法で取得します。さらに転出している場合には、②・③の手順を繰り返すこととなります。

④　③において転出先が判明しなかった場合

　　③において転出先が判明しなかった場合には、戸籍の表示のある住民票の除票の写し等を入手して本籍地を把握し、次にこの本籍地の市区町村から戸籍の附票の写しを入手します。

⑤　②～④の調査により所有権登記名義人等の現在の住所が判明した場合

　　②～④の調査により所有権登記名義人等の現在の住所が判明した場合は、居住確認調査（1-5）を経て、土地所有者の特定に至ります。

⑥　所有権登記名義人等が死亡していることが判明した場合

　　②により所有権登記名義人等が死亡していることが判明した場合には、戸籍の表示のある住民票の除票の写し等を入手して本籍地を把握した上で、戸籍の取得（1-3）により法定相続人を探索します。法定相続人を特定した上で、当該法定相続人の戸籍の附票の写しを入手し、現在の住所が判明した場合は、居住確認調査（1-5）を経て、土地所有者の特定に至ります。

⑦　所有権登記名義人等や法定相続人の現在の住所が把握できない場合

　　登記記録に記録された内容等を手掛かりに、聞き取り調査（1-4）を実施して所有者の探索をすることとなります。

（6）公用請求について

　　住民票の写し及び住民票の除票の写し等については、住民基本台帳法第12条の2及び第15条の4第2項の規定に基づき、対象者の住民票又は住民票の除票がある市区町村に公用請求をすることができます。

　　また、戸籍の附票の写し及び戸籍の附票の除票については、住民基本台帳法第20条第2項及び第21条の3第2項の規定に基づき、対象者の戸籍のある市区町村（本

籍地市区町村）に公用請求をすることができます。

＜参照条文＞

住民基本台帳法

（本人等の請求による住民票の写し等の交付）

　第十二条　市町村が備える住民基本台帳に記録されている者（当該市町村の市町村長がその者が属していた世帯について世帯を単位とする住民票を作成している場合にあつては、当該住民票から除かれた者（その者に係る全部の記載が市町村長の過誤によつてされ、かつ、当該記載が消除された者を除く。）を含む。次条第一項において同じ。）は、当該市町村の市町村長に対し、自己又は自己と同一の世帯に属する者に係る住民票の写し（第六条第三項の規定により磁気ディスクをもつて住民票を調製している市町村にあつては、当該住民票に記録されている事項を記載した書類。以下同じ。）又は住民票に記載をした事項に関する証明書（以下「住民票記載事項証明書」という。）の交付を請求することができる。

　2〜7　（略）

（国又は地方公共団体の機関の請求による住民票の写し等の交付）

　第十二条の二　国又は地方公共団体の機関は、法令で定める事務の遂行のために必要である場合には、市町村長に対し、当該市町村が備える住民基本台帳に記録されている者に係る住民票の写しで第七条第八号の二及び第十三号に掲げる事項の記載を省略したもの又は住民票記載事項証明書で同条第一号から第八号まで、第九号から第十二号まで及び第十四号に掲げる事項に関するものの交付を請求することができる。

　2〜5　（略）

（本人等以外の者の申出による住民票の写し等の交付）

　第十二条の三　市町村長は、前二条の規定によるもののほか、当該市町村が備える住民基本台帳について、次に掲げる者から、住民票の写しで基礎証明事項（第七条第一号から第三号まで及び第六号から第八号までに掲げる事項をいう。以下この項及び第七項において同じ。）のみが表示されたもの又は住民票記載事項証明書で基礎証明事項に関するものが必要である旨の申出があり、かつ、当該申出を相当と認めるときは、当該申出をする者に当該住民票の写し又は住民票記載事項証明書を交付することができる。

　　一　自己の権利を行使し、又は自己の義務を履行するために住民票の記載事項を確認する必要がある者

　　二　国又は地方公共団体の機関に提出する必要がある者

　　三　前二号に掲げる者のほか、住民票の記載事項を利用する正当な理由がある者

　2　市町村長は、前二条及び前項の規定によるもののほか、当該市町村が備える住民基本台帳について、特定事務受任者から、受任している事件又は事務の依頼者が同項各号に掲げる者に該当することを理由として、同項に規定する住民票の写し又は住民票記載事項証明書が必要である旨の申出があり、かつ、当該申出を相当と認めるときは、当該特定事務受任者に当該住民票の写し又は住民票記載事項証明書を交付することができる。

　3　前項に規定する「特定事務受任者」とは、弁護士（弁護士法人を含む。）、司法書士（司法書士法人を含む。）、土地家屋調査士（土地家屋調査士法人を含む。）、税理士（税理士法人を含む。）、社会保険労務士（社会保険労務士法人を含む。）、弁理士（特許業務法人を含む。）、海事代理士又は行政書士（行政書士法人を含む。）をいう。

＜参照条文＞
住民基本台帳法
（除票の写し等の交付）
第十五条の四　市町村が保存する除票に記載されている者は、当該市町村の市町村長に対し、その者に係る除票の写し（第十五条の二第二項の規定により磁気ディスクをもつて除票を調製している市町村にあつては、当該除票に記録されている事項を記載した書類。次項及び第三項並びに第四十六条第二号において同じ。）又は除票に記載をした事項に関する証明書（次項及び第三項並びに同号において「除票記載事項証明書」という。）の交付を請求することができる。

2　国又は地方公共団体の機関は、法令で定める事務の遂行のために必要である場合には、市町村長に対し、当該市町村が保存する除票の写しで第七条第八号の二及び第十三号に掲げる事項の記載を省略したもの又は除票記載事項証明書で同条第一号から第八号まで、第九号から第十二号まで及び第十四号に掲げる事項その他政令で定める事項に関するものの交付を請求することができる。

3　市町村長は、前二項の規定によるもののほか、当該市町村が保存する除票について、次に掲げる者から、除票の写しで除票基礎証明事項（第七条第一号から第三号まで及び第六号から第八号までに掲げる事項その他政令で定める事項をいう。以下この項において同じ。）のみが表示されたもの又は除票記載事項証明書で除票基礎証明事項に関するものが必要である旨の申出があり、かつ、当該申出を相当と認めるときは、当該申出をする者に当該除票の写し又は除票記載事項証明書を交付することができる。
　一　自己の権利を行使し、又は自己の義務を履行するために除票の記載事項を確認する必要がある者
　二　国又は地方公共団体の機関に提出する必要がある者
　三　前二号に掲げる者のほか、除票の記載事項を利用する正当な理由がある者

4　市町村長は、前三項の規定によるもののほか、当該市町村が保存する除票について、第十二条の三第三項に規定する特定事務受任者から、受任している事件又は事務の依頼者が前項各号に掲げる者に該当することを理由として、同項に規定する除票の写し又は除票記載事項証明書が必要である旨の申出があり、かつ、当該申出を相当と認めるときは、当該特定事務受任者に当該除票の写し又は除票記載事項証明書を交付することができる。

5　（略）

（戸籍の附票の写しの交付）
第20条　（略）
2　国又は地方公共団体の機関は、法令で定める事務の遂行のために必要である場合には、市町村長に対し、当該市町村が備える戸籍の附票に記録されている者に係る戸籍の附票の写しの交付を請求することができる。

3　市町村長は、前二項の規定によるもののほか、当該市町村が備える戸籍の附票について、次に掲げる者から、戸籍の附票の写しが必要である旨の申出があり、かつ、当該申出を相当と認めるときは、当該申出をする者に当該戸籍の附票の写しを交付することができる。
　一　自己の権利を行使し、又は自己の義務を履行するために戸籍の附票の記載事項を確認する必要がある者
　二　国又は地方公共団体の機関に提出する必要がある者
　三　前２号に掲げる者のほか、戸籍の附票の記載事項を利用する正当な理由がある者

4　市町村長は、前三項の規定によるもののほか、当該市町村が備える戸籍の附票について、第十二条の三第三項に規定する特定事務受任者から、受任している事件又は事務の依頼者が前項各号に掲げる者に該当することを理由として、戸籍の附票の写しが必要である旨の申出があり、かつ、当該申出を相当と認めるときは、当該特定事務受任者に当該戸籍の附票の写しを交付することができる。

5　（略）

1-3　戸籍の取得（法定相続人の確認）

ポイント

- 住民票の写し等を確認することにより所有権登記名義人等の死亡が判明した場合には法定相続人を調査する。
- 法定相続人を調査するため、所有権登記名義人等の戸籍を確認する。
- 土地の権利者となり得る法定相続人を確認する際、戸籍謄本のほか、除籍謄本や改製原戸籍により調査を行う場合が考えられる。

（1）戸籍謄本等について

　　住民票の写し等や戸籍の附票の写しを確認することにより、登記記録に記録された所有権登記名義人等が死亡していることが判明した場合は、土地所有者を特定するために法定相続人の調査を行う必要があります。法定相続人の調査には、所有権登記名義人等の出生から死亡までの全ての戸籍を確認することとなります。

　（a）戸籍謄本等

　　日本人の出生や死亡の事実、親子関係や、婚姻関係などの身分関係を登録・公証する公文書が戸籍です。戸籍は夫婦及びこれと氏を同じくする子を単位として編製され、「本籍」「戸籍の筆頭者の氏名」、その戸籍に記載されている人全員の「名」「生年月日」「父母の氏名と続柄」と「出生事項」「婚姻事項」などの身分上重要な事項が時間的順序に従って記載されています。戸籍に記載されている全ての事項を証明するのが戸籍謄本又は戸籍全部事項証明書です。（戸籍が紙で編製されている場合には「戸籍謄本」、電算化されている場合には「戸籍全部事項証明書（図1-10）」と言います。）戸籍に記載されている一部の事項のみを証明するものが「戸籍抄本」（紙で編製されている場合）ないしは、「戸籍一部事項証明書」（電算化されている場合）です。

　　平成6年法律67号により、戸籍事務の電算化が進められ、それに伴い戸籍の改製が行われています。電算化の時点で婚姻や死亡などにより除籍されている人については改製後の戸籍に移記されません。また、離婚や離縁などの事項が移記されない場合があります。

<table>
<tr><td colspan="2" align="right">（6の1）</td><td>全 部 事 項 証 明</td></tr>
</table>

本　　　籍	東京都千代田区平河町一丁目１０番地
氏　　　名	甲野　義太郎
戸籍事項 　　戸籍編製 　　転　　籍	【編製日】平成４年１月１０日 【転籍日】平成５年３月６日 【従前の記録】 　　【本籍】東京都千代田区平河町一丁目４番地
戸籍に記録されている者	【名】義太郎 【生年月日】昭和４０年６月２１日　　【配偶者区分】夫 【父】甲野幸雄 【母】甲野松子 【続柄】長男
身分事項 　　出　　生	【出生日】昭和４０年６月２１日 【出生地】東京都千代田区 【届出日】昭和４０年６月２５日 【届出人】父
婚　　姻	【婚姻日】平成４年１月１０日 【配偶者氏名】乙野梅子 【従前戸籍】東京都千代田区平河町一丁目４番地　甲野幸雄
養子縁組	【縁組日】平成３３年１月１７日 【共同縁組者】妻 【養子氏名】乙川英助 【送付を受けた日】平成３３年１月２０日 【受理者】大阪市北区長
認　　知	【認知日】平成３５年１月７日 【認知した子の氏名】丙山信夫 【認知した子の戸籍】千葉市中央区千葉港５番地　丙山竹子
戸籍に記録されている者	【名】梅子 【生年月日】昭和４１年１月８日　　【配偶者区分】妻 【父】乙野忠治 【母】乙野春子 【続柄】長女
身分事項 　　出　　生	【出生日】昭和４１年１月８日

発行番号０００００１　　　　　　　　　　　　　　　　　　　　以下次頁

図1-10：戸籍全部事項証明書の一部（見本）（出典：法務省ウェブサイト（http://www.moj.go.jp/content/000116686.pdf））

（b）除籍謄本（除籍事項証明書）

　　戸籍に記載された者全員が、死亡、婚姻、離婚、養子縁組、分籍、転籍等の理由により戸籍から除かれた場合には、その戸籍は除籍簿として保存されます。除籍謄本（除籍事項証明書）とは、除籍に記載されている事項について証明するものです。除籍に記載されている全ての事項について証明するものを除籍全部事項証明書又は除籍謄本、一部の事項だけを抜き出して証明するものを除籍一部事項証明書又は除籍抄本といいます。紙により編製されているものが除籍謄本・除籍抄本であり、電算化されているものが除籍全部事項証明書・除籍一部事項証明書です。

（c）改製原戸籍

　　改製原戸籍とは、戸籍を改製したことにより除籍となった戸籍のことをいいます。明治時代の初めに全国統一の戸籍が生まれてから現在までに、戸籍法の改正により戸籍の改製が数回行われています。最近では、平成 6 年法律67号により、戸籍の電算化とコンピュータによる事務処理が開始され、全国的に戸籍の改製が進められています。旧来の和紙によって編製されてきた戸籍は「改製原戸籍」と呼ばれる除籍として取り扱われます。なお、改製後の戸籍には、改製以前に死亡、婚姻等で除籍された人については移記されません。

　　従来、除籍簿の保存期間は、保存期間開始年度の翌年から80年と定められていましたが、平成22年 6 月 1 日に戸籍法施行規則が改正され、「除籍簿の保存期間は、保存期間開始年度の翌年から150年（戸籍法施行規則第 5 条第 4 項）」へ改められました。しかし、既に保存期間80年を経過したことによって廃棄された除籍簿については収集できません。公共事業のための用地取得等の場合、契約後市区町村名義に所有権移転登記[5]を行うこととなりますが、その前提登記である相続登記を行う上では、「除籍等の謄本を交付をすることができない」旨の市区町村長の証明書の交付を受けることとされています。なお、これまではこの証明書と「他に相続人はない」旨の相続人全員による証明書をもって、廃棄処分になっている除籍謄本に代えるのが登記実務上の取扱いとされていましたが、後述（第 7 章 7 - 4 （4））のとおり現在は不要とされています。

（2）戸籍謄本等の取得方法

　　戸籍の謄本若しくは抄本又は戸籍に記載した事項に関する証明書（以下、「戸籍謄本等」という。）は、本籍地の市区町村役場より取得します。その場合、請求する戸籍を特定するために、筆頭者の氏名及び本籍を明らかにして市区町村役場に交付請求を行います。ここでは、 1 - 2 の住民票等の調査において取得された、戸籍

5　不動産登記法上の「所有権の移転の登記」をいう。以下同じ。

の表示のある住民票の除票の写し等に記載された本籍により交付申請を行うこととなります。

（3）戸籍謄本等の交付申請に当たっての注意点（請求権者の限定）

　戸籍謄本等の交付請求の取扱いは、濫りに他人の戸籍に関する情報を収集するようなことがされることを防ぐ見地から、厳格な運用がされています。戸籍に記載されている者が請求することができることは当然ですが（戸籍法第10条第1項）、それ以外では、本人の配偶者や子などの一定の範囲の親族が請求することができます（第10条第1項）。もっとも、これらは、所有権登記名義人等が死亡しているとみられ、その近親者も把握することができない用地取得の場面の多くにおいては、利用は難しいと考えられます。

　これらのほかでは、国や地方公共団体の機関が法令の定める事務を遂行するため必要がある場合に（公用請求、第10条の2第2項）、また、弁護士や司法書士等が受任している事務に関する業務を遂行するために必要がある場合には（職務上請求、第10条の2第3項）、それぞれ請求することが認められます。

　そのため、用地取得の局面においては、国や地方公共団体が事業をする場合は、公用請求を活用することにより戸籍謄本等の交付を請求することが考えられます。また、相続人の探索を司法書士等に外部委託する場合で、委託者に戸籍の記載事項を確認する正当な理由がある場合には、職務上請求を活用して戸籍謄本等の交付を請求することができます（第10条の2第3項）。

　このほか、自己の権利を行使し、又は自己の義務を履行するために戸籍の記載事項を確認する必要がある場合（第10条の2第1項第1号）、国又は地方公共団体の機関に提出する必要がある場合（第10条の2第1項第2号）、戸籍の記載事項を利用する正当な理由がある場合（第10条の2第1項第3号）なども、戸籍謄本等の交付を請求することができます。

　これらの戸籍法に基づく請求の他、個別の法令により請求が認められている場合があります。

<参照条文>
戸籍法
　第10条　戸籍に記載されている者（その戸籍から除かれた者（その者に係る全部の記載が市町村長の過誤によつてされたものであつて、当該記載が第24条第2項の規定によつて訂正された場合におけるその者を除く。）を含む。）又はその配偶者、直系尊属若しくは直系卑属は、その戸籍の謄本若しくは抄本又は戸籍に記載した事項に関する証明書（以下「戸籍謄本等」という。）の交付の請求をすることができる。
　2・3　（略）

　第10条の2　前条第1項に規定する者以外の者は、次の各号に掲げる場合に限り、戸籍謄本等の交付の請求をすることができる。この場合において、当該請求をする者は、それぞれ当該各号に定める事項を明らかにしてこれをしなければならない。
　　一　自己の権利を行使し、又は自己の義務を履行するために戸籍の記載事項を確認する必要がある場合　権利又は義務の発生原因及び内容並びに当該権利を行使し、又は当該義務を履行するために戸籍の記載事項の確認を必要とする理由
　　二　国又は地方公共団体の機関に提出する必要がある場合　戸籍謄本等を提出すべき国又は地方公共団体の機関及び当該機関への提出を必要とする理由
　　三　前2号に掲げる場合のほか、戸籍の記載事項を利用する正当な理由がある場合　戸籍の記載事項の利用の目的及び方法並びにその利用を必要とする事由
　2　前項の規定にかかわらず、国又は地方公共団体の機関は、法令の定める事務を遂行するために必要がある場合には、戸籍謄本等の交付の請求をすることができる。この場合において、当該請求の任に当たる権限を有する職員は、その官職、当該事務の種類及び根拠となる法令の条項並びに戸籍の記載事項の利用の目的を明らかにしてこれをしなければならない。
　3　第1項の規定にかかわらず、弁護士（弁護士法人を含む。次項において同じ。）、司法書士（司法書士法人を含む。次項において同じ。）、土地家屋調査士（土地家屋調査士法人を含む。次項において同じ。）、税理士（税理士法人を含む。次項において同じ。）、社会保険労務士（社会保険労務士法人を含む。次項において同じ。）、弁理士（特許業務法人を含む。次項において同じ。）、海事代理士又は行政書士（行政書士法人を含む。）は、受任している事件又は事務に関する業務を遂行するために必要がある場合には、戸籍謄本等の交付の請求をすることができる。この場合において、当該請求をする者は、その有する資格、当該業務の種類、当該事件又は事務の依頼者の氏名又は名称及び当該依頼者についての第1項各号に定める事項を明らかにしてこれをしなければならない。
　4～6　（略）

（4）法定相続人の特定

　所有権登記名義人等の法定相続人を特定するために、所有権登記名義人等の戸籍謄本等を収集します（図1-11）。具体的には、戸籍の表示のある住民票の除票の写し等に記載された本籍地の戸籍謄本（当該戸籍が既に除籍されている場合には除籍謄本）を取り寄せるとともに、除籍謄本、改製原戸籍などを含め、出生から死亡までの全ての戸籍を収集します。

　法定相続人の調査では、まず収集した戸籍謄本等から法定相続人となり得る人

（次節を参照）を抜き出します。次に、その法定相続人となり得る人について必要に応じて戸籍の附票の写しや住民票の写し等により生存しているかどうか、生存している場合の現住所等を確認します。戸籍等や住民票の記載事項の確認を行い、その人が生存していた場合には被相続人の法定相続人と特定されます。全ての法定相続人となり得る人に関して調査を行い、法定相続人を特定することとなります。

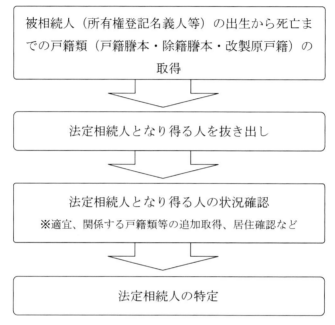

図1-11：法定相続人の特定フロー

（5）相続人調査の範囲

　法定相続人の範囲は、被相続人の死亡の日を基準として、民法等の法令の規定に従って、決定されます。なお、現行民法の法定相続人の範囲は図1-12のとおり、また、明治31年以降の適用法令等は表1-1のとおりです。相続分は、相続開始時期により異なります。

　例えば、現行民法が適用される昭和56年1月1日以降に被相続人が死亡した場合の法定相続人は次のように決定されます。まず、配偶者（被相続人の妻又は夫）がいる場合、配偶者は常に法定相続人となります。次に、第一順位は子（子が被相続人より先に死亡している場合は孫など直系卑属）、第二順位は父母（父母の両方が被相続人より先に死亡している場合は、祖父母など直系尊属）、第三順位は兄弟姉妹（兄弟姉妹が被相続人より先に死亡している場合はその兄弟姉妹の子）の順位で法定相続人となります。ここで、順位の異なる法定相続人は同時に法定相続人にはなりません。つまり、第二順位の父母が法定相続人になるのは被相続人に直系卑属がない場合（被相続人より先に直系卑属全員が死亡している場合も含む）に限られ、第三順位の兄弟姉妹が法定相続人になるのは被相続人に直系卑属がなく、被相続人

　の父母（父母の両方が被相続人より先に死亡している場合は、祖父母など直系尊属）が被相続人より先に死亡している場合に限られます。

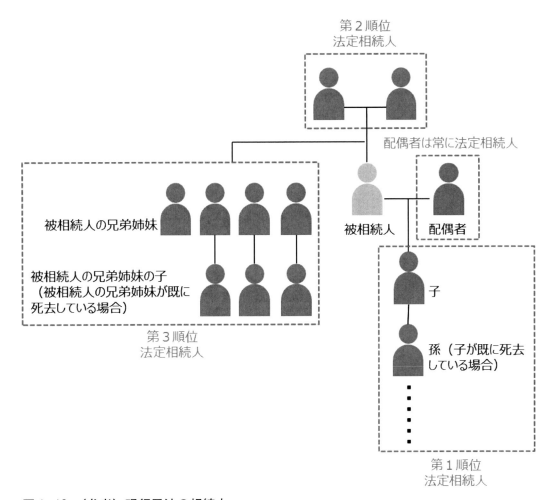

図1-12：（参考）現行民法の相続人

表 1 - 1 ：明治31年以降の法定相続人の範囲とその適用期間

順位／適用期間	適用法令	第 1 順位	第 2 順位	第 3 順位	第 4 順位	第 5 順位
明治31年 7 月16日〜昭和22年 5 月 2 日	旧民法 （戸主が死亡、隠居等した場合の家督相続）	第 1 種法定推定家督相続人	指定家督相続人	第 1 種選定家督相続人	第 2 種法定推定家督相続人	第 2 種選定家督相続人
	旧民法 （戸主以外の家族が死亡した場合の遺産相続）	直系卑属	配偶者	直系尊属	戸主	
昭和22年 5 月 3 日〜昭和22年12月31日	日本国憲法の施行に伴う民法の応急的措置に関する法律	配 偶 者： 1/3 直系卑属： 2/3	配 偶 者： 1/2 直系尊属： 1/2	配 偶 者： 2/3 兄弟姉妹： 1/3		
昭和23年 1 月 1 日〜昭和37年 6 月30日	改正前の現行民法	配 偶 者： 1/3 直系卑属： 2/3	配 偶 者： 1/2 直系尊属： 1/2	配 偶 者： 2/3 兄弟姉妹： 1/3		
昭和37年 7 月 1 日〜昭和55年12月31日	改正前の現行民法	配 偶 者： 1/3 子： 2/3	配 偶 者： 1/2 直系尊属： 1/2	配 偶 者： 2/3 兄弟姉妹： 1/3		
昭和56年 1 月 1 日〜現在	現行民法	配 偶 者： 1/2 子： 1/2	配 偶 者： 2/3 直系尊属： 1/3	配 偶 者： 3/4 兄弟姉妹※：1/4		

※　兄弟姉妹が相続人となる場合の代襲相続人の範囲を、兄弟姉妹の子（被相続人から見て甥・姪）までに制限　（出典：末光祐一（平成25年）「Q＆A農地・森林に関する法律と実務」より一部改変）

（6）現在の土地所有者の特定

　　所有権登記名義人等の法定相続人を特定した後、最終的に現在の土地の所有者を特定するには、相続放棄、遺言又は遺産分割協議の有無等を調査し、当該法定相続人がその土地の所有者であり、また現在もその土地を所有しているか否かの調査を進める必要があります。このため、まずは判明した法定相続人の住所の確認が必要となります。その場合は法定相続人について、1 - 2 の方法により現在の住所を把握する必要があります。この後は、1 - 5 による居住確認調査を行い、法定相続人と連絡をとって、当該土地に係る相続人の特定を行います。通常、法定相続人が複

数存在する場合には、判明した法定相続人のうち、まずは本家筋と考えられる法定
相続人に連絡をとり、遺産分割協議が調っているかを確認し、遺産分割協議が調っ
ているようであれば、その結果に基づいて土地の所有者を特定しますが、遺産分割
協議が調っていない場合には、全ての法定相続人について、1−2の住民票等の調
査による現在の住所の把握と居住確認調査を行う必要があります。なお、遺産分割
協議がされている場合のほか、遺言がされている場合など土地所有者が法定相続人
と一致しない場合もあります。

　具体的なケースについては、弁護士や司法書士、行政書士等の専門家へ相談して
ください。

（7）公用請求について

　戸籍法第10条の２第２項の規定に基づき、国又は地方公共団体の機関が法令の定
める事務を遂行するために必要がある場合には、その利用の目的等を明らかにした
上で行う本籍地の市区町村役場への公用請求により、戸籍謄本等の交付を受けるこ
とができます。

1-4　聞き取り調査

ポイント

> ● 所有権登記名義人等と連絡が取れない場合や、登記記録に記録された内容等の確認が必要な場合などは、対象となる土地の関係者への聞き取り調査を実施する。
> ● 聞き取り調査は、登記記録に記録されている他の共有者（共有地である場合）、対象土地の近隣住民や集落代表者などを対象に行う。
> ● 聞き取り調査を行う場合、調査の目的や調査結果の利用方法を明確にする。

（1）聞き取り調査について[6]

　　所有権登記名義人等と連絡が取れない場合、登記記録に記録された内容等の確認が必要な場合、法定相続人の特定ができなかった場合などは、対象となる土地の関係者への聞き取り調査を実施し、当該所有権登記名義人等又は法定相続人に関する情報を収集します。所有権登記名義人等の親族、対象となる土地の近隣住民や集落代表者、共有地である場合には連絡の取れる他の共有者などを対象として、所有権登記名義人等の転居先や連絡先などの聞き取りを行います。また法定相続人や関係者等を確認する場合は、寺院の保有する過去帳を閲覧することも有効です。

　　また、所在不明の所有権登記名義人等についての聞き取り調査を行う場合は、まずは地元区長など集落代表者や民生委員など地域に詳しい人に対して聞き取り調査を行うと効率的です。それでも所在不明の場合は、近隣住民や親族などにあたっていくことになります。

　　この聞き取り調査により、所有権登記名義人等の現住所に関する情報が得られた場合には、1-2の方法により現在の住所を把握し、1-5の方法により居住確認を行い、所有者の所在を特定することとなります。

（2）聞き取り調査の留意点

　　現地での聞き取り調査を行う場合、調査の目的や調査結果の利用方法を明確にし、聞き取り先関係者に不審を抱かせないよう配慮する必要があります。このため、聞き取りを実施する前に、事業所管部局など関連部局とも十分に協議しておくことが重要になります。例えば、聞き取りを行う対象者やその関係者などとのこれまでのやりとりの有無やその内容の確認を行ったり、地元とのやりとりがあった場合は、事前にその部局・担当者を通じて、概略の趣旨説明を依頼したりするなどで、聞き

6　2018年以降の所有者不明土地問題への全省的な取り組みの一環として、各制度における所有者探索の範囲の合理化が図られている。従って、本項及び次項で述べるのは一般的な聞き取り調査・居住確認調査の概要であることに留意の上、各制度に基づいて聞き取り等を行う場合の対象や頻度等の具体的な内容については、本書の各制度の項及びそれぞれの制度の法令、ガイドライン、パンフレット等を参照されたい。

取り調査が円滑に進むことが期待できます。

　なお、聞き取りの際には、業務上知り得た個人情報を第三者に話すことがないよう注意が必要です。

1-5　居住確認調査

ポイント

● 土地所有者の書面上の氏名及び住所が判明し、その者が書面上生存している場合、土地所有者を特定するため、居住確認調査を行う。
● 書面上の住所に居住の実態が確認できない場合、そのような状況を記録（写真撮影、返送郵便物の保管）しておく。
● 留守のため面談できない場合には、面談したい旨を記載した訪問連絡票を残す。

（1）居住確認調査の方法

　　所有権登記名義人等の氏名や住所が書面上判明し、その者が書面上生存している場合には、その者と所在を特定するため居住確認調査を行います。居住確認調査には、現地調査と郵便調査の2種類の方法があります。判明した書面上の住所が近隣である等、現地へ出向くことが可能な場合には、現地調査を行うことがその先の事業を円滑に進める観点でも有効です。判明した書面上の住所が遠方であるなど、現地へ直接訪問することが困難な場合は、郵便にて居住確認を行います。

　　現地調査は、郵便調査よりも手間がかかりますが、公共事業等の用地取得が予定されているような場合には、その後の事業を円滑に進める上でも、事業所轄部局とも連携して丁寧に対応していくことが望まれます。また、現地調査を行う際は、立ち入ろうとする地区の自治会長や町内会長等に対し、事前に訪問の趣旨を説明しておくことで、仮に居住の実態がなかった場合等を含めたその後の調査への理解が得られやすくなります。

　　居住確認で調査する内容は以下の通りです。
（ア）土地所有者本人であるか（氏名、生年月日など）
（イ）現在の住所での居住に間違いがないか
（ウ）連絡が取れる電話番号等
（エ）確認した電話へ連絡する必要が生じた場合の希望時間帯
（オ）他に土地に対して権利を有する者がいないか
（カ）仮に他に権利を有する者等が存在する場合には、その者の住所、氏名、連絡先等
　　上記に掲げた各調査項目については、調査目的によって必要の有無を判断することになります。

　　なお、用地取得を予定している場合等については、登記されていなくても実際には設定されている所有権以外の権利（借地権、抵当権等）を有する者の調査も併せて行うことで、調査の効率化を図ります。

　　調査先の住所に居住している実態がない場合には、近隣者や自治会長、町内会長

等に対して、転居先及び連絡先の聞き取りを行うことが考えられます。その際、所有権登記名義人等に関する情報が得られない場合にも、親族など関係者の連絡先が判明することもあります。

（2）現地居住確認の留意事項

　書面上の住所に居住の実態が確認できない場合、例えば、表札には対象者と同一の氏名があるものの、門扉や玄関の状況から長期間放置されているような状況であれば、その状況を写真に撮影して記録しておきます。この記録は、その後、例えば家庭裁判所に不在者財産管理人の選任を申し立てる場合には提出書類の一部となり得ます。

　居住の形跡はあるものの、不在のため面談ができない場合には、話をしたい旨を記載した訪問連絡票などを、郵便受け等へ残すことが考えられます。この場合の書類の文面は、必ずしも面談したい当人が開封するとは限らないため、あまり具体的なことは書かずに、話をしたい等の一般的に記述に留めるほうが無難です（図1-13参照）。

　また、近隣の人がいる場合は、その人に留守宅の方と連絡が取りたい旨の伝言を残すことも考えられます。この場合も、近隣者への依頼は、連絡が取りたい旨の伝言程度に留めるのがよいと思われます。こうした対応を採ることで、土地所有者からの連絡により、事後に居住確認ができる可能性があります。

平成〇〇年〇月〇〇日

〇〇〇〇様

〇〇市〇〇課
課長〇〇〇〇

訪　問　連　絡　票

　未曾有の大災害をもたらした東日本大震災からはや1年が経過し、震災で亡くなられた方々のご冥福をお祈り致しますとともに、被災されました皆様、そのご家族の方々に心よりお見舞い申し上げます。
　また、日頃より当市行政に対し、ご理解とご協力を賜り、厚くお礼申し上げます。
　さて、このたび〇〇事業の〇〇 にあたり、土地所有者である皆様の連絡先等を確認させていただくことを目的とした、土地所有者情報調査を実施しております。
　本日は、ご連絡先が分からないことから、突然訪問させていただきましたが、お留守のようでしたので、この連絡票にて失礼いたします。
　お忙しい中、誠に恐縮ではございますが、一度、下記担当者までご連絡をいただきたく、お願い申し上げます。
　なお、本土地所有者情報調査について、ご不明な点等ございました場合にあっても、下記担当者あてお尋ね下さいます様、重ねてお願い申し上げます。

　お問い合わせ先　　〇〇県〇〇市〇〇一丁目1番1号
　　　　　　　　　　〇〇市役所〇〇課
　　　　　　　　　　電話番号〇〇〇-〇〇〇-〇〇〇〇
　　　　　　　　　　担当者　〇〇〇〇

図1-13：訪問連絡票の例

（3）郵便調査による居住確認の留意事項

　確認したい対象者以外の同居人などが郵便物の開封や文面の確認を行うことが想定されるため、文書は本人と連絡が取りたい旨など当たり障りのない文面とするよう留意する必要があります。

　郵便物の送付に当たっては、実際にその住所に居住していることを確認できる方法があります。例えば、簡易書留や「レターパックプラス」などでは配達状況の確認ができ、本人限定受取では受領を指定した本人に限って郵便物を送付することができます。

　書面上の住所に居住の実態が確認できない場合、例えば郵便物の宛先に該当がな

く返送された場合は、その郵便物を保管しておきます。これは、家庭裁判所に不在者財産管理人の選任を申し立てる場合には提出書類の一部となり得ます。

1-6　その他

（1）固定資産課税台帳について

　　住民票等の調査（1-2）、戸籍の調査（1-3）、聞き取り調査（1-4）、居住確認調査（1-5）のほか、固定資産課税台帳により所有者に関する情報が得られる場合があります。

　　固定資産課税台帳は、地方税法第380条第1項の規定により、市町村が、固定資産の状況及び固定資産税の課税標準である固定資産の価格を明らかにするために備えなければならない重要な台帳です[7]。

　　登記等に記録された氏名や住所をもとに住民票の写し等を請求して調査しても、その所有者情報が合致しないときなどで、固定資産課税台帳の記載事項について情報提供を受けることが可能な場合は、固定資産課税台帳との突合を行い、登記記録の地番から該当者の納税通知書送付先住所を調査し、その住民票の写し等の交付を申請する方法が考えられます。

　　また、登記記録の表題部所有者と納税義務者の氏名が一致しない場合には、固定資産課税台帳に記載のある納税義務者に連絡を取り、調査対象地の所有の有無、所有者の氏名・所在等の聞き取りを行うことが考えられます。ただし、この場合、納税義務者が所有者と必ずしも一致しない可能性があることに留意する必要があります。

　　なお、固定資産課税台帳に記載されている事項のうち、課税庁の調査により知り得た情報は、原則として地方税法第22条（秘密漏えいに関する罪）に規定する秘密に該当するため、公用であっても税務所管課外への提供はされませんが、農地法や森林法のように個別の法令により土地所有者届出義務及び行政機関の情報提供請求権が規定されている場合などは、行政機関への提供ができる場合があります（詳細は第7章7-2（2）、（3）参照）。

（2）その他の台帳について

　　本章1-1～1-5の調査で紹介した情報以外に、建築確認申請書、農地台帳、保安林台帳、林地台帳などに記載されている情報や、国土利用計画法に基づく土地売買届出情報、地籍調査により得られた情報、農地・林地所有者の届出情報などに有効な情報が含まれる場合もありますので、事業対象となる場所に応じ、法令や個人情報保護条例の定める範囲内で参照することを検討します。

7　固定資産課税台帳とは、土地課税台帳、土地補充課税台帳、家屋課税台帳、家屋補充課税台帳及び償却資産課税台帳の5つの台帳の総称であるが、ここでは、これらの台帳のうち、土地課税台帳の活用を想定している。

（3）過去の土地境界立会確認の記録について

　　近傍に地積更正登記や分筆登記が行われている土地がある場合、所有者に関する情報が得られる場合があります。

　　登記所へ地積更正登記や分筆登記を申請する場合には、土地境界について隣接関係者との立会確認を行うことを求められるのが一般的であるため、その登記手続を行った土地家屋調査士に照会することにより、隣接関係者に関する情報を得られる場合があります。

　　土地家屋調査士は、職務上、受任した土地だけでなく、その隣接関係に当たる土地についても調査を行う必要があるため、所有者の所在の把握が難しい土地に遭遇する機会も多く、所有者探索の方法を熟知している者も多いと考えられます。

　　ただし、土地家屋調査士の業務に関する記録の保存期間は、各土地家屋調査士により異なります。

　　また、地域によっては、土地家屋調査士が資料センター等を組成し、過去の土地境界立会確認の記録を保管していることがあるので、これらを利用できる場合があります。

　　なお、個人情報保護法の規定や守秘義務に反しない範囲での提供に限られることに留意する必要があります。

（4）個人情報の利用や提供についての留意点

　　他の部署などへの個人情報の提供については、個人情報保護の観点から消極的な対応となってしまう可能性があります。しかし、あらゆる情報が個人情報保護を理由として利用できないわけではありません。

　　各自治体の個人情報保護条例等の個人情報の利用及び提供の制限に関する規定には、当該目的のための個人情報の利用や提供について、本人の同意がなくても、例えば、「法令に定めのあるとき」、「同一実施機関内で利用する場合又は他の実施機関、実施機関以外の市の機関、国、独立行政法人等、他の地方公共団体若しくは地方独立行政法人に提供する場合であって、事務に必要な限度で使用し、かつ、使用することに相当な理由があると認められるとき」等に、個人情報の利用や提供が可能である旨が定められている場合が多く、これらの規定を適用することで、当該情報の利用や提供が認められることがあります。

（5）土地の所有者の所在又は現在の土地所有者そのものを特定できない場合

　　書面上の調査、現地での調査、親族等への聞き取り調査など、あらゆる調査を行っても、土地所有者が生存しているがその所在が判明しない場合や、土地所有者の生死すら判明しない場合、また土地所有者の死亡は判明しているがその相続人のあることが明らかでない場合などがあります。そのような場合には、各種制度（不在者財産管理制度、相続財産管理制度等）の活用を検討する（第2章2-1、2-2等）ことが考えられます。

第 2 章　個別制度の詳細

　第 1 章にまとめた、書面上の調査、現地での調査、親族等への聞き取り調査など、あらゆる調査を行っても、土地所有者が生存しているがその所在が判明しない場合や、土地所有者の生死すら判明しない場合、また土地所有者の死亡は判明したがその相続人のあることが明らかでない場合等、土地所有者の所在又は現在の土地所有者そのものを特定することができない場合のほか、相続人が極めて多数存在するため、各種の調整が困難となる場合があります。

　この章では、所有者不明土地について活用できる基本的な制度について紹介しますが（表 2 - 1）、土地に関する権利関係や関係者同士の人間関係、当該土地に関する歴史的な経緯など、個別の事案ごとに考慮するべき観点は多種多様であることから、いずれの方策が最適かは事案ごとに検討する必要があります。特に複雑な事案については、弁護士や司法書士等の専門家にも相談しながら、検討を進めることが有効であると考えられます。

表 2 - 1 ：所有者不明土地の状況と利用可能な制度の対応

制度	状況の例
不在者財産管理制度 （2-1）	所有者の所在が不明の場合（生死が不明の場合も含む）
	土地を所有していた者が既に死亡しており、かつ相続人の特定もできたが、所有者（共有者）である当該相続人の全員又は一部の所在が不明の場合
相続財産管理制度 （2-2）	土地を所有していた者が既に死亡していることが判明したものの、その者等の除籍謄本等が入手できず相続人の有無が不明の場合
	土地を所有していた者が既に死亡していることが判明したものの、相続人がいない場合（法定相続人の全員が相続放棄した場合を含む。）
失踪宣告制度（2-3）	所有者の生死が 7 年間明らかでない場合等
訴訟等（2-4）	取得時効が完成している場合等
土地収用制度（2-5）	土地収用法に基づく事業認定を得た事業の場合
認可地縁団体が所有する不動産に係る登記の特例（2-6）	認可地縁団体が所有する土地について、その登記名義が当該団体の構成員やその承継人となっている場合

2-1　不在者財産管理制度

ポイント

● 不在者財産管理制度は、土地所有者等が不在者である場合に、家庭裁判所により選任された不在者財産管理人により、土地等の管理及び保存を行う制度。
● 不在者の所有する財産の売却処分などを行う必要がある場合、不在者財産管理人は家庭裁判所へ権限外行為許可の申立てを行い、その許可を得なければならない。

（1）制度概要

　　不在者財産管理制度は、家庭裁判所の監督の下で不在者の財産を管理する制度です（民法第25条から第29条）。財産を管理する不在者財産管理人は、利害関係人や検察官[8]（以下「利害関係人等」という。）の申立てに基づき家庭裁判所により選任され、家庭裁判所の監督の下で不在者の財産の管理及び保存を行います。

　　不在者財産管理人には、その選任申立てに当たって候補者とされた者（利害関係のない不在者の親族等）が選任されたり、適当な候補者がいない場合は、弁護士、司法書士などの第三者が不在者財産管理人として選任されたりします。なお、不在者と直接的な利害関係がある者は、不在者の財産管理を適切に行うことができないおそれがあるため選任されない可能性が高くなります。

　　この制度で対象となる不在者は、従来の住所又は居所を去り、容易に戻る見込みのない者とされ、例えば、長期の家出人や音信不通となった者で、親戚、友人等に照会して行方を捜したものの、その所在が判明しない者などが挙げられます。不在者は、必ずしも生死不明であることを要しませんが、生死不明であっても死亡が証明されるか失踪宣告[9]の審判が確定するまでは、不在者に当たると解釈されています。なお、所有者が不在者であっても、親権者などの法定代理人や不在者が置いた財産管理人がいる場合には不在者財産管理制度の利用は認められません。

（2）制度活用の流れ

　　不在者財産管理制度は、一般的には図2−1のように運用されます。

　　まず、利害関係人等は、不在者の従来の住所地又は居所地を管轄する家庭裁判所[10]に、不在者財産管理人の選任の申立てを行います（図2−1のa）。

　　利害関係人には、不在者と共に共同相続人となっている者や不在者の債権者、不

8　不法投棄や雑草の繁茂等により所有者不明土地が周辺に悪影響を与えている場合等、その適切な管理のため特に必要があると認めるときは、国の行政機関の長又は地方公共団体の長も、不在者の財産の管理人の選任の請求をすることができる（所有者不明土地法第38条）。

9　失踪宣告については、本章2−3参照。

10　不在者の従来の住所地又は居所地が不明のときは、財産の所在地の家庭裁判所又は東京家庭裁判所が管轄する。

在者の財産を時効取得した者、不在者の財産の共有者等のほか、公共事業等のために土地を取得しようとする国・地方公共団体等が該当するものと解釈されています。

　家庭裁判所は、申立てに基づいて、「不在者」であること等についての審理を行った上で、不在者財産管理人を選任（図2-1のb）します。不在者財産管理人は、不在者の財産を調査した上で、財産目録や財産状況に関する報告書を作成して家庭裁判所に提出し（図2-1のc）、その後は、不在者の財産を管理・保存するとともに、家庭裁判所に対して定期的に不在者の財産状況を報告します。

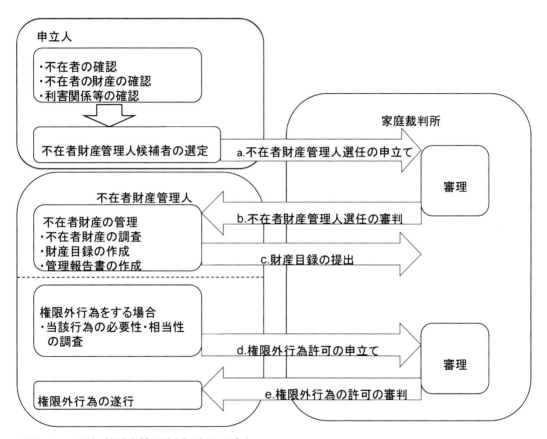

図2-1：不在者財産管理制度活用の流れ

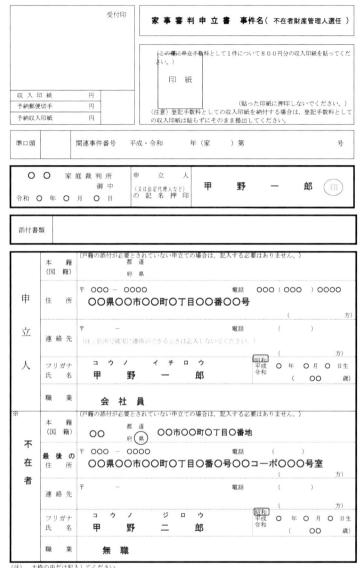

図2-2：不在者財産管理人選任の申立書

　　　第一面には申立人及び不在者について記載し、第二面には申立ての趣旨と理由を具体的に記載する。そのほか、標準的な申立添付書類として、不在者の戸籍謄本（全部事項証明書）、不在者の戸籍附票、不在者財産管理人候補者の住民票の写し等又は戸籍の附票の写し、不在の事実を証する資料、不在者の財産に関する資料、利害関係人からの申立ての場合、利害関係を証する資料（戸籍謄本（全部事項証明書）、賃貸借契約書写し、金銭消費貸借契約書写し等）が必要となる。

　　　（出典：裁判所ウェブサイトhttp://www.courts.go.jp/saiban/syosiki_kazisinpan/syosiki_01_05/index.html）

（3）家庭裁判所による許可を受ける必要がある処分行為等

　　不在者の所有する土地を事業等に活用したいと考える者は、家庭裁判所により選任された不在者財産管理人と当該土地の事業等への活用に向けた契約を締結するなどすることになりますが、不在者財産管理人の権限は、原則として保存行為及び利用又は改良を目的とする行為に限定されています（民法第28条、第103条）。

　　このため、不在者の所有する財産の売却などを行う必要がある場合には、不在者財産管理人は家庭裁判所へ権限外行為許可の申立てを行い、その許可を得なければなりません（図2-1のdとe）。具体的に権限外行為許可を得なければならない処分行為等には相続放棄、遺産分割協議を成立させること、売却、訴訟行為、不動産賃貸借契約などがありますが、疑義がある場合には、不在者財産管理人が家庭裁判所に許可を受ける必要があるかを相談することになります（表2-2）。

表2-2：家庭裁判所の権限外行為許可を得なければならない処分行為等

処分行為等	内容
相続放棄	通常は価値減少行為に当たるため、家庭裁判所の許可が必要
遺産分割協議を成立させること	遺産分割協議をすること自体は家庭裁判所の許可は不要だが、協議を成立させることは処分行為に当たるため、家庭裁判所の許可が必要
売却処分・無償譲渡	不在者財産管理制度は財産の管理・保存を目的とするため、管理財産を売却又は無償譲渡するには、家庭裁判所の許可が必要
訴訟行為	民法第103条所定の権限内行為に属さない訴訟行為（訴えの提起、訴えの取下げ、和解、請求の放棄、認諾）には家庭裁判所の許可が必要（上訴には許可は不要だが、上訴の取下げは処分性を有するので許可が必要）
不動産賃貸借契約	特に賃貸借契約が長期の場合には、処分行為の要素を含むため家庭裁判所の許可が必要

　　権限外行為許可の申立ては、不在者財産管理人が申立人として家庭裁判所に対して行います（図2-1のd）。その際、権限外行為許可の申立書（図2-3）を家庭裁判所へ提出することとなります。なお、直接要する費用等は、収入印紙（800円分）のほか、書類の郵送（審理は原則書面のみで行われる）に要する郵便切手に係る費用となります。

受付印		家 事 審 判 申 立 書　事件名（ 不在者財産管理人の ） 権限外行為許可
		（この欄に申立手数料として1件について800円分の収入印紙を貼ってください。） 印 紙 （貼った印紙に押印しないでください。） （注意）登記手数料としての収入印紙を納付する場合は，登記手数料としての収入印紙は貼らずにそのまま提出してください。

収 入 印 紙	円
予納郵便切手	円
予納収入印紙	円

準口頭		関連事件番号　平成・令和　　　年（家　　　）第　　　　　　　　　　号

○ ○　家 庭 裁 判 所 御 中 令和 ○ 年 ○ 月 ○ 日	申 立 人 （又は法定代理人など） の 記 名 押 印	甲 野 一 郎　㊞

添付書類	※　必要な添付書類を提出していただきます

	本 籍 （国 籍）	（戸籍の添付が必要とされていない申立ての場合は，記入する必要はありません。） 　　　　　都 道 　　　　　府 県		
申 立 人	住 所	〒 ○○○ － ○○○○　　　　　　電話　○○○（○○○）○○○○ ○○県○○市○○町○丁目○○番○○号 （　　　　　　　　　　方）		
	連 絡 先	〒　　　－　　　　　　　　　　　　電話　　　（　　　） （注：住所で確実に連絡ができるときは記入しないでください。） （　　　　　　　　　　方）		
	フリガナ 氏 名	コ ウ ノ　　イ チ ロ ウ 甲 野 一 郎	昭和 平成 令和　○ 年 ○ 月 ○ 日生 （　○○　　歳）	
	職 業	会 社 員		
※ 不 在 者	本 籍 （国 籍）	（戸籍の添付が必要とされていない申立ての場合は，記入する必要はありません。） 　　　　　都 道 　　　　　府 県		
	最 後 の 住 所	〒 ○○○ － ○○○○　　　　　　電話　　　（　　　） ○○県○○市○○町○丁目○番○号○○コーポ○○○号室 （　　　　　　　　　　方）		
	連 絡 先	〒　　　－　　　　　　　　　　　　電話　　　（　　　） （　　　　　　　　　　方）		
	フリガナ 氏 名	コ ウ ノ　　ジ ロ ウ 甲 野 二 郎	昭和 平成 令和　○ 年 ○ 月 ○ 日生 （　○○　　歳）	
	職 業	無 職		

（注）　太枠の中だけ記入してください。
※の部分は，申立人，法定代理人，成年被後見人となるべき者，不在者，共同相続人，被相続人等の区別を記入してください。
別表第一（1/ 2 ）

図 2 - 3 : 不在者の財産管理人の権限外行為許可の申立書。第一面には申立人及び不在者について記載し、第二面には申立ての趣旨と理由を具体的に記載する。そのほか申し立てる権限外行為によって、売買契約書案や財産目録などの添付が必要となる。

　（出典：裁判所ウェブサイトhttp://www.courts.go.jp/saiban/syosiki_kazisinpan/syosiki_01_49/index.html）

　家庭裁判所による権限外行為の許可に当たっては、当該行為の必要性等（不在者が不当な不利益を受けることがないかなど）が考慮されることになります。例えば、相続放棄においては、相続財産が債務超過であることが明らかな場合には許可されますが、そうでない場合は実質的に法定相続分に相当する財産上の利益が他に手当されているなど特段の事情がない限り許可されないと考えられます（実際の審理では、不在となった事情、被相続人や他の相続人との関係、財産の実情などから総合的に判断されます）。

　これらの処分行為のうち、遺産分割協議においては、遺産分割協議書（案）（図2-4）を提出し、その内容の相当性の審査（不在者に不当な不利益がないかなど）を受けることになります。遺産分割協議書（案）を提出する際には、遺産の範囲・評価を記載した遺産目録を作成した上で、不在者だけでなく他の共同相続人の法定相続分とその取得する取得額も明示します。

遺 産 分 割 協 議 書

　平成25年2月1日，○○市○○町○番地 法務太郎 の死亡によって開始した相続の共同相続人である法務花子，法務一郎及び法務温子は，本日，その相続財産について，次のとおり遺産分割の協議を行った。

　　1　相続財産のうち，下記の不動産は，法務一郎（持分2分の1）及び法務温子（持分2分の1）が相続する。
　　2　相続財産のうち，株式会社○○銀行○○支店の定期預金（口座番号○○○○）500万円の債権者及び○○株式会社の株式○○株（株券番号○○○○）は，法務花子が相続する。

　この協議を証するため，本協議書を3通作成して，それぞれに署名，押印し，各自1通を保有するものとする。
　平成25年2月10日
　　　　　　　　　　○○市○○町二丁目12番地　　法 務 花 子　実印
　　　　　　　　　　○○郡○○町○○34番地　　　法 務 一 郎　実印
　　　　　　　　　　○○市○○町三丁目45番6号　法 務 温 子　実印

　　　　　　　　　　　　　　　記

不動産
　所　　在　　○○市○○町一丁目
　地　　番　　23番
　地　　目　　宅地
　地　　積　　123・45平方メートル

　所　　在　　○○市○○町一丁目23番地
　家屋番号　　23番
　種　　類　　居宅
　構　　造　　木造かわらぶき2階建
　床 面 積　　1階　43・00平方メートル
　　　　　　　2階　21・34平方メートル

図2-4：遺産分割協議書（案）

（4）不在者財産管理人の候補者について

　　不在者産管理人選任の申立てを行う際に、不在者財産管理人の候補者を推薦することが実務上行われることがあります（もちろん、実際にその候補者が選任されるかどうかは家庭裁判所の判断に委ねられます）。その場合は、候補者の住民票の写し等又は戸籍の附票の写しを添付します。

　　候補者を推薦することにより、制度活用が円滑に進むことが想定されますので、日頃より、弁護士、司法書士等の専門家との連携を深めておくことが重要です。なお、各弁護士会、各司法書士会においては、地方自治体からの不在者財産管理人の

候補者についての相談を受け付けており、候補者の紹介も可能となっています。

（5）不在者の証明等について

　不在者財産管理人選任の申立ての前に、所有者が不在者であるかについて、住民票の写し等や戸籍の附票の写しにより住所地を確認するとともに、現地調査や親族への問い合わせを行い、不在者の従前の生活状況、不在となった経緯等について確認します。

　同申立てを行う際には、「不在の事実を証する資料」を添付することになりますが、具体的には、不在者宛ての郵便物で「あて所に尋ね当たらず」などの理由で返送されたもの等を用います。

　また、不在者の住民票の除票の写し等若しくは戸籍の附票の除票の写し又は除籍謄本等の提出を求められた場合、それらの書類を取得することができないときは、家庭裁判所に事情を説明し、その代わりとなる書面の提出が必要か相談することも考えられます。

（6）不在者の財産に関する資料の作成について

　不在者の財産に関する資料については、申立人側で把握している財産につき目録を作成し、当該財産に関する資料（例えば、不動産登記事項証明書、固定資産評価証明書、預貯金の残高等が分かる書類など）を添付します。

　原則的には、申立人側が把握している不在者の全財産について目録を作成することとされていますが、状況によっては、家庭裁判所の判断で、取得等の対象となっている土地のみの目録でもよいこととされる場合があります。

（7）必要な費用について

　不在者財産管理人選任の申立てには、収入印紙（800円分）と連絡用の郵便切手に係る費用が必要です。また不在者財産管理人の報酬を含む管理費用は不在者の財産から支払われますが、財産から支払うことを期待することができない場合には家庭裁判所の判断により予納金を求められることがあります。

　予納金については、家庭裁判所や不在者財産管理人候補者との調整により予納金が不要となった事例や、申立人が用地買収の対象としている財産の価値が低くても、不在者の他の財産が存在することにより予納金が不要となった事例もあり、家庭裁判所等との調整を行うことも検討します。

　これらの費用についての詳細や、探索に必要な経費に対応する補助金等について、第6章に掲載しています。

（8）不在者財産管理人の管理終了

　不在者財産管理人が選任された後、管理すべき財産がなくなった場合には、財産

管理終了となり、管理人の選任の処分の取消しを家庭裁判所に申し立てます。

　また、状況により、財産の管理を継続することが相当でなくなったときは、申立て又は職権により、家庭裁判所は不在者財産管理人の選任処分を取り消す場合があります。

　管理終了時に、不在者財産管理人の報酬付与の申立てを行うのが一般です。管理する財産が僅少の場合、これを不在者財産管理人の報酬として取得させることで、財産管理を終わらせることもあります。

　ほかに、遺産分割の場合に、不在者が取得すべき代償金を帰来時弁済（出現時に代償金を支払うとの遺産分割協議。ただし、不在者財産管理人として権限外行為の許可が必要。）とすることで、管理を終了させる例もあります。

（9）その他

　制度活用に当たって疑問が生じた場合には、各弁護士会、各司法書士会及び全国の司法書士総合相談センターへの問い合わせが可能です。詳細は、第6章の6-4に掲載しています。

【関連事例】※（　）内ページは事例集のページです。
- 事例1（p.1）
- 事例2（p.3）
- 事例3（p.5）
- 事例4（p.7）
- 事例5（p.8）
- 事例6（p.9）
- 事例7（p.10）
- 事例8（p.11）
- 事例9（p.12）
- 事例10（p.14）
- 事例11（p.16）
- 事例12（p.18）

2-2　相続財産管理制度

ポイント

- 相続財産管理制度は、土地所有者等が既に死亡し、その者に相続人のあることが明らかでない場合に、家庭裁判所が相続財産管理人を選任し、相続財産管理人をして、その相続財産の管理・清算などを行い、残余がある場合には最終的に国庫に帰属させる制度。
- 相続人のいない土地を事業等に活用したい場合で、事業者等に対して土地の売却処分などを行う必要があるときは、相続財産管理人が家庭裁判所による許可を受ける必要がある。

（1）制度概要

　　相続財産管理制度は、土地所有者等が既に死亡し、その者に相続人のあることが明らかでない場合に、家庭裁判所が利害関係人や検察官[11]（以下「利害関係人等」）の申立てにより相続財産管理人を選任し、家庭裁判所の監督の下で、相続財産管理人をして、言わば宙に浮いた状態の相続財産を管理・清算させるとともに、存在する可能性のある相続人を捜索し、最終的には国庫に帰属させる制度です（民法第951条から第959条）。

　　相続財産管理制度を利用することができるのは「相続人のあることが明らかでないとき」、すなわち相続人の存否が不明な場合であり、戸籍上相続人が一人も存在しない場合や、戸籍上最終順位の相続人が相続の放棄をした場合などがこれに該当します。

　　また、相続人は存在するが、その相続人が行方不明、生死不明の場合には、「相続人のあることが明らかでないとき」には当たらず、相続財産管理制度は利用できず、その場合には、不在者財産管理制度[12]又は失踪宣告[13]の活用を検討することになります。

（2）制度活用の流れ

　　相続財産管理制度は、一般的には図2-5のように運用されます。まず利害関係人等により、既に死亡した土地所有者（被相続人）の住所地を管轄する家庭裁判所へ相続財産管理人選任の申立てを行います。

　　利害関係人は、相続財産について法律上の利害関係を有する者で、特別縁故者、特定遺贈を受けた者、相続債権者、被相続人の土地を時効取得した者、相続財産の共有持分権利者等のほか、公共事業等のために土地を取得しようとする国・地方公共団体等が該当するものと解釈されています。

11　不法投棄や雑草の繁茂等により所有者不明土地が周辺に悪影響を与えている場合等、その適切な管理のため特に必要があると認めるときは、国の行政機関の長又は地方公共団体の長も、財産の管理人の選任の請求をすることができる（所有者不明土地法第38条）

12　本章2-1参照

13　本章2-3参照

　家庭裁判所は、申立てに基づいて、「相続人のあることが明らかでない」こと等についての審理を行った上で、相続財産管理人を選任し、その旨の公告を行います。相続財産管理人選任の公告より2か月以内に相続人のあることが明らかにならなかったときは、相続財産管理人は、2か月以上の期間を定めて相続債権者・受遺者に対する請求申出の公告を行います。請求申出の公告期間満了後、なお相続人のあることが明らかでないときは、相続財産管理人の申立てに基づき、家庭裁判所が6か月以上の期間を定めて相続人捜索の公告を行い、その期間満了までに相続人が現れなければ、仮に相続人が存在するとしても、当該相続人は権利行使をすることができないこととなります。

　相続財産管理人は、相続財産を調査した上で、財産目録や財産状況に関する報告書を作成して家庭裁判所に提出し、その後は相続財産の管理を行い家庭裁判所に対し定期的に財産状況を報告します。また、相続財産管理人は、前記請求申出の公告期間満了後、相続債権者等への弁済などの清算をした後に、なお残余財産がある場合には最終的には相続財産を国庫へ帰属させることになります。また、相続財産管理人は必要に応じて家庭裁判所から権限外行為許可を得るなどして、不動産の売却処分等を行うことができます。

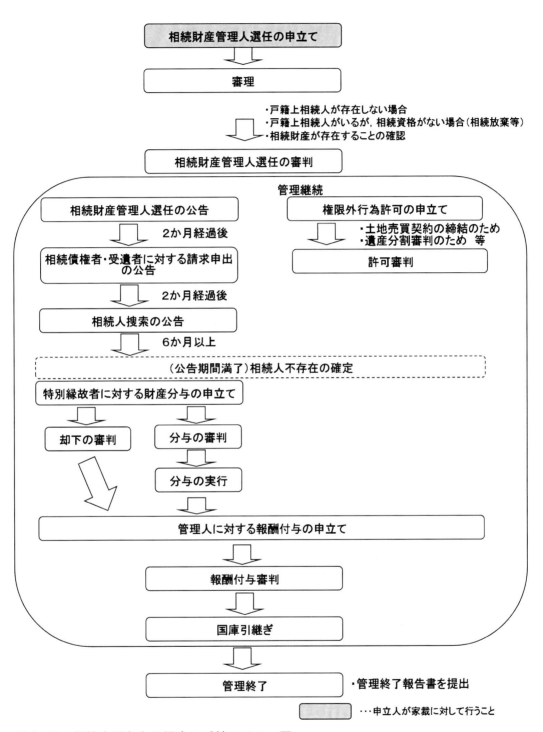

図2-5：相続人不存在の場合の手続のフロー図

受付印	家 事 審 判 申 立 書　事件名（ 相続財産管理人選任 ）

（この欄に申立手数料として1件について800円分の収入印紙を貼ってください。）

印　紙

収 入 印 紙	円
予納郵便切手	円
予納収入印紙	円

（貼った印紙に押印しないでください。）

（注意）登記手数料としての収入印紙を納付する場合は，登記手数料としての収入印紙は貼らずにそのまま提出してください。

準口頭		関連事件番号　平成・令和　　年（家　　）第　　　　　　　号

○　○　家 庭 裁 判 所 御 中 令和 ○ 年 ○ 月 ○ 日	申　立　人 （又は法定代理人など） の 記 名 押 印	丙　田　杉　男　㊞

添付書類	

申立人	本　籍 （国籍）	（戸籍の添付が必要とされていない申立ての場合は，記入する必要はありません。） 　都　道 　府　県
	住　所	〒 ○○○ － ○○○○　　　　　　　電話　○○○（○○○　）○○○○ ○○県○○市○○町○丁目○番○号 （　　　　　　方）
	連絡先	〒　　　－　　　　　　　　　　　　電話　　（　　　） （注：住所で確実に連絡ができるときは記入しないでください。） （　　　　　　方）
	フリガナ 氏　名	ヘ　イ　タ　　　　ス　ギ　オ　　　昭和 平成　○ 年 ○ 月 ○ 日生 丙　田　杉　男　　令和　（　○○　歳）
	職　業	会 社 員
※ 被相続人	本　籍 （国籍）	（戸籍の添付が必要とされていない申立ての場合は，記入する必要はありません。） ○○　　　都　道 　　　　　府・県　　○○市○○町○丁目○番地
	最 後 の 住　所	〒 ○○○ － ○○○○　　　　　　　電話　　（　　　） ○○県○○市○○町○丁目○番○号 （　　　　　　方）
	連絡先	〒　　　－　　　　　　　　　　　　電話　　（　　　） （　　　　　　方）
	フリガナ 氏　名	コ　ウ　ノ　　　　タ　ロ　ウ　　　昭和 平成　○ 年 ○ 月 ○ 日生 甲　野　太　郎　　令和　（　　　歳）
	職　業	無　職

（注）　太枠の中だけ記入してください。
※の部分は，申立人，法定代理人，成年被後見人となるべき者，不在者，共同相続人，被相続人等の区別を記入してください。
別表第一・（1/ 2 ）

図2-6：相続財産管理人選任の申立書。第一面には申立人及び被相続人について記載し，第二面には申立ての趣旨と理由を具体的に記載する。そのほか，標準的な申立添付書類として，被相続人等の出生時から死亡時までの全ての戸籍（除籍，改製原戸籍）謄本等，被相続人の財産等を証する資料，利害関係人からの申立ての場合は利害関係を証する資料が必要となる。
（出典：裁判所ウェブサイトhttp://www.courts.go.jp/saiban/syosiki_kazisinpan/syosiki_01_15/index.html）

（3）家庭裁判所による許可を受ける必要がある処分行為等

　家庭裁判所により選任された相続財産管理人が、相続財産の売却などを行う必要がある場合には、相続財産管理人は、原則として家庭裁判所へ権限外行為許可の申立てを行い、その許可を得なければなりません。具体的に権限外行為許可を得なければならない処分行為等には、売却、訴訟行為などがありますが、疑義がある場合には、相続財産管理人が家庭裁判所に許可を受ける必要があるかを相談することになります（表2-3）。

表2-3：家庭裁判所の権限外行為許可を得なければならない処分行為等

処分行為等	内容
売却・無償譲渡	管理財産を処分する行為に当たるため家庭裁判所の許可が必要
訴訟行為	民法第103条所定の権限内行為に属さない訴訟行為（訴えの提起、訴えの取下げ、和解、請求の放棄又は認諾）には家庭裁判所の許可が必要（上訴には許可は不要だが、上訴の取下げは処分性を有するので許可が必要）

　権限外行為許可の申立ては、相続財産管理人が申立人として相続が開始した地（被相続人の住所地）の家庭裁判所に対して行います（図2-5）。その際、権限外行為許可の申立書を家庭裁判所へ提出することとなります。なお、直接要する費用等は、収入印紙（800円分）のほか、書類の郵送に要する郵便切手に係る費用となります。

　売却や無償譲渡は管理財産を処分する行為に当たるため通常家庭裁判所の許可が必要です。なお、債務弁済のため相続財産を売却する場合には、競売手続により換価することが原則とされています。

（4）相続財産管理人の候補者について

　相続財産管理人に誰を選任するかは、事案に応じて、家庭裁判所が判断することになりますが、相続財産管理人選任の申立てを行う際に、相続財産管理人の候補者を推薦することが実務上行われることがあります。その場合は候補者の住民票の写し等又は戸籍の附票の写しを添付します。

　候補者を推薦することにより、制度活用が円滑に進むことも想定されますので、日頃より、弁護士や司法書士等の専門家との連携を深めておくことが重要です。なお、各弁護士会や各司法書士会においては、地方自治体からの相続財産管理人の候補者についての相談を受け付けており、候補者の紹介も可能となっています。

（5）相続人不存在の証明について

　基本的には、被相続人の出生時から死亡までの継続した戸籍謄本や、その法定相

続人の戸籍謄本等により証明しますが、相続放棄されている場合には、相続開始地の家庭裁判所に相続放棄の有無を照会することにより確認し、相続放棄がされていれば、相続放棄申述受理証明書の交付を受け、添付します。

（6）被相続人の財産に関する資料の作成について

被相続人の財産に関する資料については、申立人側で把握している相続財産につき目録を作成し、不動産登記事項証明書、固定資産評価証明書、預貯金等の分かる書類などを添付します。

（7）必要な費用について

申立てには、収入印紙（800円分）と連絡用の郵便切手に係る費用が必要です。また相続財産管理人の報酬を含む管理費用は相続財産から支払われますが、財産から支払うことを期待することができない場合には家庭裁判所の判断により予納金を求められることがあります。

予納金については、相続財産管理人候補者と事前に調整することや、用地買収の対象となる財産の価値が低くても、他の財産で調整することも考えられますので、申立先の家庭裁判所に問い合わせることを検討します。

これらの費用についての詳細や、探索に必要な経費に対応する補助金等について、第6章に掲載しています。

（8）相続財産管理人の管理終了

相続財産について、特別縁故者からの財産分与の申立てがあった場合には、家庭裁判所が財産を分与するか否か及び相続財産から分与される財産の額を決定します。

また、相続財産管理人への報酬付与も家庭裁判所が決定します。

相続債権者・受遺者に対する弁済、特別縁故者に対する財産分与の実行、相続財産管理人への報酬付与及び管理費用の清算をしても、なお、相続財産が残存する場合には、相続財産管理人は残る相続財産について、その性質にあわせて国庫引継事務を行います。たとえば、不動産であれば、相続財産管理人が国庫帰属不動産引継書を、所轄財務局長に引き渡します。これを受けて、国が移転登記申請を行うので、相続財産管理人は所有権移転登記承諾書を提出します。

（9）その他

制度活用にあたって疑問が生じた場合には、各弁護士会、各司法書士会及び全国の司法書士総合相談センターへの問い合わせが可能です。詳細は、第6章の6-4に掲載しています。

【関連事例】※（　）内ページは事例集のページです。
- 事例13（p. 20）
- 事例14（p. 21）
- 事例15（p. 22）
- 事例16（p. 23）
- 事例17（p. 25）
- 事例18（p. 27）
- 事例19（p. 29）
- 事例20（p. 30）
- 事例21（p. 31）

2-3　失踪宣告制度

ポイント

- 失踪宣告制度は、不在者で生死不明の者（遺体が確認できていない等）を死亡したものとみなし、その者に関わる法律関係を一度確定させるための制度。
- 失踪宣告により、不在者は法律上死亡したものとみなされ、不在者について相続が開始される。

（1）制度概要

　　失踪宣告制度は、遺体が発見されないなどの事情から生死が不明である不在者を死亡したものとみなし、その者に関わる法律関係を一度確定させるための制度です。この失踪宣告により、不在者は法律上死亡したものとみなされ、不在者についての相続が開始されることとなります。この制度は普通失踪（不在者の生存が証明された最後の時から 7 年間その生死が明らかでない場合）又は危難失踪（戦地に臨んだ者、沈没した船舶の中に在った者その他死亡の原因となるべき危難に遭遇した者で、それらの危難が去った後 1 年間生死が明らかでない場合）が対象となります。

　　失踪宣告の手続は、利害関係人が家庭裁判所へ申立てを行うことにより開始されます。家庭裁判所では民法第30条により失踪宣告の審判をします。これが確定すると、その者は法律上死亡したものとみなされ（民法第31条）、その者についての相続が開始されることとなります。なお、効力の発生時期は宣告時ではなく、普通失踪にあっては不在者の生存が証明された最後の時から 7 年が経過した時にまた危難失踪にあっては危難が去った時に、死亡したものとみなされます。

　　また、失踪者が生存することや失踪宣告の効力発生時と異なる時に死亡したことの証明があった場合には、本人や利害関係人からの請求により、家庭裁判所が失踪宣告を取り消します。ただし、当該取消しの前に本人が生存していることを知らないで関係者がした売却処分などの効力が覆されることはありません（民法第32条第 1 項）。

　　所有者ないし共有者（遺産分割未了の場合を含む。）の中に失踪宣告の要件を満たす者がいる場合もありますが、失踪宣告ではなく、不在者財産管理人の選任で対応することが相当な事例があります。

　　失踪宣告は、失踪者を「死亡」したものとみなす効力があることから、近親者の意向を無視することが適切でない事例もありますし、失踪宣告がなされると、再転相続や代襲相続が発生して権利関係がさらに複雑になる可能性もあります。

　　法的な波及効果が大きいため、失踪宣告では、法律上の利害関係人の範囲は、限定的に解釈されています。例えば、失踪者の財産の買収を求める国等については、通常、失踪宣告を申し立てる法律上の利害関係人としては認められていません。

＜参照条文＞

民法

（失踪の宣告）

第30条　不在者の生死が七年間明らかでないときは、家庭裁判所は、利害関係人の請求により、失踪の宣告をすることができる。

2　戦地に臨んだ者、沈没した船舶の中に在った者その他死亡の原因となるべき危難に遭遇した者の生死が、それぞれ、戦争が止んだ後、船舶が沈没した後又はその他の危難が去った後一年間明らかでないときも、前項と同様とする。

（失踪の宣告の効力）

第31条　前条第一項の規定により失踪の宣告を受けた者は同項の期間が満了した時に、同条第2項の規定により失踪の宣告を受けた者はその危難が去った時に、死亡したものとみなす。

（失踪の宣告の取消し）

第32条　失踪者が生存すること又は前条に規定する時と異なる時に死亡したことの証明があったときは、家庭裁判所は、本人又は利害関係人の請求により、失踪の宣告を取り消さなければならない。この場合において、その取消しは、失踪の宣告後その取消し前に善意でした行為の効力に影響を及ぼさない。

2　失踪の宣告によって財産を得た者は、その取消しによって権利を失う。ただし、現に利益を受けている限度においてのみ、その財産を返還する義務を負う。

受付印		家 事 審 判 申 立 書　事件名（　　　失踪宣告　　　）

（この欄に申立手数料として1件について800円分の収入印紙を貼ってください。）

印　紙

（貼った印紙に押印しないでください。）

（注意）登記手数料としての収入印紙を納付する場合は、登記手数料としての収入印紙は貼らずにそのまま提出してください。

収 入 印 紙	円
予納郵便切手	円
予納収入印紙	円

準口頭		関連事件番号　平成・令和　　　年（家　　　）第　　　　　　　　　　号

○　○　家 庭 裁 判 所 御中 令和 ○ 年 ○ 月 ○ 日	申　立　人 （又は法定代理人など） の　記 名 押 印	甲　野　春　子　　㊞

添付書類	

	本　籍 （国 籍）	（戸籍の添付が必要とされていない申立ての場合は、記入する必要はありません。） 　　　都　道 　　　府　県		
申 立 人	住　所	〒 ○○○ － ○○○○　　　　　　　　電話　○○○（○○○）○○○○ ○○県○○市○○町○丁目○○番○○号 （　　　　　　　方）		
	連絡先	〒　　－　　　　　　　　　　　　電話　　（　　　） （注：住所で確実に連絡ができるときは記入しないでください。） （　　　　　　　方）		
	フリガナ 氏　名	コ ウ ノ　　　ハ ル コ 甲　　野　　春　　子	昭和 平成 令和	○ 年 ○ 月 ○ 日生 （　○○　歳）
	職　業	会 社 員		
※ 不 在 者	本　籍 （国 籍）	（戸籍の添付が必要とされていない申立ての場合は、記入する必要はありません。） ○○　　都 道 　　　　府 県　○○市○○町○丁目○番地		
	最 後 の 住　所	〒　　－　　　　　　　　　　　　電話　　（　　　） 申立人の住所と同じ （　　　　　　　方）		
	連絡先	〒　　－　　　　　　　　　　　　電話　　（　　　） （　　　　　　　方）		
	フリガナ 氏　名	コ ウ ノ　　　イ チ ロ ウ 甲　　野　　一　　郎	昭和 平成 令和	○ 年 ○ 月 ○ 日生 （　○○　歳）
	職　業	会 社 員		

（注）　太枠の中だけ記入してください。

※の部分は、申立人、法定代理人、成年被後見人となるべき者、不在者、共同相続人、被相続人等の区別を記入してください。

別表第一・（1/2）

図2-7：失踪宣告の申立書。第一面には申立人及び不在者について記載し、第二面には申立ての趣旨と理由を具体的に記載する。

（出典：裁判所ウェブサイトhttp://www.courts.go.jp/saiban/syosiki_kazisinpan/syosiki_01_06/index.html）

2-4 訴訟等

ポイント

● 相続人が多数存在する土地や、登記の表題部所有者に氏名のみが記載されている場合について、訴訟等を提起等することで用地取得が可能となることがある。

　第3章で詳述しますが、例えば、所有権登記名義人等の相続人が多数存在する土地について、占有者による取得時効[14]が完成している場合には、当該占有者が取得時効を援用した上で、訴訟を提起し、所有権移転登記手続等を求め、その上で事業者が当該占有者から用地を取得することが考えられます。また、所有権登記名義人等が死亡しており、相続人が複数存在したり、その相続人も死亡して数次相続となっているような土地について、遺産分割協議や遺産分割の調停や審判を行うことにより、土地の権利者を単独又は数人に確定させ、土地の所有権者の人数を減らすことができれば、より円滑な用地交渉が可能となることがあります。さらに共有登記がなされている土地であっても、共有者のうちの一部との間で、土地取得に関して合意が得られ、その余の共有者との間では協議が調わないような場合や共有者の一部が死亡して相続が発生している場合には、事業者が、合意が得られた共有者からその共有持分を買い取った上で、共有物分割請求訴訟を行うことで事業に要する土地を取得することや、訴訟によらず簡易裁判所の手続（訴え提起前の和解又は民事調停）を利用することにより、用地交渉に係る負担を軽減することができる場合があります。本節については、これらの制度について紹介します。ただし、個別ケースにより判断が異なることに注意が必要です。

　なお、地方自治体が訴えの提起や即決和解の申立てを行う場合には、議会の議決が必要とされています（地方自治法第96条）。

（1）取得時効が完成している場合（訴訟（取得時効））

　　第1章の各種調査により、取得等しようとしている土地が、記名共有地[15]である場合や、所有権登記名義人等の相続人が多数である場合であって、その土地の占有者について取得時効が完成していることが判明することがあります。

　　その場合、以下のとおり当該占有者が時効取得を原因とする所有権確認訴訟又は所有権移転登記手続請求訴訟を提起して、その確定判決による占有者名義の所有権の保存の登記又は所有権移転登記を行った上で、事業者が当該占有者との間で売買契約を締結することを検討します。

14　取得時効については、第3章3-1参照。
15　記名共有地については、第3章3-6参照。

（a）表題部登記のみで所有権の保存の登記がされていない土地の場合

例えば、表題部所有者が現在もその土地を所有している場合には、占有者が原告となり、表題部所有者（相続が発生している場合はその相続人）を被告として、時効取得を原因とする所有権確認訴訟を提起します。当該訴訟において、請求を認容する確認判決[16]を得て、当該判決が確定した場合は、当該占有者が所有権保存の登記の申請を行います。その後、事業者が当該占有者との間で売買契約を締結し、事業者名義へ所有権移転登記を行います。

上記の場合、当該表題部所有者が不在であるときには同人を不在者とする不在者財産管理人の選任の申立てを行い、不在者財産管理人が選任された後に、不在者である表題部所有者を被告として所有権確認訴訟等を提起します。このとき、不在者財産管理人の選任の申立てをせず、不在の表題部所有者を被告として所有権確認訴訟等を提起し、訴状等の送達については公示送達を申し立てるといった方法も考えられます。

また、当該表題部所有者が既に死亡しているが、その相続人のあることが明らかでない場合には相続財産管理人の選任の申立てを行い、相続財産管理人が選任された後に、表題部所有者の相続財産法人を被告として所有権確認訴訟等を提起します。

＜参照条文＞

不動産登記法

（所有権の保存の登記）

　第74条　所有権の保存の登記は、次に掲げる者以外の者は、申請することができない。

　　一　表題部所有者又はその相続人その他の一般承継人

　　二　所有権を有することが確定判決によって確認された者

　　三　収用（土地収用法（昭和26年法律第219号）その他の法律の規定による収用をいう。第108条第1項及び第3項から第5項までにおいて同じ。）によって所有権を取得した者

　2　（略）

（b）所有権の保存の登記がされている土地の場合

占有者が原告となり、所有権の登記名義人（相続が発生している場合はその相続人[17]）を被告として時効取得を原因とする所有権移転登記手続請求訴訟を提起します。当該訴訟において給付判決[18]を得て、当該判決の確定後、占有者は単独

16　確認判決とは、民事訴訟において、訴訟の対象となっている権利や法律関係の存在・不存在を確認する判決をいう。

17　占有開始前に所有権登記名義人等が既に死亡し、相続が生じていた場合には、更に前提としての相続登記が必要となる。

18　給付判決とは、民事訴訟において、訴訟の対象となっている権利に基づき被告に対して一定の作為（行為を行うこと）又は不作為（行為を行わないこと）を命ずる判決をいう。

で所有権移転登記の申請を行います。その後、事業者が当該占有者との間で売買契約を締結し、事業者名義へ所有権移転登記の申請を行います。

なお、所有権移転登記を単独で申請する場合の判決は、被告に登記手続を命ずる給付判決であることが求められることに注意が必要です。

上記の場合、所有権の登記名義人が不在であるとき（一部の共有名義人が不在であるときも含む。）には同人を不在者とする不在者財産管理人の選任の申立てを行い、不在者財産管理人が選任された後に、不在者である登記名義人を被告として（又は不在者である共有名義人も被告に含めて）所有権移転登記手続請求訴訟を提起します。このとき、不在者財産管理人の選任の申立てをせず、所有権の登記名義人を被告として（又は共有名義人全員を被告として）所有者移転登記手続請求訴訟を提起し、不在者に対する訴状等の送達については公示送達を申し立てるといった方法も考えられます。

また、所有権の登記名義人（一部の共有名義人も含む。）が既に死亡し、その相続人があることが明らかでない場合には相続財産管理人の選任の申立てを行い、相続財産管理人が選任された後に、登記名義人の相続財産法人を被告として（又は一部の共有名義人の相続財産法人も被告に含めて）所有権移転登記手続請求訴訟を提起します。

(c) 簡易裁判所の手続の活用

民事上の争いについて、訴訟を提起せず、簡易裁判所に対して申立てを行い、合意の結果を裁判所が作成する調書に記載することによって訴訟上の和解と同一の効果を得る手続として、訴え提起前の和解（いわゆる即決和解）又は民事調停の手続があります。

（b）のケースにおいて、占有者の時効取得について所有権の登記名義人やその相続人のうち一定数の合意が得られている場合や合意を得る可能性がある場合、それらの者との間で、時効取得を原因とする所有権移転登記手続請求に関して、訴え提起前の和解又は民事調停の申立てを行い、合意が成立して裁判所において調書が作成されれば、これらの共有者の持分に関し、占有者名義の所有権移転の登記が可能となります。さらに、このような手続を経ることができれば、その後、その余の共有者を被告として、時効取得を原因とする所有権移転登記手続請求訴訟を提起する際に、訴訟の相手方（被告）を絞り込むことができます。

```
＜参照条文＞
不動産登記法
（判決による登記等）
 第63条　第60条、第65条又は第89条第 1 項（同条第 2 項（第95条第 2 項において準用する
　　場合を含む。）及び第95条第 2 項において準用する場合を含む。）の規定にかかわらず、
　　これらの規定により申請を共同してしなければならない者の一方に登記手続をすべきこ
　　とを命ずる確定判決による登記は、当該申請を共同してしなければならない者の他方が
　　単独で申請することができる。
 2 　（略）
```

【関連事例】 ※（　）内ページは事例集のページです。
- 事例 1 （p. 1）　　　　　　● 事例13（p. 20）　　　　　　● 事例22（p. 33）
- 事例23（p. 35）　　　　　● 事例24（p. 37）　　　　　● 事例25（p. 38）

（2）遺産分割未了の場合

（a）相続人間の協議が可能な場合（遺産分割協議）

　　取得等しようとする土地の所有者（通常は登記名義人）がすでに死亡している
にもかかわらず、相続登記がなされておらず、遺言もない場合には、相続人全員
で遺産分割協議を行い、当該土地の共有者（最終的に当該土地の持分を取得する
相続人）の数を絞り込んだ上で用地交渉を行うことや、取得等しようとする土地
についてのみ、一部先行した遺産分割を行うことにより、交渉を円滑に進めるこ
とが可能となる場合があります。

　　取得等しようとする土地を含めた相続財産の数が比較的少ない場合など、相続
財産全体について相続人全員での遺産分割協議が容易にまとまる場合には、相続
財産にかかる共有者（最終的に当該土地の持分を取得する相続人）の数を絞り込
んだ上で、用地交渉を行うことを検討します。具体的には、まず、事業者が土地
所有者とされている被相続人の相続人に用地交渉説明を行う際、相続方法（法定
相続分の割合で当該土地を取得する方法、法定相続分の割合とは異なる割合で当
該土地を取得する方法）について同時に説明し、相続方法について法定相続人の
意向の確認をします。また、事業者等が取得等しようとしている土地についての
み先行した遺産分割協議を行うか、被相続人の全財産について遺産分割協議を行
うかなど、相続人の意向を確認します。その上で、遺産分割協議により、特定の
相続人が当該土地の所有権を取得することになれば、当該所有者への所有権移転
登記を行った上で、事業者は当該所有者との間で売買契約を締結します。

　　当該土地以外にも相続財産が存在し、相続財産が多数に及ぶ場合など、相続財
産全体についての遺産分割協議が容易に相続人の間でまとまらない場合には、取
得等しようとする土地についてのみ、遺産の一部について先行した遺産分割が可
能か、相続人の意向の確認をします。相続人全員が合意すれば、当該土地につい

てのみ、遺産の一部についての遺産分割協議を成立させ、当該土地の所有者となった者に所有権移転登記を行ったうえで、事業者は当該所有者との間で売買契約を締結します。

(b) 相続人間の協議が成立しない場合（遺産分割審判）

　　相続人間の遺産分割協議によっても話合いが容易につかない場合には、家庭裁判所の遺産分割の調停又は審判の手続を利用することができます。

　　調停手続を利用する場合は、取得等しようとする土地の売却に関して合意が得られる相続人が他の共同相続人全員を相手方として遺産分割調停事件の申立てを行います。調停手続では、調停委員会が当事者双方から話を聴いたり、必要に応じて資料等を提出してもらったり、遺産について鑑定を行うなどして事情をよく把握したうえで、各当事者がそれぞれどのような分割方法を希望しているか意向を聴取し、調停委員会が解決案を提示したり、解決のために必要な助言をし、合意を目指し話合いが進められます。

　　話合いがまとまらず調停が不成立になった場合には、家庭裁判所が、遺産に属する物又は権利の種類及び性質、各相続人の年齢、職業、心身の状態及び生活の状況その他一切の事情を考慮して、審判をします。

　　ただし、家事審判では、現物分割になるか、代償分割になるか、換価分割になるか、申立人の希望するものとは異なる結果となる可能性があることや、現物分割であっても申立人側（事業者側）の都合のよい境界で分割されるとは限らないこと、審判に対し、即時抗告がなされた場合は解決まで期間がかかることもあるため、次に紹介する共有物分割請求訴訟と同様の注意が必要です。

　　また、相続人の一部が不在者である場合には不在者財産管理人、相続人であった者が既に死亡し、その相続人のあることが明らかではない場合には、相続財産管理人の選任の申立てを行い、その申立てが認められた場合には、不在者又は相続財産法人を相手方として申立てを行います。

　　遺産分割の調停又は審判により、取得等しようとする土地の売却に関して合意が得られる土地の所有者が定まった場合には、調停が成立した場合は「調停調書」、審判が確定した場合は「審判書」等を登記原因証明情報として添付することにより相続人へと所有権移転登記を行った上で、事業者は当該所有者との間で売買契約を締結します。

> 【関連事例】※（　）内ページは事例集のページです。
> ●事例26（p.40）

（3）一部の共有者の同意が得られている場合（共有物分割請求訴訟）

　　共有地の一部を取得等する場合であり、その共有者が多数存在することが判明し

た場合、当該土地の売却に関して合意が得られる一部の共有者から当該土地に係る共有持分を取得した上で、その余の共有者との間で共有物の分割について協議し、協議が調わない場合には、事業者は当該土地の共有者として共有物分割請求訴訟を提起し、事業に要する用地を取得する方法を検討します。

　具体的には、事業者が、合意を得られている共有者から、その共有持分について売買契約を締結し、その移転登記を行った上で、残る共有者に対して、当該土地を取得等しようとする部分とそれ以外の部分とに分割し、前者を事業者が取得することを求めて共有物分割請求訴訟を提起することが考えられます（現物分割）。当該請求のとおりに共有物分割を認め、移転登記手続を命ずる旨の判決が得られ、当該判決が確定した場合は、土地の分筆を行い、新しく登記記録を開設した上で、共有持分移転登記を行うことが可能となりますが、実際には、原告側（事業者側）の都合のよい境界で現物分割されるとは限らないことに注意が必要です。

　このため、分割の対象となった土地を原告の単独所有とする一方で、原告が被告に価格賠償を行い、被告に共有物分割を原因とする持分の移転登記手続を行うことを命じる判決を得ることが考えられます（全面的価格賠償）。なお、所有権移転登記を単独で申請するためには、登記手続自体を命ずる給付判決でなければならないことに注意が必要です。賠償金と引換えに登記手続を命ずる給付判決であれば、相手方が賠償金の受け取りを拒否した場合などであっても、賠償金を供託することにより単独申請が可能となります。

　なお、共有物分割請求訴訟では、現物分割となるか、全面的価格賠償となるか、現物分割に加えて一部価格賠償となるか、原告側（事業者側）の請求とおりの判決になるとは限らないことや、判決に不服がある場合には控訴されて解決に時間がかかることもあるため、前述した遺産分割審判同様の注意が必要です。

　また、共有者の一部が不在である場合には不在者財産管理人、共有者であった者が既に死亡し、その相続人のあることが明らかではない場合には、相続財産管理人の選任の申立てを行い、その申立てが認められた場合には、不在者又は相続財産法人を被告として共有物分割請求訴訟を提起します。

　このほか、土地の売却に関して合意が得られる一部の共有者が事業に要する土地について共有物分割請求訴訟を提起し、全面的価格賠償により当該土地を原告の単独所有とした上で、事業者との間で当該土地についての売買契約を締結して、用地取得を行う事例も見られます。

【関連事例】※（　）内ページは事例集のページです。
●事例27（p. 41）　　　　　●事例28（p. 43）

（4）表題部所有者の氏名のみが記録されている場合（訴え提起前の和解等）

　　取得等しようとする土地について、表題部所有者の氏名のみが記録され、住所の記載がない場合は、戸籍等の調査を行い、所有者の戸籍を特定します。これにより生死を特定できない場合や戸籍上生存しているが所在が判明しない場合には、不在者財産管理制度を活用することが考えられます。簡易裁判所に対して訴え提起前の和解又は民事調停の申立てを行い、当事者双方が裁判所で行われる期日に出頭して合意が成立し、裁判所において調書が作成されれば、確定判決と同一の効力を有するので（民事訴訟法第267条、民事調停法第16条）、当該調書をもって所有権保存登記を行うことが可能となります[19]。

　　訴訟とは異なる裁判所の手続による問題解決を図ることによって、関係書類の作成が比較的簡易となるなど、よりスムーズに用地の取得等を行うことが可能となることが考えられます[20]。

> 【関連事例】※（　）内ページは事例集のページです。
> ●事例9 （p.12）　　　　●事例10 （p.14）　　　　●事例11 （p.16）
> ●事例12 （p.18）

19　表題部所有者に不在者財産管理人が選任され、当該不在者財産管理人と河川工事の起業者（国）との間で売買契約が成立した場合において、その起業者から当該表題部所有者を登記名義人とする所有権の保存の登記の嘱託情報（所有権の登記名義人となる者の住所の記載はない。）と所有権の移転の登記の嘱託情報とを、その登記の前後を明らかにして同時に提供するとともに、その代位原因を証する情報の一部として、不在者財産管理人の選任の審判書（本件土地の表題部所有者の氏名と不在者の氏名とが同一であるものに限る。）及び当該不在者財産管理人の権限外行為許可の審判書（物件目録に本件土地が記載されているものに限る。）が提供されたときは、所有権の保存の登記の嘱託情報に所有権の登記名義人の住所を証する情報の提供がなくとも、便宜、当該嘱託に基づく登記をすることができることとされている（平成30年7月24日付け法務省民二第279号法務省民事局民事第二課長通知）。

20　なお、表題部所有者法に基づく登記官による探索を行った結果、所有者を特定することができなかった土地等については、利害関係人が裁判所に対し、管理者による管理を命ずる処分を申し立てることができることとなる。表題部所有者法の概要については、7-4（6）参照。

【相続人に制限行為能力者が含まれる場合の事例】

　認知症や知的障害等により、土地売買契約等の法律行為を自ら行うことが困難な場合があります。成年後見制度は家庭裁判所が本人に対する援助者を選び、本人が財産面等で不利益を被らないように保護・支援する制度です。成年後見制度を利用する場合、後見開始の審判の申立てを行うまでの準備に期間を要する場合があるため、事業進捗への影響が懸念されます。

成年後見人選任により用地取得した事例の手順：

①用地取得事業の説明を行うと同時に、成年後見人を立てる必要がある旨と候補者として申し立てていただけないかを親族に対し説明。

　後見人選任については下記事項を十分に理解していただく必要がある。

・後見開始の審判がなされると、審判申立てのきっかけとなった業務が完了した後も、本人の判断能力が回復したと認められる場合等でない限り、後見は継続すること。

・後見人として専門職が選任されると報酬を支払う必要が生じ、反面親族自身が選任されると事務的、心理的負担が生じることになること。

・申立てに係る費用や医師の診断書の費用について負担があること。

　本事例では、相続放棄をして利益相反の関係となることがなく、実際に普段から身の回りのお世話をしている四親等内の親族に後見人候補者となることをお願いした。

②申立てに当たっては、準備すべき書類について作成の補助を行うとともに、親族の了解のもと、担当医を訪問して申立てに必要な診断書の作成をお願いした。また、家庭裁判所に申立ての際に同行し、事業の説明をしたところ、短期間で後見開始の審判をしていただいた。

③成年後見人となった親族との間で土地売買契約を締結し、所有権移転登記が完了した。

法定後見制度の概要

	後見	保佐	補助
対象となる方 （本人）	判断能力が欠けているのが通常の状態の方	判断能力が著しく不十分な方	判断能力が不十分な方
申立てができる人 （申立人）	本人、配偶者、四親等内の親族、検察官、市町村長など		
申立てについての本人の同意	不要	不要	必要
医師による診断	必要	必要	必要
成年後見人等が同意又は取り消すことができる行為	日常の買い物などの日常生活に関する行為以外の行為	重要な財産関係の権利の得喪を目的とする行為等（民法第13条第1項記載の行為）	申立ての範囲内で裁判所が定める特定の行為（民法第13条第1項記載の行為の一部に限る） （本人の同意が必要）
成年後見人等に与えられる代理権	財産に関するすべての法律行為	申立ての範囲内で裁判所が定める特定の行為（本人の同意が必要）	申立ての範囲内で裁判所が定める特定の行為（本人の同意が必要）

（参考文献）岩手県県南広域振興局土木部遠野土木センター（2013）成年後見人選任による用地取得事例, pp. 6-11, 用地ジャーナル2013年（平成25年）1月号, 大成出版社, 東京, 法務省民事局「成年後見制度　成年後見登記」(http://www.moj.go.jp/content/001287467.pdf)

2-5　土地収用法に基づく不明裁決制度

ポイント

- 土地収用制度は、公共の利益となる事業について、国、地方公共団体等の起業者が、必要な土地等の権利を、その権利者の意思にかかわらず取得等する手続。
- 原則として、起業者は、事業認定を得た後、土地所有者等の氏名及び住所を明らかにして、各都道府県の収用委員会に収用裁決を申請。
- 起業者が真摯な努力をしても、調査により土地所有者等の氏名又は住所を知ることができない場合、収用裁決申請に当たって、それらを記載せずに申請（いわゆる不明裁決の申請）を行うことが可能。
- 事業の内容や、地元の状況、手続に要する時間等、様々な状況を勘案して財産管理制度等の活用による任意取得ではなく、土地収用制度を利用することが、効率的で望ましいと判断される場合に活用を検討。

（1）制度概要

　　土地収用法に基づく土地収用制度は、国、地方公共団体等の起業者が行おうとしている事業について、当該事業が土地等を収用又は使用するに値する公益性を有することを事業認定手続により認定した後、補償金の額等を決定するため、各都道府県の収用委員会における審理や裁決などの収用裁決手続を経て、当該事業の用に供する土地等の権利を起業者が取得する手続です。この土地収用制度では、土地等の権利者の意思にかかわらず権利の移転等が行われることが特徴です。

　　収用裁決手続において、起業者は、土地所有者等の氏名及び住所を明らかにして、収用委員会に収用裁決の申請をすることになります。収用委員会は、申請内容を踏まえ、土地所有者等の氏名及び住所を明らかにして一連の手続を行うことになります。

　　しかし、登記記録の調査、登記名義人への照会、戸籍・住民票等の調査等により、起業者が真摯な努力をしても土地所有者等の氏名又は住所を知ることができない場合には、裁決申請書の添付書類に土地所有者等の氏名又は住所を記載せずに収用裁決の申請をすることが可能です。これを不明裁決制度と言い、土地所有者等の氏名又は住所を知ることができないに至った起業者の調査内容について簡潔に記載した書類を裁決申請書に添付して提出することになります。

　　申請を受けた収用委員会は、起業者による調査を踏まえて、自己の責任においても審理における意見書等により事実関係を把握し、それでもなお土地所有者等の氏名又は住所を確知することができない場合には、当該事項を不明としたまま裁決（不明裁決）をすることとなります（図2-9）。

　なお、所有者不明土地法では、土地収用法の事業の認定を受けた事業であれば、その起業地内に存する、建築物（簡易な構造で小規模なものを除く。）がなく現に利用されていない所有者不明土地については、都道府県知事に対し、収用等の裁定を申請することを可能としております。これにより、審理手続の省略、権利取得裁決・明渡裁決を一本化するなど、収用手続の合理化・円滑化が図られました。

土地収用法施行規則第 17 条第 2 号イの規定による証明書

Ⅰ．**裁決申請する土地及び所有者について**
　①土地の表示：○○県○○市字○○ 9999 番
　②土地所有者：不明
　　　　　　　　ただし、登記記録の表題部所有者　甲野一郎外 45 名
　　　　　　　　又はその相続人

Ⅱ．**土地所有者を不明とした理由について**
　①**土地登記記録等について**
　　　○○地方法務局○○支局で全部事項証明書を取り寄せたところ、表示登記のみがなされており、表題部所有者欄に甲野一郎外 45 名の氏名と持分（46 分の 1 ずつ）が記載されている。なお、住所は記載されてない。
　　　また、同所備え付けの閉鎖登記簿及び旧土地台帳についても、住所は記載されていない。
　②**戸籍等について**
　　　○○市市民課に対して調査を依頼したが、「住所が不明である場合、氏名だけでの調査は不可能であり、○○市としては戸籍等を発行することはできない。」との回答を得ている。
　③**固定資産税の納税について**
　　　○○市税務課からの固定資産課税台帳登載証明書によると、氏名又は名称欄に甲野一郎外 45 名と記載されており、課税対象額に達していないとして課税が免ぜられていることを確認した。
　④**国土調査における土地の管理者について**
　　　収用しようとする土地は国土調査済みであったため、国土調査資料について調査したところ、本件土地については、土地の所有者及び管理者不存在として処理していることが明らかになった。
　　　なお、本件土地を現に占有する者は存在しない。

　以上のとおり、起業者は真摯な努力を傾け調査を行ったが、土地所有者を確知することは困難であり、土地所有者 不明 ただし 登記記録の表題部所有者名義人 甲野一郎外 45 名 又は その相続人　としたものである。

図 2-8：土地収用法施行規則第17条第 2 号イの規定に基づき、土地所有者等を知ることができないことについて起業者に過失がないことを証明する書類の見本　（出典：国土交通省総合政策局総務課『不明裁決申請に係る権利者調査のガイドライン（第 2 版）』　平成30年11月）

　通常の収用手続においては、起業者は裁決において定められた権利取得の時期までに補償金等の払渡し等をすることにより、土地等の権利を取得します。不明裁決の場合には、裁決において定められた補償金等を供託することにより、土地等の権利を取得します。供託先は「収用し、又は使用しようとする土地の所在地の供託所（土地収用法第99条第 1 項）」とされ、国の機関である法務局・地方法務局又はそれらの支局となります。

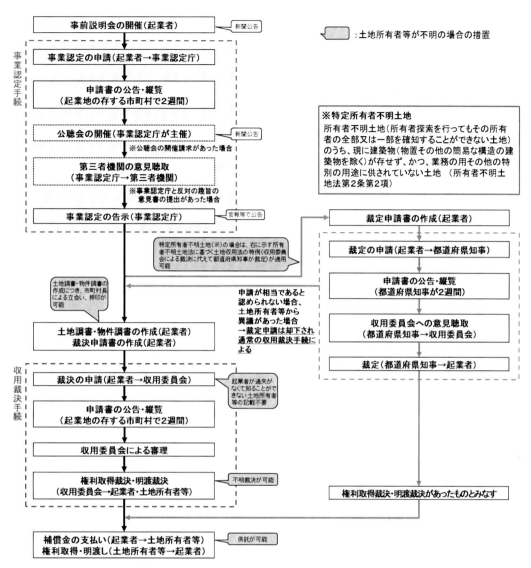

図2-9：土地収用の手続

（2）不明裁決申請に当たっての権利者調査について

　　不明裁決申請に当たっての権利者調査については、以下のガイドラインでまとめられています。

　　「不明裁決申請に係る権利者調査のガイドライン（第 2 版）」（平成26年 5 月制定、平成30年11月改訂）国土交通省総合政策局総務課

　　（http://www.mlit.go.jp/sogoseisaku/land_expropriation/sosei_land_tk_000006.html）

【関連事例】 ※（　）内ページは事例集のページです。
- 事例29（p. 45）　　● 事例30（p. 47）　　● 事例31（p. 49）
- 事例32（p. 51）　　● 事例33（p. 53）　　● 事例34（p. 54）

2-6　認可地縁団体が所有する不動産に係る登記の特例

ポイント

> ● 認可地縁団体が所有する不動産についての登記の円滑化を図るため、市区町村が一定の手続を経て発行した証明書を添付することにより、認可地縁団体を所有権の登記名義人とする所有権の保存の登記を申請し、又は認可地縁団体のみでこれを所有権の登記名義人とする所有権移転登記を申請することができるという平成26年度地方自治法改正により創設された特例制度。

（1）制度が創られた経緯と制度概要

　　平成3年の地方自治法の改正前は、法人格を持たない町内会や自治会等の地縁団体は、権利能力を有していないために当該団体の名義で登記することができませんでした。このため、地縁団体[21]の代表者の個人名義や、地縁団体の全構成員の共有名義で登記が行われてきました。その結果、相続発生時などに、「登記記録に記録された所有権が個人のものなのか地縁団体のものなのかを判別することができず、相続人が個人に帰属する土地と判断して処分するケース」や、「死亡や行方不明等により相続人が膨大に増える、又は特定ができない相続人が含まれる等のケース」が発生するなど土地の権利関係が複雑になる事案が発生していました。

　　このため、平成3年の地方自治法の改正では、市区町村長の認可を受けた地縁団体が法人格を取得し、不動産の所有権登記名義人等になることができる認可地縁団体制度が新たに導入されました。一方で認可地縁団体への所有権移転登記は、所有権の登記名義人と共同で申請しなければならないため、平成3年の地方自治法改正前に代表者の個人名義や構成員の共有名義により登記がされている場合には、所有権の登記義務人の全部又は一部が判明せず、認可地縁団体への所有権移転登記が困難となっているケースがあることも明らかとなりました。

　　こうした状況において、平成26年の地方自治法の改正では「認可地縁団体が所有する不動産に係る登記の特例」が創設されました。これにより、認可地縁団体が所有しているにもかかわらずその構成員又はかつて構成員であった自然人を所有権登記名義人等とする登記がされている場合には、認可地縁団体が所在する市区町村長に対して、疎明資料を添付して認可地縁団体の所有する不動産である旨の申請を行い、市区町村長が申請を相当と認めた場合、一定の手続（3ヶ月以上の公告手続等）を経て証明書が交付されることになりました。このため、こうしたケースでは、市区町村長が発行した証明書を添付して、認可地縁団体を所有権の登記名義人とす

21　町又は字の区域その他市町村内の一定の区域に住所を有する者の地縁に基づいて形成された団体。その区域に住んでいる人が年齢・性別問わず構成員になることができる。

る所有権保存の登記を申請し、又は認可地縁団体のみでこれを所有権の登記名義人とする所有権移転の登記を申請することが可能となりました（地方自治法第260条の2、同法第260条の38、同法第260条の39）。

　当該制度は平成27年4月1日より運用され、既に複数の市区町村で公告手続等が行われています。

【関連事例】※（　）内ページは事例集のページです。
- ●事例35（p. 56）
- ●事例36（p. 58）
- ●事例37（p. 61）
- ●事例38（p. 63）
- ●事例39（p. 65）
- ●事例40（p. 67）
- ●事例41（p. 69）

＜参照条文＞
地方自治法
　第260条の2　町又は字の区域その他市町村内の一定の区域に住所を有する者の地縁に基づいて形成された団体（以下本条において「地縁による団体」という。）は、地域的な共同活動のための不動産又は不動産に関する権利等を保有するため市町村長の認可を受けたときは、その規約に定める目的の範囲内において、権利を有し、義務を負う。
　2〜17　（略）

　第260条の38　認可地縁団体が所有する不動産であつて表題部所有者（不動産登記法（平成16年法律第123号）第2条第10号に規定する表題部所有者をいう。以下この項において同じ。）又は所有権の登記名義人の全てが当該認可地縁団体の構成員又はかつて当該認可地縁団体の構成員であつた者であるもの（当該認可地縁団体によつて、十年以上所有の意思をもつて平穏かつ公然と占有されているものに限る。）について、当該不動産の表題部所有者若しくは所有権の登記名義人又はこれらの相続人（以下この条において「登記関係者」という。）の全部又は一部の所在が知れない場合において、当該認可地縁団体が当該認可地縁団体を登記名義人とする当該不動産の所有権の保存又は移転の登記をしようとするときは、当該認可地縁団体は、総務省令で定めるところにより、当該不動産に係る次項の公告を求める旨を市町村長に申請することができる。この場合において、当該申請を行う認可地縁団体は、次の各号に掲げる事項を疎明するに足りる資料を添付しなければならない。
　　一　当該認可地縁団体が当該不動産を所有していること。
　　二　当該認可地縁団体が当該不動産を十年以上所有の意思をもつて平穏かつ公然と占有していること。
　　三　当該不動産の表題部所有者又は所有権の登記名義人の全てが当該認可地縁団体の構成員又はかつて当該認可地縁団体の構成員であつた者であること。
　　四　当該不動産の登記関係者の全部又は一部の所在が知れないこと。
　2　市町村長は、前項の申請を受けた場合において、当該申請を相当と認めるときは、総務省令で定めるところにより、当該申請を行つた認可地縁団体が同項に規定する不動産の所有権の保存又は移転の登記をすることについて異議のある当該不動産の登記関係者又は当該不動産の所有権を有することを疎明する者（次項から第五項までにおいて「登記関係者等」という。）は、当該市町村長に対し異議を述べるべき旨を公告するものとする。この場合において、公告の期間は、三月を下つてはならない。
　3　前項の公告に係る登記関係者等が同項の期間内に同項の異議を述べなかつたときは、第1項に規定する不動産の所有権の保存又は移転の登記をすることについて当該公告に係る登記関係者の承諾があつたものとみなす。
　4　市町村長は、前項の規定により第1項に規定する不動産の所有権の保存又は移転の登記をすることについて登記関係者の承諾があつたものとみなされた場合には、総務省令で定めるところにより、当該市町村長が第2項の規定による公告をしたこと及び登記関係者等が同項の期間内に異議を述べなかつたことを証する情報を第1項の規定により申請を行つた認可地縁団体に提供するものとする。
　5　第2項の公告に係る登記関係者等が同項の期間内に同項の異議を述べたときは、市町村長は、総務省令で定めるところにより、その旨及びその内容を第1項の規定により申請を行つた認可地縁団体に通知するものとする。

　第260条の39　不動産登記法第74条第1項の規定にかかわらず、前条第4項に規定する証する情報を提供された認可地縁団体が申請情報（同法第18条に規定する申請情報をいう。次項において同じ。）と併せて当該証する情報を登記所に提供するときは、当該認可地縁団体が当該証する情報に係る前条第1項に規定する不動産の所有権の保存の登記を申請することができる。

（2）特例の活用の流れ

　　所有権登記名義人等やその相続人の全部又は一部が把握できない等の理由で、所有不動産の所有権の保存の登記や移転登記ができない場合には、以下の手続により登記の特例を活用します（図2-10）。この特例の活用により、相続人の確定作業に要する費用・期間・労力の削減だけでなく、所有者が不在者である場合に活用を検討する不在者財産管理制度・訴訟・不明裁決制度によらずに解決することが可能となります。

① 認可地縁団体の設立
　　地縁団体が市区町村の認可を受けていない場合は、市区町村の認可を受けて、認可地縁団体を設立します。
② 事前準備
　　市区町村と調整しつつ、申請書類の作成、認可地縁団体名義とする不動産の所有者の把握や、所在が判明している所有権登記名義人等からの同意の取得等を行います。
③ 総会
　　規約に従い、総会を開催し、申請不動産の所有に至った経緯（保有資産目録又は保有予定資産目録に申請不動産の記載がない場合に限る。）と特例適用を申請する議決を行います。
④ 申請
　　以下の書類により、市区町村に申請を行います。
　　・所有不動産の登記移転等に係る公告申請書
　　・所有権の保存又は移転の登記をしようとする不動産の登記事項証明書
　　・認可申請時に提出した保有資産目録又は保有予定資産目録
　　　（当該書類に申請不動産の記載がない時は、③の総会議事録を添付）
　　・申請者が代表者であることを証する書類
　　・地方自治法第260条の38第1項各号に掲げる事項を疎明するに足りる資料
⑤ 審査・公告
　　申請を受けた市区町村は、提出書類の内容等を確認し、要件を満たしていた場合には、「当該不動産の所有権保存又は移転登記をすること」についての公告を行います。公告期間は3ヶ月以上とされ（地方自治法第260条の38第2項）、異議のある登記関係者等は期間内に市区町村に異議を述べることができます。
⑥ 証明書の交付・登記
　　公告期間内に異議がなかった場合は、公告を実施し異議がなかったことを証明する書類を申請者（認可地縁団体）に交付します。認可地縁団体はその証明書をもって、単独で登記所に於いて登記所有権の保存又は移転登記の申請を行うことができます（地方自治法第260条の38第4項）。

　なお、公告期間において異議があった場合は、市区町村が異議を述べた者に係る資格要件を確認し、資格が認められた場合には、市区町村から認可地縁団体にその旨を通知し、特例手続は中止されます（地方自治法第260条の38第５項）。

〔異議を述べた者に係る資格要件〕
　下記のいずれかに該当すること。
・不動産の登記関係者（表題部所有者、所有権の登記名義人、それらの相続人）
・不動産の所有権を有することを疎明する者

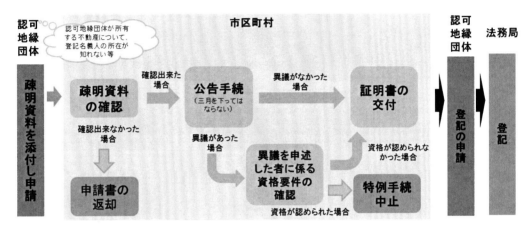

図２-10：認可地縁団体が所有権の保存又は移転の登記手続を行う手順

［様式 6］

　　　　　　　　　　　　　　　　　　　　　平成　　年　　月　　日

何市(町)(村)長　あて

　　　　　　　　　　認可地縁団体の名称及び主たる事務所の
　　　　　　　　　　所在地
　　　　　　　　　　　　名　　称
　　　　　　　　　　　　所在地
　　　　　　　　　　代表者の氏名及び住所
　　　　　　　　　　　　氏　　名　　　　　　　　　　印
　　　　　　　　　　　　住　　所

　　　　　　　　所有不動産の登記移転等に係る公告申請書

　　地方自治法第 260 条の 38 第 1 項の規定により、当該認可地縁団体が所有す
る下記不動産について所有権の保存又は移転の登記をするために公告をしてほ
しいので、別添書類を添えて申請します。
　　　　　　　　　　　　　　　　記

○申請不動産に関する事項
　・建物

名　　　称	延床面積	所　在　地

　・土地

地　　　目	面　　積	所　在　地

　・表題部所有者又は所有権の登記名義人の氏名又は名称及び住所
　　氏名又は名称
　　住　　　　所

（別添書類）
1　　所有権の保存又は移転の登記をしようとする不動産の登記事項証明書
2　　保有資産目録又は保有予定資産目録等
3　　申請者が代表者であることを証する書類
4　　地方自治法第 260 条の 38 第 1 項各号に掲げる事項を疎明するに足りる資料

**図 2-11：所有不動産の登記移転等に係る公告申請書〔書式〕（地方自治法施行規則第22条
　　　　　　の 2 関係）**

［様式7］

平成　　年　　月　　日

何市(町)(村)長 あて

異議を述べる者の氏名及び住所

氏　名　　　　　　　　印
住　所

申請不動産の登記移転等に係る異議申出書

　地方自治法第 260 条の 38 第 2 項の規定による公告に基づき、当該公告を求める申請を行った認可地縁団体が申請不動産の保存又は移転の登記をすることについて、下記のとおり異議を申し述べる旨、申し出ます。

記

1　公告に関する事項
(1)　申請を行った認可地縁団体の名称
(2)　申請不動産に関する事項
　・建物

名　　称	延床面積	所 在 地

　・土地

地　　目	面　　積	所 在 地

　・表題部所有者又は所有権の登記名義人の氏名又は名称及び住所
　　氏名又は名称
　　住　　　　所

(3)　公告期間

2　異議を述べる登記関係者等の別
　□　申請不動産の表題部所有者又は所有権の登記名義人
　□　申請不動産の表題部所有者又は所有権の登記名義人の相続人
　□　申請不動産の所有権を有することを疎明するもの

3　異議の内容（異議を述べる理由等）

(別添書類)
　□　申請不動産の登記事項証明書
　□　住民票の写し
　□　その他の市町村長が必要と認める書類　（　　　　　　　　　　　　　）
　(注)この異議申出書に記載された事項については、その後の当事者間での協議等を円滑にするため認可地縁団体に通知されます。

**図 2 -12：申請不動産の登記移転等に係る異議申立書〔書式〕（地方自治法施行規則第22条
の 4 関係）**

（3）地方自治法第260条の38第１項各号に掲げる事項を疎明するに足りる資料について

　　市区町村への申請に当たって、必要となる資料のうち、地方自治法第260条の38第１項各号に掲げる事項を疎明するに足りる資料については、市区町村と十分調整の上準備することが望ましいですが、以下のとおり想定される書類を参考までに紹介します。

（a）当該認可地縁団体が当該不動産を所有していること（同項１号）、当該認可地縁団体が当該不動産を十年以上所有の意思をもって平穏かつ公然と占有していること（同項２号）の疎明資料

　　・申請不動産の所有又は占有に係る事実が記載された認可地縁団体の事業報告書等

　　・上記事業報告書のほか、公共料金の支払い領収書、閉鎖登記記録の登記事項証明書又は謄本、旧土地台帳の写し、固定資産税の納税証明書、固定資産課税台帳の記載事項証明書　等

　　・これらの資料が入手困難な場合、入手困難な理由書のほか、認可地縁団体が申請不動産を所有又は占有していることについて、申請不動産の隣地の所有権の登記名義人や申請不動産の所在地に係る地域の実情に精通した者等の証言を記した書面や、認可地縁団体による申請不動産の占有を証する写真　等

（b）当該不動産の表題部所有者又は所有権の登記名義人の全てが当該認可地縁団体の構成員又はかつて当該認可地縁団体の構成員であった者であること（同項３号）の疎明資料

　　・認可地縁団体の構成員名簿、市区町村が保有する地縁団体名簿、墓地の使用者名簿　等

　　・これらの資料が入手困難な場合、入手困難な理由書のほか、申請不動産の表題部所有者又は所有権の登記名義人全てが認可地縁団体の構成員又はかつて当該認可地縁団体の構成員であった者であることについて、申請不動産の所在地に係る地域の実情に精通した者等の証言を記した書面

（c）当該不動産の登記関係者の全部又は一部の所在が知れないこと（同項４号）の疎明資料

　　・登記記録上の住所の属する市区町村長が、当該市区町村に登記関係者の「住民票」及び「住民票の除票」が存在しないことを証明した書面（不在住証明書）

　　・登記記録上の住所に宛てた登記関係者宛の配達証明付きの郵便が不到達であった旨を証明する書面

　　・申請不動産の所在地に係る精通者等が登記関係者の現在の所在を知らない旨の証言を記載した書面

【大阪府箕面市の取組】

空家等対策の推進に関する特別措置法による略式代執行後の費用の回収策として財産管理制度を活用した事例

　相続人のあることが明らかでない空き家のブロック塀が道路側に傾き、放置すれば倒壊など保安上著しく危険となる状態が認められるため、空家等対策の推進に関する特別措置法（以下、空家法）の規定に基づき「特定空家等[1]」として略式代執行[2]を実施した。

　当該物件は固定資産税の滞納があり、略式代執行後に箕面市が利害関係人として大阪家庭裁判所に相続財産管理人選任申立てを行い、相続財産管理人による管理のもと滞納された固定資産税と略式代執行費用の回収手続きを進める。

①補正予算概要　委託料　1,000千円

　　　　　　　　　　　（特定空家等に対する外構撤去等　493,560円）

　　　　　　　　　　　（家庭裁判所への相続財産管理人選任手続き等　506,440円）

　　　　　　　　　手数料　2,000千円（家庭裁判所への予納金）

　　　　　　　　　　計　　3,000千円

②物件概要

　　所有者：空家法第10条第1項に基づく調査（固定資産台帳、戸籍等）の結果、所有者は
　　　　　　死亡しており、相続人のあることが明らかでない

　　用　途：住宅（木造スレート葺平屋建）

　　建築年：平成5年2月

③略式代執行の概要：当該空き家は通学路に面していることから、児童など市民の安全・
　　安心の確保を優先的に考え、現在は、道路側に倒れないよう応急措置を実施しているが、
　　危険なブロック塀の撤去、道路等にはみ出している樹木等の除去など抜本的な対策を行
　　わなければ安全が確保されないため実施。（空家法第14条第10項）

④費用回収：固定資産税の滞納や略式代執行により利害関係人となる箕面市が、家庭裁判
　　所に相続財産管理人選任の申立てを行い、相続財産管理人が財産を処分した後、箕面市
　　が家庭裁判所に所定の手続きを行うことで費用を回収する。（民法第952条第1項）

平成28年6月　空家法第14条第10項に基づく略式代執行の公告

　　　　8月　略式代執行の実施

　　　　9月　家庭裁判所への相続財産管理人の選任申立

　　　10月　予納金の金額が決定（100万円）

　　　11月　家庭裁判所へ予納金支払い、財産管理人の決定

　　　12月　官報による財産管理人選任の公告（公告期間2カ月）

平成29年1月　追加予納金の支払い（100万円）（家庭裁判所が調査を実施する必要があるため）

　　今後の予定：相続財産の債権者、受遺者を確認するための公告（2カ月）、財産管理人に債権の請求、
　　　　　　　　相続人探索のための公告（6カ月以上）、平成29年10月頃に相続人がいないことが確定
　　　　　　　　する予定。

※1　そのまま放置すれば倒壊等著しく保安上危険となるおそれのある状態等の空家等、国のガイドラインで「目視でも塀が傾斜している状態を確認出来る場合」は、特定空家等にあたると示されている。

※2　所有者等が確知できない場合であって、空家法に基づく要件を満たす場合に、行政代執行法で定められた文書戒告などの手続きを省いて実施する代執行。

第 3 章　土地の状況別の所有者情報調査の方法と土地所有者が把握できなかった場合の解決方法

　本章では、「所有権登記名義人等から所有権が移転等している土地」と「歴史的な経緯等により名義が特殊な土地」に分類して土地状況の把握や解決方法などを紹介します（表 3-1）。

　前者については、所有権について取得時効を主張することができる土地（3-1）、相続に伴う登記手続が一代又は数代にわたりされていない土地（3-2）、所有権登記名義人等やその相続人が外国に在住している土地（3-3）、解散等をした法人が所有権登記名義人等となっている土地（3-4）に分類し、後者については、町内会又は部落会を所有権登記名義人等とする登記がされている土地（3-5）、記名共有地（3-6）、共有惣代地（3-7）、字持地（3-8）、表題部のみ登記がされている土地（3-9）、未登記の土地（3-10）に分類しています。

　なお、便宜上分類をしていますが、「土地の状況」に示した状況が複数重なっている土地もあります。

表 3 - 1 ：土地の状況

	土地の状況	登記事項証明書[22]での所有権登記名義人等の記載等 土地の状況の確認方法	関連 記載
所有権登記名義人等から所有権が移転等している土地	所有権について時効取得を主張することができる土地	所有権について時効取得を主張することができる状態（取得時効が完成して時効を援用できる状態又は既に時効を援用した状態をいう。以下同じ。）であるにもかかわらず、取得時効を援用せず、あるいは取得時効の援用による権利変動が登記記録に反映されていない場合。現地調査等により判明する。	3-1
	相続に伴う登記手続が一代又は数代にわたりされていない土地	所有者情報を調査した結果、相続が発生しており、その次の代又は複数の代の相続人が所有している場合。例えば、登記事項証明書では、表題部の登記の日付（表題部のみ登記されている場合）又は権利部の受付年月日が古いときは、所有権登記名義人等の住民票の写し等を取得することにより相続の有無等を確認する。	3-2
	所有権登記名義人等やその相続人が外国に在住している土地	登記記録に記録されている住所が外国である場合のほか、登記記録に記録されている住所から外国に転出等している場合等。後者の場合には、所有権登記名義人等又は相続人の住民票の除票の写し等を取得して外国への転出が判明する。	3-3
	解散等をした法人が所有権登記名義人等となっている土地	所有権登記名義人等が法人である場合には、当該法人の登記により解散の有無等を確認する。取締役等が長らく変更されていない場合は活動が停止されている可能性が高い。	3-4
歴史的な経緯等により名義が特殊な土地	町内会又は部落会を所有権登記名義人等とする登記がされている土地	登記事項証明書の権利部の所有者の欄に「A町内会」、「A部落会」と記録されている。	3-5
	記名共有地	登記事項証明書の表題部の所有者の欄に「A外〇名」と記録されている。	3-6
	共有惣代地	登記事項証明書の表題部の所有者の欄に「共有惣代A」、「共有惣代A外〇名」と記録されている。	3-7
	字持地	登記事項証明書の表題部の所有者の欄に「大字A」、「字A」と記録されている。	3-8
	表題部のみ登記がされている土地	登記事項証明書の表題部のみがあり、権利の登記がされていない土地（上記の土地の状況を除く。）	3-9
	未登記の土地	表題登記がされていない土地	3-10

22　登記事項証明書での所有者記載の詳細については、第 1 章 1 - 1 （5）を参照。

＜参考　名義が特殊な土地が生まれた経緯＞

　江戸時代以前には、薪炭や肥料用の落ち葉などを採取するための山林や、屋根を葺く材料や馬の餌を採取するための草地・原野を、村や部落などの共同体で所有する「入会地」が各地にありました。明治元年に、政府が納税義務者の確定を目的とした税制改革（地租改正）を行った際に、これらの入会地の中には、村・大字・区・部落などの共同体を納税者として申請し、所有権が認められたものもあります。その後、明治22年に市制・町村制を施行する際に、明治時代以前の共同体が所有する入会地を、新たに設置する市町村に編入することが検討されましたが、農家からの強い反対があり、入会地を従前からの共同体の所有財産として認める財産区の制度が創設されました。この際、財産区へ名義変更した場合もありましたが、寺社や寺院、代表者名義、共有名義等に変更した場合もありました。明治43年から、部落有林野統一政策が開始され、内務及び農商務両省の通知により、市町村への寄付を促しましたが、すべてが市町村財産に統一されることはありませんでした。

　さらに、昭和28年の町村合併促進法により、旧来の財産区の制度を旧財産区制度として引き継ぐと同時に、「新財産区」という制度が設けられました。この際に、旧来の町村有林は、新市町村有、新財産区有となった場合もありましたが、地元への払下げ等がなされた場合もありました。

　また、上記の経緯とは別に、記名共有等の登記がなされた経緯があります。旧土地台帳において所有権を有する者を示す欄に一人の氏名を記した上、「外（ほか）何名」とする記載がされた土地は、その後の制度変遷を経て、今日、登記簿の表題登記において、所有者が「誰外何名」と記録されているものがあります。

　また、昭和15年に戦時体制の強化を目的として部落会や町内会が組織され、部落会・町内会名義で財産を所有できるようになりましたが、敗戦後は昭和20年勅令第542号ポツダム宣言の受諾に伴い発する命令に関する件に基く町内会部落会又はその連合会等に関する解散、就職禁止その他の行為の制限に関する政令により、部落会・町内会の財産を市町村有に改めるとされました。この際、「部落会・町内会に属する財産」と「部落有財産」が同一であると解釈するなどの混乱があったため、ある程度の部落有財産が個人名義や記名共有、市町村有に変わりました。

（参考文献）

岡本常雄（2010）「共有入会地」と「旧財産区有地」の区別基準について，Low&Practice No. 4：219-243

田中康久（2003）記名共有地の解消策の課題―保存登記のための判決の問題点を中心として―，登記研究661（2）：1-36

中田遼介・永田善紀（2013）相続人多数共有地に関する処方箋，平成25年度近畿地方整備局研究発表会

山下詠子（2011）入会林野の変容と現代的意義　256p，東京大学出版会，東京

矢野達雄（2007）第11章　市町村合併と入会林野，宮崎幹朗編，愛媛県における市町村合併の展開と展望，pp. 247-266，愛媛大学総合政策研究叢書3.

3-1　所有権について時効取得を主張することができる土地

（1）土地の状況

　　取得時効とは、民法第162条の規定に基づき、10年間又は20年間、所有の意思をもって、平穏かつ公然と他人の物を占有し続けた者が、所有者に対して時効の援用の意思表示をすることにより、当該物について所有権を取得することを認める制度です。

　　占有者が他人の物を占有し続けている場面としては、

・所有権登記名義人等の子以降の代において、相続関係が明示されなかったために所有者が十分に把握されないまま、特定の子あるいはその相続人が当該土地の占有を続けた場合

・共有惣代地や町内会等名義の土地について、当初は当該組織の構成員が当該組織のために土地を管理していたものの、当該構成員の子孫へと代替わりする中で、「当該組織のため」という認識がなくなり、個人の所有物として占有を続けた場合

などがあり得ますが、このような事案においては、その具体的事情を十分に考慮した上で、民法第162条の要件を満たすか否かを検討することが想定されます。

＜参照条文＞
民法
（所有権の取得時効）
　第162条　二十年間、所有の意思をもって、平穏に、かつ、公然と他人の物を占有した者は、その所有権を取得する。
　2　十年間、所有の意思をもって、平穏に、かつ、公然と他人の物を占有した者は、その占有の開始の時に、善意であり、かつ、過失がなかったときは、その所有権を取得する。
（時効の援用）
　第145条　時効は、当事者が援用しなければ、裁判所がこれによって裁判をすることができない。

（2）解決方法

　　現地調査等の結果、所有権登記名義人等やその相続人とは別の占有者の存在が確認されることがありますが、当該占有者が時効取得を主張することができる状態である場合には、取得時効を原因として占有者名義へ所有権移転登記をすることが考えられます。

　　この場合、占有者と所有権登記名義人等又はその相続人が協力の上、共同で占有者名義の所有権移転登記の申請を行うことができれば、比較的簡単に解決ができます。

　　しかし、共同での登記申請が困難な場合には、占有者は、所有権登記名義人等に

対し、時効取得を原因に当該土地の所有権を取得したとして、所有権移転登記手続請求訴訟を提起し、その給付判決を得て、その判決の確定後に、所有権移転登記の申請を行うことが考えられます。

　さらに、所有権登記名義人等が不在者である場合には不在者財産管理制度、その者が既に死亡し、相続人のあることが明らかでない場合には、相続財産管理制度をそれぞれ活用して、不在者又は相続財産法人を被告として訴えを提起することが考えられます。

【関連事例】 ※（　）内ページは事例集のページです。
● 事例 1 （p. 1）　　　　● 事例13 （p. 20）　　　　● 事例22 （p. 33）
● 事例23 （p. 35）　　　● 事例24 （p. 37）　　　● 事例25 （p. 38）

3-2　相続に伴う登記手続が一代又は数代にわたりされていない土地

（1）土地の状況

　　第1章で紹介した所有者情報を調査した結果、相続により所有権登記名義人等とは異なる所有者が存在することが判明する場合があります。例えば、登記事項証明書では、表題部の登記の日付又は権利部の受付年月日が古く、所有権登記名義人等の住民票の写し等を取得したところ、所有権登記名義人等が死亡しており、これに伴い相続が発生していることが判明することがあります。相続が発生することにより、当該土地は相続人らの共有物[23]になります。

（2）相続人の意向確認

　　相続に伴う登記手続が、一代又は数代にわたりされていないと認められる土地については、戸籍等により所有権登記名義人等の相続人を調査し、現在の所有者を所有権登記名義人等とする所有権移転の登記の手続を進めていくことになります。

　　共有物である用地を売却することは共有物の処分に当たるため、当該土地を取得しようとする場合には、全ての相続人に対して事業への協力等について意向の確認をすることになりますが、対応の方法としては、以下の三つの方法が考えられます。

・相続人のうちの特定の者に連絡役を依頼する方法

　　相続人調査の結果、相続人が多数になる場合などには、売買契約に係る当事者が多数になることにより、調整が錯綜してしまうことがあります。こうした事態を避けるため、例えば用地取得に係る売買契約に向けた諸々の段取りについての連絡役を相続人のうちの特定の者に引き受けてもらうことで、円滑な協議が可能となることがあります。

・相続放棄を利用する方法

　　各相続人が、家庭裁判所で相続放棄を申述し、それが受理された場合、当該相続人は初めから相続人でなかったことになります。このため、相続人が相続放棄をすることを受け容れて協力をしてくれる場合には、その者に係る手続関与の必要に煩わされることなく用地取得を進めることができます。

23　3-6（1）の脚注参照。ただし、いわゆる遺産共有の場合におけるその財産の分割については、共有物分割請求訴訟によることはできない。

　　ただし、相続放棄は、原則として自己のために相続の開始があったことを知った時から3か月以内[24]に家庭裁判所への申述を行うこととされていることに注意が必要です（民法第915条第1項）。定められた期間内に相続放棄がされなければ、その相続人は、被相続人の権利義務を承継（単純承認）したものとされます（同法第921条2号）。

　　相続放棄の手続は、法定の期間内に、被相続人の最後の住所を管轄する家庭裁判所に申述します[25]。ただし、必ずしも取得しようとする用地が所在する家庭裁判所とならないことに注意が必要です。

・相続分を譲渡してもらう方法
　　各相続人が、自分の兄弟などに相続した共有持ち分を譲渡すれば、その土地に係る共有者の数を減らすことができます。事業者は、他の相続人からの共有持ち分譲渡により譲り受けた相続人と売買契約を締結します。関係者が絞り込めるため、様々な手続において事務上の負担が大きく軽減します。

　　なお、相続人が多数存在する場合の土地所有者情報調査及び公共事業における用地取得のための交渉などに当たっては、以下の事項について留意する必要があります。
・可能な限り事前に連絡を取り、土地を共有する相続人の都合に合わせる。
・親族等で複数人が一同に会する場を設けることにより、相続人に安心感を与える。
・可能な限り同時並行的に調査又は交渉を開始し、訪問するタイミングのずれを無くすことで、相続人らに不審を抱かせない。

　　これらの事項を踏まえ、訪問先で関係者の十分な理解と協力を得ることが必要です。
　　なお、売買契約により所有権を取得する場合以外の共有者の意思形成の在り方については、本章3-6（3）（a）に記載していますので、参照してください。

24　相続放棄をしなければならない期間は、原則として、相続人が、自己のために相続の開始があったことを知った時から3か月となっている（民法第915条1項本文）。ただし、3か月以内に相続財産の状況を調査しても相続を放棄するかどうかの判断をする資料が得られない場合などには、家庭裁判所への申立てにより期間を伸長してもらうことができる（同項ただし書）。また、相続人において相続開始の原因となる事実及びこれにより自己が法律上相続人となった事実を知った時から3か月以内に限定承認又は相続放棄をしなかったのが、相続財産が全く存在しないと信じたためであり、かつこのように信ずるにつき相当な理由がある場合には、民法第915条第1項所定の期間は、相続人が相続財産の全部又は一部の存在を認識した時又は通常これを認識し得べき時から3か月の期間が起算するものと解されている（最判昭和59年4月27日民集38巻6号698頁）。
25　申述の用紙は、裁判所のウェブサイトからダウンロードすることができる。

> **＜参照条文＞**
> **民法**
> （相続の承認又は放棄をすべき期間）
> 　第915条　相続人は、自己のために相続の開始があったことを知った時から三箇月以内に、相続について、単純若しくは限定の承認又は放棄をしなければならない。ただし、この期間は、利害関係人又は検察官の請求によって、家庭裁判所において伸長することができる。
> 　2　（略）
> （法定単純承認）
> 　第921条　次に掲げる場合には、相続人は、単純承認をしたものとみなす。
> 　一　相続人が相続財産の全部又は一部を処分したとき。ただし、保存行為及び第602条に定める期間を超えない賃貸をすることは、この限りでない。
> 　二　相続人が第915条第1項の期間内に限定承認又は相続の放棄をしなかったとき。
> 　三　相続人が、限定承認又は相続の放棄をした後であっても、相続財産の全部若しくは一部を隠匿し、私にこれを消費し、又は悪意でこれを相続財産の目録中に記載しなかったとき。ただし、その相続人が相続の放棄をしたことによって相続人となった者が相続の承認をした後は、この限りでない。

（3）解決方法

　　相続人を把握することができたものの、一定数の相続人の協力しか得られない場合であって、土地の一部を用地取得する場合は、当該土地に係る共有持分を取得した上で、共有物分割請求訴訟を行い、事業に要する用地のみを取得する方法を検討します。

　　また、調査の結果、共有者である相続人の所在が不明である場合には不在者財産管理制度の活用を、そもそも所有者であった所有権登記名義人等に相続人のあることが明らかでない場合には相続財産管理制度の活用を検討します。公共事業の事業者は、財産管理人選任の申立人になることができる可能性がありますが、それ以外の場合は、他の相続人による申立てが可能かどうか相続人と協議するか、個別の事案ごとに事業者が申立人になることができるかどうかを家庭裁判所に照会します。

　　財産管理人の選任後は、財産管理人と売買契約等の調整を行いますが、土地の売買契約を締結するなど財産管理人が権限外の行為をするためには、家庭裁判所の許可を受ける必要があります。

> **【関連事例】** ※（　）内ページは事例集のページです。
> ●事例2　（p.3）　　　　　●事例3　（p.5）　　　　　●事例4　（p.7）
> ●事例5　（p.8）　　　　　●事例6　（p.9）　　　　　●事例14　（p.21）
> ●事例15　（p.22）　　　　●事例16　（p.23）　　　　●事例26　（p.40）
> ●事例27　（p.41）　　　　●事例29　（p.45）　　　　●事例43　（p.71）
> ●事例44　（p.73）　　　　●事例45　（p.75）　　　　●事例46　（p.77）

3-3　所有権登記名義人等やその相続人が外国に在住している土地

（1）土地の状況

　　登記記録に記録された住所が外国である場合のほか、登記記録に記録された住所から外国に転出等しているものの、登記記録が変更されていない場合には、所有権登記名義人等又はその相続人について、住民票の除票の写し等や戸籍の附票の（除票の）写しを確認することによって、外国居住者であることが判明する場合があります。

　　なお、住民票の除票の写し等や戸籍の附票の（除票の）写しには、海外の住所までの記載が求められていないこともあり、国又は地域の名称までの記載にとどまることもあります。また、令和元年 6 月20日までは、住民票の除票や戸籍の附票の除票の保存期間は消除された日から 5 年間とされていたことから、既に住民票の除票が廃棄されている場合には、所有者が居住する国又は地域も把握することができないこともあります。また、終戦前に本土から転出し、終戦後に戸籍を持ち帰っていない場合もあります。こうした場合には、登記記録上の住所地において近隣住民等への聞き取り調査を行います。

（2）探索方法

　　所有権登記名義人等又はその相続人が外国に在住していると判明した場合、

①　まずは親族や知人に対する聞き取りを行います。

②　次に当該国に日本人会・県人会等の組織があれば都道府県の国際課等を通じて照会を行います。

③　また、外務省の「所在調査」を活用することも考えられますが、対象者の国籍が日本国籍のままで生存が見込まれること、3 親等以内の親族や官公署等しか利用できないことに留意が必要です。

> ○所在調査
> 　所在調査とは、外務省が実施するもので、海外に在住する日本国籍を有する邦人の所在について、管轄在外公館にて把握できる資料を中心に調査する制度です。3 親等以内の親族、裁判所、官公署、弁護士会からの依頼に限って実施されます。また、国（あるいは地域）を限定して実施されるため、被調査人の所在する国や地域を特定する資料があり、親族間において長きにわたり連絡がとれない状況が続き、その所在を親族間で確認できない場合に限られます。
> 　（外務省ウェブサイト　所在調査について）
> 　http://www.mofa.go.jp/mofaj/toko/todoke/shozai/

（3）売買契約等に伴う書類の作成

　（2）の結果、所有権登記名義人等やその相続人が外国に在住していることが判明した後は、売買契約書、委任状、遺産分割協議書、遺産分割証明書、相続分譲渡証明書等の作成や所有権移転登記等を行うことになりますが、それらにおいては、基本的には、記名押印が必要となり、さらにその印影を市区町村が発行する印鑑登録証明書により証明することが必要となります。

　この場合に、外国在住者については、国内の市区町村で印鑑登録がされていないこともあることから、印鑑登録証明書に代わって、本人の署名について現地公証人の証明や領事その他日本の出先機関の証明を受けることにより、対応することが可能な場合もあります。

　特に、居住地が領事館等から遠方にある場合には、現地公証人による証明を利用することにより、事務的な負担を軽減することができます。

　また、相続人が外国に在住している場合であって、遺産分割協議書により対応するときは、同一の協議書に相続人全員の記名押印等が必要となるため、その書類の送付等に手間や時間が発生しますが、遺産分割協議証明書により対応すれば、相続人それぞれにメールにて様式を送付し、署名証明した書類を受ければよいため、特に外国に相続人が在住している場合はこの方法により効率化を図ることができます。

【登記先例】
○昭和47年11月15日付外務大臣官房領事移住部領事課長照会・昭和48年4月10日付民三第2999号民事局第三課長事務代理回答
（概要）オーストラリア在留の日本人が、相続分不存在の証明書にした署名については、日本総領事館が証明しているが、これに代え、オーストラリアの公証人又は治安判事が、Statutory　declarationの形式により本人のためにした署名証明で差し支えない。これは、所有権移転の承諾書についても同様であり、原文書は外国語により作成されていて、本人の署名は日本文字だけ、又は日本文字にローマ字を並記したものでもよい。

○昭和33年7月30日付日司連総発第14号日本司法書士会連合会理事長照会・昭和33年8月27日付民事甲第1738号民事局長心得回答並びに各法務局長及び地方法務局長宛通達
（概要）外国在住の日本人が登記義務者として登記を申請する場合の委任状については、本人の署名であり、かつ自己の面前で宣誓した旨の現地公証人の証明があれば、領事その他日本の出先機関の証明がなくても、受理してよい。

※　これらの登記先例も踏まえ、個別のケースごとに、登記所に相談することが望ましい。

（4）所有者を特定することができなかった場合の解決方法

　　　所有者が不在者である場合には、不在者財産管理制度の活用[26]を検討します（第2章2-1参照）。なお、不在者財産管理人選任の申立て後に、家庭裁判所から資料の追加提出を求めらるほか、家庭裁判所において必要な調査（家族や入国管理局への照会などが考えられます。）を行うこともあります。

　　　また、土地収用法に基づく事業認定（都市計画法における事業認可等も含む。以下同じ。）を得た事業の場合には、不明裁決制度の活用を検討します（第2章2-5参照）。

```
【関連事例】※（　）内ページは事例集のページです。
●事例39（p.65）　　　　　●事例48（p.80）　　　　　●事例49（p.82）
●事例50（p.84）
```

26　日本国内の従来の住所地又は居所地がいずれも不明である場合は財産の所在地を管轄する家庭裁判所又は東京家庭裁判所に申立てを行う。

3-4　解散等をした法人が所有権登記名義人等となっている土地

（1）土地の状況

　　法人名義で登記されている土地であって、当該法人が既に解散している場合には、所有権移転等の手続が困難になる場合があります。

　　なお、法人の解散の有無については、当該法人の登記を確認します。なお、取締役[27]等について長らく変更されていない場合などは法人としての活動が停止されている可能性が高いものと考えられます[28]。

（2）解決方法

　　法人には、株式会社、一般社団・財団法人、宗教法人、医療法人等がありますが、いずれも会社法（平成17年法律第86号）、一般社団法人及び一般財団法人に関する法律（平成18年法律第48号）、宗教法人法（昭和26年法律第126号）、医療法（昭和23年法律第205号）等の法律に基づき設立されます。

　　法人の解散登記がなく、本店所在地の現地調査を行っても事業活動を休止していると思われる場合、まず、法人登記の現在事項証明書に記載されている法人代表者や役員に連絡をとります。同時に、本店所在地にすでに他の入居者や居住者がいる場合には、あわせてその者からも聞き取りを行います。現在事項証明書に記載されている法人代表者や役員に連絡がとれない場合には、履歴事項証明書や閉鎖事項証明書に記載されている過去の代表者や役員に連絡を取り、会社の事業状況の聞き取りを行います。また、代表者が死亡している場合には、その代表者の相続人に連絡を取り、聞き取りを行います。その他、対象となっている所有者不明土地の現地調査や近隣住民からの聞き取り調査は、自然人の場合と同様です。

　　聞き取り調査を通じて、当該法人の代表権を有する代表者が特定できれば、その代表者を通じて、当該法人と土地の売買契約等の取引をすることが可能です。

　　代表者を特定できなくとも、株式会社の場合には、株主と連絡がつけば、新たに代表取締役を選任してもらうことが可能です。協力を得られる株主が全株式を有していない場合には、取締役を選任するための株主総会の招集手続が必要となり、その手続のために会社法346条に基づき、一時役員（仮役員）の選任を裁判所に求めることになります。

27　例えば、株式会社の場合には、取締役の任期は原則2年とされ（会社法第332条第1項本文）、取締役の交代があった場合にはその旨の変更登記が行われる。このため、株式会社が存続している場合には少なくとも2年に1回は取締役の変更登記がなされる（会社法第911条第3項13号、第915条第1項）。また、非公開会社の場合には、取締役の任期を定款で10年まで延ばすことができる（会社法第332条第2項）。

28　全国の法務局では、毎年、休眠会社・休眠一般法人の整理作業を行っている。当該作業を通じて、解散したものとみなされた法人については、登記官により職権でみなし解散の登記が行われる。

　　また、各法人の根拠法において、各法人に係る設立、解散、清算等について規定されており、解散した法人については、原則として[29]根拠法において規定される清算人制度を活用して、解散後に存続する財産について清算を進めることとされています。会社については、合併及び破産以外の事由で解散した場合（たとえば、株主総会決議やみなし解散等）で解散当時の取締役が生存している場合は、定款や株主総会の決議により他の者を清算人に選任していない限り、その者が法律上当然に清算人になります。

　　このように清算中の法人について、清算人を一人でも把握することができる場合には、当該清算人を相手に売買契約等を進めていくことになります[30]。一方で、戸籍等の確認により、清算人の全員について、死亡が確認された場合には、裁判所に対して清算人選任の申立てを行う必要があります。たとえば、株式会社の場合には、会社法第478条の規定に基づき就任し、又は裁判所により選任される清算人との間で売買契約手続等を進めていくことになります[31]。

　　なお、裁判所に対して清算人の選任申立てを行った場合には、清算人が選任された後に清算人の申請により法人登記簿へ清算人の登記をした上で、売買契約の締結、所有権移転登記を行うことになります。また、清算法人について、清算の事務が終了すると、清算人の申請により清算結了登記が行われ、これにより当該法人の登記記録は閉鎖されます。

　　清算結了登記を行った法人であっても、登記名義のある土地が残っている場合には、清算人の選任申立てを行うことが可能とされていますが、清算人の選任申立てを行うに当たっては、法人の閉鎖事項証明書を取得する必要があります。なお、閉鎖された登記記録の保存期間は20年とされていますが（商業登記規則第34条第4項第2号）、保存期間満了後も閉鎖事項証明書の取得が可能となる場合がありますので、法務局（登記所）への確認が必要です。

　　また、法人の根拠法令が古く、すでに廃止されている場合もありますが、清算人制度に係る規定については経過措置規定が置かれていることにより、引き続き当該制度の活用が可能となっていることがあります（産業組合法（明治33年法律第34

29　株式会社の場合，合併により解散した場合及び破産手続開始の決定により解散した場合であって当該破産手続が終了していないときは清算開始原因とはされていない(会社法第475条第1号)。

30　ただし、例えば、株式会社の場合には、清算人が二人以上あるときには清算人が単独で売買契約の締結を決定できない可能性があり（会社法第482条第2項等参照）、清算人であっても当該株式会社を代表する権限を有していないときがある（会社法第483条第3項等参照）。そのため、複数の清算人が存在し得る場合には、当該把握することができた清算人との間で有効に売買契約等を締結することができない可能性がある点に留意する必要がある。

31　ただし、会社の清算人の選任申立てにあたっては、会社法が規定する厳格な清算手続のすべてを行うことを求めず、申立人が目的とする限定的な清算事務のみを行い、当該手続が終了した時点で、非訟事件手続法59条1項により選任決定を取り消して当該清算人の事務を終了させ、選任に係る登記を裁判所書記官からの嘱託で抹消することができる場合があります。参考：大阪地方裁判所のスポット運用 http://www.courts.go.jp/osaka/saiban/minji4/dai2_5/index.html

号）に基づく産業組合の名義になっている土地など。）。

【関連事例】※（　）内ページは事例集のページです。
●事例30（p. 47）　　　●事例51（p. 86）　　　●事例52（p. 87）
●事例53（p. 88）　　　●事例54（p. 89）

3-5　町内会又は部落会を所有権登記名義人等とする登記がされている土地

（1）土地の状況

　　戦時体制の強化を目的として組織された町内会等は、第二次大戦後の昭和22年5月、「昭和20年勅令第542号ポツダム宣言の受諾に伴い発する命令に関する件に基く町内会部落会又はその連合会等に関する解散、就職禁止その他の行為の制限に関する政令」（昭和22年政令第15号。以下「昭和22年第15号政令」という。）が公布・施行され、解散させられました[32]。

　　昭和22年第15号政令第2条第1項では、旧町内会等が保有する財産は、その構成員の多数をもって議決するところにより処分すること、同条第2項では、2か月以内に処分されない土地等については、旧町内会等の区域の属する市町村に帰属するものとされました。我が国の主権回復に伴い、昭和27年4月、昭和22年第15号政令は廃止されましたが、昭和22年第15号政令自体が失効しても、それにより生じた市町村への所有権の帰属などは効力を失わないとされています。

（2）情報収集

　　登記記録の調査の結果、町内会又は部落会が所有権登記名義人等であった場合、戦時中に組織された町内会等の所有であることを明確にするために、現地を確認するとともに、次の手順で情報を収集します。

①　自治会長等に聞き取りを行い、所有の実態を把握します。

②　①と並行して、市町村役場での聞き取り、市町村史の確認等により、さらに情報を収集します。

（3）解決方法

　　昭和22年第15号政令に基づき市町村が所有するに至っているとみられる土地は、事実関係についての所要の調査を経て、市町村の嘱託により、市町村を所有権登記名義人等とする所有権の登記を進めることとなります。なお、その登記原因は「昭和22年政令第15号第2条第2項による帰属」、日付は「昭和22年7月3日」となります。

32　経緯はP93「名義が特殊な土地が生まれた経緯」を参照のこと。

3-6　記名共有地

（1）土地の状況

　　表題部の所有者欄に「A外○名」とあるのみで、その共有者の住所氏名が登記されていない土地をいわゆる記名共有地といいます。

　　これらの土地は、個々人の共有物である場合もありますが、墓地や山林が入会地として集落等で所有管理されていた土地の場合もあります。共同所有の形態は前者が「共有（狭義）[33]」、後者は「総有[34]」であることが一般的であり、それぞれ解決方法が異なります[35]。

（2）権利者の特定と情報収集

　　登記記録の調査の結果、記名共有地であった場合、共同所有の形態を判断するために、現地を確認するとともに、次の手順で情報を収集します。

①　共同人名票[36]が入手できた場合には、共同人名票を確認し、共有者を探索します。また、登記記録、閉鎖登記簿、旧土地台帳[37]の調査を行い、最初の名義人から現名義人までの名義人と登記原因を確認します。

②　表題部所有者や共同人名票に記録された共有者の氏名や住所を基に土地所有者の特定を行います（第1章1-2（3）参照）。また、記名共有地については、共有者自身、自己の財産という認識がなく、このため当該共有者が死亡後も相続登記の手続などが行われないまま、名義が残っている場合も多いと考えられます。そうした場合には、当該共有者の相続人の調査を行う必要が高いと考えられます（第1章1-3参照）。

③　②と並行して相続人、関係者、自治会長等に聞き取りを行い、所有の実態を把握します。

④　③の結果、総有の可能性が高い場合は、市町村役場での聞き取り、市町村が保有する地縁団体台帳、墓地であれば墓地開設当時の使用者名簿、市町村史の確認等により、更に情報を収集します。

33　民法第249条から第262条に規定されている共有。各共有者は持分を有し、譲渡や分割請求権が認められている。

34　狭義の共有に対し、総有は、持分権を持たない共同所有形態とされ、持分の処分や分割請求ができないとされている。

35　記名共有地をはじめとした表題部所有者欄の氏名・住所が正常に記載されていない登記については、表題部所有者法（7-4（6）参照）に基づき、登記官等による探索、その探索の結果を登記簿に反映させるための措置、探索を行ってもなお所有者を特定することができなかった土地についての新たな管理制度等の措置が講じられることとなっている（以下3-7～3-9でも同じ）。

36　共有者の内訳を記載したもの。ただし、編纂されていない場合もある。登記簿謄本の交付請求をすることにより、取得することができる。

37　旧土地台帳、閉鎖登記簿については、第1章1-1（2）参照

（3）共有者の意思形成

（a）共有（狭義）の場合

　　共有者内部の意思形成の在り方については、その行為の内容によって異なり、共有物を処分したり、変更を加えたりする場合には共有者全員の同意（民法第251条）、共有物を管理する行為であれば、持分の価格の過半数の同意が必要とされています（民法第252条）。なお、共有物の保存行為については、共有者単独で行うことができます（民法第252条ただし書）。

　　共有物を変更する行為とは、性質若しくは形状、又はその両者を変更することであり、共有物を処分したり、変更したりするには共有者全員の同意が必要です。

　　具体的には、

　　・土地を売却すること

　　・用益物権（地上権等）の設定・解除を行うこと

　　・田を畑にするなど土地の形状の変更をすること

　　・森林を主伐すること

などが当たるとされています。

　　過半数の同意が必要な共有物を管理する行為とは、目的物を、その性質を変えないで利用改良する行為であり、具体的には、

　　・森林を間伐すること

などが当たるとされています。

　　（ただし、間伐材等の販売は共有物の処分に当たります。）

　　なお、ここでいう過半数とは持分の価格の割合によることに注意が必要です。

　　また、共有者単独で行うことのできる保存行為とは、物の現状を維持する行為であり、具体的には、

　　・共有物の修繕　などが当たるとされています。

＜参照条文＞

民法

（共有物の変更）

　第251条　各共有者は、他の共有者の同意を得なければ、共有物に変更を加えることができない。

（共有物の管理）

　第252条　共有物の管理に関する事項は、前条の場合を除き、各共有者の持分の価格に従い、その過半数で決する。ただし、保存行為は、各共有者がすることができる。

（b）総有の場合

　　一定の要件を満たす地縁団体等の構成員の総有に属する土地については、予め定められた財産処分に関する規約等に従って処分できることがあると考えられ

ます。

（4）解決方法

　（2）の情報収集により、共同所有の形態を判断し、それぞれ以下の方策を検討します。ここでは、特に登記を伴う場合を想定した解決方法を示します。

（a）共有（狭義）の場合

　共有者全員が特定できた場合、表題部所有者の更正登記申請を行うよう依頼し、表題部所有者が更正された後、共有者全員の同意の下で当該土地の売買契約等を締結するか、全ての共有者との間でそれぞれ個別に当該土地の共有持分に係る売買契約等を締結することになります。また、登記官が円滑に表題部所有者を認定することができるよう、登記官との綿密な打合せや添付書類を整えることが必要となります。また、土地の一部を用地取得する場合で、一定数の相続人の協力が得られている場合は、当該相続人から共有持分を取得した上で共有物分割請求訴訟を行い、事業に要する用地のみを取得する方法を検討します。

　共有者に不在者がいた場合には不在者財産管理制度、当該共有者が既に死亡し、その相続人のあることが明らかでない場合には、相続財産管理制度をそれぞれ活用して、更正登記をした上で売買契約等を行います（第2章2-1、2-2参照）。

　さらに、土地収用法に基づく事業認定を得た事業である場合は不明裁決制度の活用を検討します（第2章2-5参照）。

（b）総有の場合

　共有者全員を特定することができた場合、共有（狭義）と同様、共有者全員の名義へ更正登記を行った後、当該土地の売買契約等を締結することになります。しかし、共有者や相続人が極めて多数にわたる場合は、以下の方策の検討を行います。

・認可地縁団体構成員と共有者の範囲が一致している場合など、認可地縁団体の所有といえる場合は、地方自治法に基づく登記の特例を活用し、市区町村の証明により所有権の保存又は移転の登記を行う方策の検討。

・入会林野等に係る権利関係の近代化の助長に関する法律[38]の活用により都道府県知事の認可を得て、所有権移転登記を行う方策の検討。

38　入会林野に係るすべての入会権者の合意によって入会林野整備に関する計画を定め、都道府県知事の認可を受けることで、その計画に沿った入会林野の権利関係の整備が可能となる。具体的には、現在の入会権者の共有名義とする、入会地を現在の入会権者へ区割りし、個人名義で登記する、生産森林組合を設立し法人名義で登記することが想定される。

・表題部所有者[39]を被告とする所有権確認訴訟を提起し、確定した確認判決をもって保存登記の申請を行う方策の検討（第2章2-4参照）。

さらに、共同所有者やその相続人が不在者であった場合には不在者財産管理制度（第2章2-1参照）、それらの者が既に死亡し、その相続人のあることが明らかでない場合には相続財産管理制度（第2章2-2参照）をそれぞれ活用することや、土地収用法に基づく事業認定を得た事業である場合は不明裁決制度の活用を検討します（第2章2-5参照）。

【関連事例】 ※（ ）内ページは事例集のページです。
- ●事例1 （p.1）
- ●事例35 （p.56）
- ●事例38 （p.63）
- ●事例56 （p.94）

39　表題部の所有者欄に「甲外何名」と記載されている場合において、「甲」のみを被告とする所有権確認訴訟に勝訴した者が、当該訴訟の判決書を申請書に添付して、所有権の保存登記の申請をしたときは、以下の要件を満たすものに限り、便宜上、当該判決書を登記法第100条第1項第2号にいう判決として取り扱っても差し支えないものとされている（平成10年3月20日付け民三第552号法務省民事局民事第三課長通知）。

　要件1）対象土地が記名共有地

　要件2）「甲外○名」とある場合、甲を被告としている

　要件3）原告の所有権を確認する判決

　要件4）判決の理由中において、登記簿表題部の記載にかかわらず、当該土地が原告の所有に属することが証拠に基づいて認定されている

3-7　共有惣代地

（1）土地の状況

　　表題部の所有者欄に「共有惣代A」、「共有惣代A外〇名」などとあるのみで、その共有者の住所・氏名が登記されていない土地を共有惣代地といいます。こうした共有惣代地は、狭義の共有の場合は少なく、集落等で所有管理されていたものが多いと考えられます。

（2）権利者の特定と情報収集

　　登記記録の調査の結果、共有惣代地であった場合、記名共有地と同様に、権利者の特定と情報収集を行います（本章3-6（2）参照)。

（3）解決方法

　　記名共有地の総有の場合と同様の解決方法を検討します（本章3-6（4）(b)参照)。

【関連事例】※（　）内ページは事例集のページです。
●事例55（p.91）

3-8　字持地

（1）土地の状況

　　　　表題部に「大字A」又は「字A」などと記録された土地を字持地といいます。こ
れらの土地はかつて地域の共同体の財産であった場合が多く、地方自治法の財産区
（地方自治法第294条）が所有する土地になっていることが多いと考えられます。

（2）情報収集

　　　　登記記録の調査の結果、字持地であった場合、財産区の所有であることを明確に
するために、現地を確認するとともに、次の手順で情報を収集します。
　　　　ただし、字持地として登記されている場合でも、実態が共有地等であった例もあ
るため、安易に判断することには注意が必要です。
① 　自治会長等に聞き取りを行い、所有の実態を把握します。
② 　①と並行して、市町村役場での聞き取り、市町村史の確認等により、さらに情
　　報を収集します。

（3）解決方法

　　　　（2）により、財産区の所有であることが確認された場合には、「財産区」を所有
権登記名義人等とする所有権の登記を行うこととなります。つまり、例えば「字み
ちのく」という登記名義人になっている場合は、「財産区みちのく」を所有権登記
名義人等とする登記をすることになります。これをするに当たっては、財産区の登
記の嘱託は市町村が行うこととなっているため、市町村[40]と十分な調整を行います。
なお、財産区の所有であることの説明資料については、登記所と十分な調整を行う
ことが必要です。
　　　　また、戦時体制の強化のために組織された部落会や町内会が所有していたと判明
した場合には、市町村を所有権登記名義人等とする登記を行います。（後者につい
ての詳細は本章3-5参照）

40　財産区の執行機関は市町村であることから、売買契約の締結や登記手続等の事務は市町村が行うこと
　　となる。財産区で議決を要するものについても市町村議会が行うこととなるが、条例等により財産区
　　の議会や総会を設置して議決をさせることができる（地方自治法第295条）。また、諮問機関として、
　　条例等により財産区管理会を設置することができる（同法第296条の2）。このため、財産区ごとに議
　　決を得る方法が異なることに注意が必要である。

3-9　表題部のみ登記がされている土地

（1）土地の状況

　　登記事項証明書の表題部のみに記載があり、権利部の記載がされていない土地です。表題部所有者欄に所有者の氏名のみで住所が記載されていない場合もあります。

　　なお、表題部所有者として「A外〇名」（記名共有地）、「共有惣代（A外〇名）」（共有惣代地）、「大字A」「字A」（字持地）の記載がある場合は、本章3-6〜3-8を参照してください。

（2）解決方法

　　登記事項証明書の表題部所有者欄に、住所の記録がある場合には、その住所が所在する市区町村から表題部所有者の住民票の写し等を入手して、表題部所有者の存否を確認します。当該表題部所有者が死亡している場合には、戸籍謄本等や周辺住民への聞き取りにより、その法定相続人を調査し、当該法定相続人を所有権の登記名義人とする所有権の保存の登記を行うことができます。公共事業においては、買収者が被買収者に代位して法定相続人名義による所有権の保存の登記を嘱託することができます。また、表題部所有者欄に住所が記録されていない場合は、周辺住民への聞き取りを行います。

　　また、上記調査により確認された所有者が不在者である場合は、不在者財産管理制度の活用[41]を検討します。

【関連事例】※（　）内ページは事例集のページです。
- 事例9（p.12）　　　● 事例10（p.14）　　　● 事例11（p.16）
- 事例12（p.18）　　　● 事例31（p.49）

41　不在者の従来の住所地又は居住地が不明のときは、財産の所在地の家庭裁判所又は東京家庭裁判所が管轄する。なお、2-4（4）の注12を参照。

3-10　未登記の土地

（1）土地の状況

　　　表題登記が行われていない土地であり、実体的には以下の場合が想定されます。

・国や地方公共団体が所有する土地で、登記が行われていない土地[42]

・国や地方公共団体以外の者が所有する土地で、登記が行われていない土地

（2）解決方法

　　　現地確認や聞き取りにより、土地の状況を把握します。

　　　所有者が判明した場合には、その者が所有権を有することを証明する情報を提供する（国又は地方公共団体が所有する土地について，官公署が土地の表題登記を嘱託する場合は、提供省略可。）ことにより、土地の表題登記の申請をすることとなります。

　　　国又は地方公共団体の所有であるとの情報を得た場合は、国の地方支分部局等へ照会等を行います。例えば国有林野であるとの情報が得られた場合は、森林管理局から境界基本図の写しを入手し、公図等と比較します。

42　国又は地方公共団体が所有する土地又は建物についての表題登記の申請義務は、当分の間免除されている（不動産登記法附則第 9 条）。

【縁故者がいない無縁墳墓への対処】
道路工事や区画整理等の公共事業、墓地の整備などのため無縁墳墓を改葬する事例

　高度成長期は墓地の不足が問題となっていましたが、近年は人口減少により墓地の承継者がいないことが問題となっております。また、これまで墓地使用権の使用期限については、一般的に「永代」と理解されてきたことから、整理が進みませんでした。「無縁墳墓等」とは墓地、埋葬等に関する法律施行規則第3条によると、「死亡者の縁故者がない墳墓又は納骨堂」と定義されています。

解決方法：
　平成11年5月に「墓地、埋葬等に関する法律施行規則」が改正され、「死亡者の本籍及び氏名並びに墓地使用者等、死亡者の縁故者及び無縁墳墓等に関する権利を有する者に対し一年以内に申し出るべき旨を、官報に掲載し、かつ、無縁墳墓等の見やすい場所に設置された立札に一年間掲載して、公告」した後、改葬の許可を受ければよいこととなりました。（墓地、埋葬等に関する法律施行規則第3条）本改正により、無縁墳墓の改葬が簡素化されました。
具体的な手続としては
①死亡者の本籍及び氏名並びに墓地使用者等、死亡者の縁故者の調査をします。
②死亡者の縁故者及び無縁墳墓等に関する権利を有する者に対し一年以内に申し出るべき旨を、官報に掲載し、かつ、無縁墳墓等の見やすい場所に設置された立札に一年間掲載します。
③改葬の許可を受け、無縁墳墓の改葬を行います。

＜参照条文＞
墓地、埋葬等に関する法律施行規則
　第3条　死亡者の縁故者がない墳墓又は納骨堂（以下「無縁墳墓等」という。）に埋葬し、又は埋蔵し、若しくは収蔵された死体（妊娠四月以上の死胎を含む。以下同じ。）又は焼骨の改葬の許可に係る前条第一項の申請書には、同条第二項の規定にかかわらず、同項第一号に掲げる書類のほか、次に掲げる書類を添付しなければならない。
　　一　無縁墳墓等の写真及び位置図
　　二　死亡者の本籍及び氏名並びに墓地使用者等、死亡者の縁故者及び無縁墳墓等に関する権利を有する者に対し一年以内に申し出るべき旨を、官報に掲載し、かつ、無縁墳墓等の見やすい場所に設置された立札に一年間掲示して、公告し、その期間中にその申出がなかつた旨を記載した書面
　　三　前号に規定する官報の写し及び立札の写真
　　四　その他市町村長が特に必要と認める書類

【関連事例】※（　）内ページは事例集のページです。
●事例21（p.31）

第4章　事業別の所有者情報の調査方法と土地所有者が把握できなかった場合の解決方法

　　所有者の探索に利用できる所有者情報の範囲や所有者の把握が難しい場合の解決方法は、事業の種類や事業主体によって異なります。この章では事業別に所有者の探索方法と所有者の把握が難しい場合の解決方法について紹介します。

　　対象となる事業として、社会資本整備（4-1）、農用地活用（4-2）、土地改良（4-3）、森林整備・路網整備等（4-4）、地籍調査（4-5）、地縁団体が行う共有財産管理（4-6）、その他の民間で行う公益性の高い事業（4-7）を取り上げています。

4-1　社会資本整備

ポイント

- 用地買収を伴う公共事業で、所有者探索の結果、所有者又はその所在が把握できなかった場合などは、財産管理制度や不明裁決制度の活用を検討する。
- 土地区画整理事業や市街地再開発事業の場合で、所有者探索の結果、所有者が把握されなかった場合は、公告することにより通知に代えることで、事業の円滑な推進を図ることができる。

（1）所有者の調査方法（地方公共団体）

　　基本的な方法は第1章で紹介したとおりですが、ここでは簡単な流れと社会資本整備の場合の留意点を紹介します（図4-1）。

① 登記事項証明書の公用請求を行い、法務局（登記所）から交付された登記事項証明書により、所有権登記名義人等の氏名と住所を把握します（第1章1-1参照）。

② 書面上の所有者が把握できた場合は、所有権登記名義人等の住所地の市区町村に、住民票の写し等の公用請求を行います（第1章1-2参照）。交付された住民票の写し等により、その所有権登記名義人等が登記記録に記録された住所に実際に住んでいるか（転出していないか）、死亡していないかなどを確認します。

③ 転出や死亡などにより登記記録に記録された所有権登記名義人等の住民票の写し等が交付されない場合は、住民票の除票の写し等の交付を公用請求します（第1章1-2参照）。

④ 転出が判明した場合は、転出先の市区町村から住民票の写し等を入手します。さらに、転出している場合には、③・④の手順を繰り返します。

⑤ ③において転出先が判明しなかった場合には、戸籍の表示のある住民票の除票の写し等を入手して本籍地を把握し、次にこの本籍地の市区町村から戸籍の附票の写しを入手します。

⑥ ③～⑤の調査により所有権登記名義人等の現在の住所が書類上で確認できた場合には、居住確認（第1章1-5参照）を経て所有者を特定します。

⑦ ③において所有権登記名義人等が死亡していた場合は、戸籍の表示のある住民票の除票の写し等を入手して本籍地を把握し、戸籍謄本等を公用請求し、法定相続人の調査を行います（第1章1-3参照）。法定相続人を特定した上で、当該法定相続人について戸籍の附票の写しを入手し、現在の住所を確認します。

⑧ 登記記録に記録された所有権登記名義人等の住所に住民票及び住民票の除票が存在しない場合や、戸籍の附票の写しが入手できない場合、当該所有権登記名義人等や法定相続人が③～⑤又は⑦により判明した住所に居住していない場合は、

関係者への聞き取り調査により当該土地の所有者や管理者などの調査を行います（第 1 章 1 - 4 参照）。

⑨　所有権登記名義人等や法定相続人の氏名と住所が判明した場合は、居住確認を行い、土地所有者を特定します（第 1 章 1 - 5 参照）。

　なお、上記の調査のため住民票の写し等や戸籍謄本等を請求する際は、社会資本整備の場合でも、例えば、「道路法第12条に基づく一般国道〇〇号改築事業の実施のため、住民基本台帳法第12条の 2 、第20条第 2 項、戸籍法10条の 2 、第12条の 2 に基づく規定により請求する」といったように、その理由や根拠法令等を明らかにする必要があります。

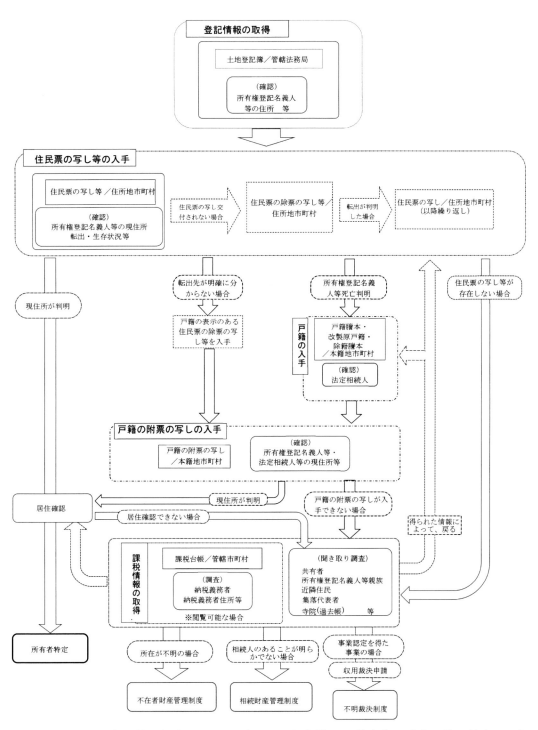

図 4 - 1：土地所有者等の探索フロー図（用地買収を伴う公共事業：地方公共団体ケース）

（2）土地所有者の所在が把握できなかった場合の解決方法

（a）用地買収を伴う公共事業の場合

土地所有者が不在者である場合には不在者財産管理制度（第2章2-1参照）、土地所有者であった者が既に死亡し、その相続人のあることが明らかでない場合には相続財産管理制度（第2章2-2参照）をそれぞれ活用して用地買収を行うことを検討します。いずれの場合も、家庭裁判所への申立てにより適切な財産管理人の選任を受けて、その財産管理人との間で用地買収に伴う必要な契約等を行うこととなります。なお、当該土地の売買契約を締結するなど財産管理人が権限外の行為をするためには、家庭裁判所の許可を受ける必要があります。

土地収用法に基づく事業認定を得た事業の場合は、不明裁決制度等の活用を検討します（第2章2-5参照）。これは、他の用地取得の進捗状況、当該事業をめぐる地元の状況や、財産管理制度による任意売却の手続に要する時間等が事業の進捗へ与える影響が大きい場合などに検討されるものです。

（b）土地区画整理事業の場合

土地区画整理事業の仮換地指定や換地処分の際には、土地所有者等へ通知を行う必要がありますが、当該土地の所有者の住所居所等を過失なく知ることができないときは、その通知の内容を公告することにより通知に代えることで、事業の円滑な推進を図ることができます（土地区画整理法第133条）。

具体的には、

① 仮換地指定通知等を登記記録に記録された所有者の住所へ発送します。

② 宛先不明にて返送された場合は、まず住所等の再調査を行います。再調査の方法としては、住民票等の調査、登記記録や住民票の写し等に記載されている内容を手掛かりとした聞き取り調査、本人が死亡している場合は、戸籍簿等による相続人調査などがあげられます（第1章参照）。

③ 再調査実施後に通知を再発送し、それでもなお宛先不明にて返送された場合には、仮換地指定等について官報への掲載や市区町村による公告、地区内への掲示により公告します。この場合、公告のあった日（掲示の期間の満了日）から10日を経て、仮換地指定通知の効力が発生したことになります。

なお、②の調査に必要となる住民票の写し等や戸籍謄本等の取得に当たっては、無料で交付を請求することができます（土地区画整理法第74条）。

また、氏名や住所等を知ることができない所有者等の権利については、換地処分により、施行地区内に確保することが可能です。なお、施行者が換地処分に伴う登記手続を行います。

なお、「過失なく」の要件を充足する場合とは、通常は登記記録、戸籍簿及び住民票等の調査、周辺聞き取り調査並びに本人死亡の場合は相続人の調査等の施

行者が一般に行うと想定される調査をすることによってもなお、書類の送付を受けるべき者の住所等を知ることができない場合をいいます。

＜参照条文＞

土地区画整理法

（関係簿書の閲覧等）

　第74条　国土交通大臣、都道府県知事、市町村長若しくは機構理事長等又は第72条第1項後段に掲げる者※は、土地区画整理事業の施行の準備又は施行のため必要がある場合においては、施行地区となるべき区域又は施行地区を管轄する登記所に対し、又はその他の官公署の長に対し、無償で必要な簿書の閲覧若しくは謄写又はその謄本若しくは抄本若しくは登記事項証明書の交付を求めることができる。

（書類の送付にかわる公告）

　第133条　施行者は、土地区画整理事業の施行に関して書類を送付する場合において、送付を受けるべき者がその書類の受領を拒んだとき、又は過失がなくてその者の住所、居所その他書類を送付すべき場所を確知することができないときは、その書類の内容の公告をすることをもつて書類の送付にかえることができる。

　2　（略）

　3　第1項の公告があつた場合においては、その公告があつた日から起算して十日を経過した日に、当該書類が送付を受けるべき者に到達したものとみなす。

　※　土地区画整理法第三条第一項の規定により土地区画整理事業を施行しようとする者、個人施行者、組合を設立しようとする者、組合、同条第三項の規定により土地区画整理事業を施行しようとする者又は区画整理会社

（c）市街地再開発事業の場合

　　市街地再開発事業の権利変換計画等の決定等の際には、土地所有者等へ通知を行う必要がありますが、当該土地の所有者の住所居所等を過失なく知ることができないときは、その通知の内容を公告することにより通知に代えることで、事業の円滑な推進を図ることができます（都市再開発法第135条）。

　　具体的には、

①　権利変換計画等の決定通知を登記記録に記録された所有者の住所へ発送します。

②　宛先不明にて返送された場合は、まず住所等の再調査を行います。再調査の方法としては、住民票等の調査、登記記録や住民票の写し等に記載されている内容を手掛かりとした聞き取り調査、本人が死亡している場合には、戸籍簿等による相続人調査などを行います（第1章参照）。

③　再調査実施後に通知を再発送し、それでもなお宛先不明にて返送された場合には、権利変換計画等の決定等について官報への掲載や市区町村による公告、地区内への掲示により公告します。この場合、公告のあった日（掲示の期間の満了日）から10日を経て、決定等の効力が発生したことになります。

　　なお、②の調査に必要となる住民票の写し等や戸籍謄本等の取得に当たっては、無料で交付を請求することができます（都市再開発法第65条）。

　また、氏名や住所等を知ることができない所有者等の権利については、権利変換により、施行地区内に確保することが可能です。なお、施行者が権利変換に伴う登記手続を行います。施行者は過失がなくて補償金等を受けるべき者を特定できないときは、補償金等の支払に代えて供託することができます。

　なお、「過失なく」の要件を充足する場合とは、通常は登記記録、戸籍簿及び住民票等の調査、周辺聞き取り調査、本人死亡の場合は相続人の調査等の施行者が一般に行うと想定される調査をすることによってもなお、書類の送付を受けるべき者又は補償金等を受けるべき者の住所等を知ることができない場合をいいます。

＜参照条文＞

都市再開発法

（関係簿書の閲覧等）

　第65条　施行者となろうとする者若しくは組合を設立しようとする者又は施行者は、第一種市街地再開発事業の施行の準備又は施行のため必要があるときは、施行地区となるべき区域若しくは施行地区を管轄する登記所に対し、又はその他の官公署の長に対し、無償で必要な簿書の閲覧若しくは謄写又はその謄本若しくは抄本若しくは登記事項証明書の交付を求めることができる。

（書類の送付に代わる公告）

　第135条　施行者は、市街地再開発事業の施行に関し書類を送付する場合において、送付を受けるべき者がその書類の受領を拒んだとき、又は過失がなくて、その者の住所、居所その他書類を送付すべき場所を確知することができないときは、政令で定めるところにより、その書類の内容を公告することをもつて書類の送付に代えることができる。

　2　前項の公告があつたときは、その公告の日の翌日から起算して十日を経過した日に当該書類が送付を受けるべき者に到達したものとみなす。

（3）相続登記未了土地等を買収した場合の所有権移転登記について

　用地買収をする場合、最終的には国・地方公共団体等が所有権の登記名義人となるための登記手続を行うこととなります。しかし、所有権登記名義人等に相続が発生している場合には、その相続人を所有権の登記名義人とする所有権保存の登記又は所有権移転の登記を行い、新たな所有権登記名義人等から用地を取得することとなります。

　この最終的な所有権移転登記の前提となる登記手続について、用地を取得した国又は地方公共団体が、その者に代わって登記手続を行う代位登記が可能となっています（不動産登記法第59条7号）。

　また、用地取得に伴う一連手続の費用について、それが公共買収である場合には、以下の表に示すとおり、公費による負担等が可能となります（表4−1）。

表 4 - 1 ：最終的な所有権移転登記の前提となる登記に係る公費負担状況

		A（所有権登記名義人等）からB（現在の所有者）への相続登記未了土地を国が買収した場合の登記の例	AからBへの相続登記を相続人が行う場合の例
登記手続		国の嘱託により 　①代位登記により、A→Bの所有権移転（相続） 　②B→国の所有権移転（売買）	—
		不動産登記法第59条第7号（権利に関する登記の登記事項） 不動産登記法第116条（嘱託登記）	—
費用	戸籍等の写し交付費用	公用請求により無料で収集 ※嘱託登記対象以外の登記には使用できない	相続人負担
	印鑑登録証明書	相続人負担	相続人負担
	登録免許税	1.　①：非課税（登録免許税法第5条1号） 1.　②：非課税（登録免許税法第4条1項）	不動産の価額の1,000分の4（登録免許税法第9条）
	登記手続	事業者が実施、又は事業者負担で司法書士等へ委託	相続人負担
	相続人間の調整費用（はんこ代等）	相続人負担	相続人負担
不動産取得税		—	非課税 　相続（包括遺贈及び被相続人から相続人に対してなされた遺贈を含む。）による不動産の取得（地方税法第73条の3〜第73条の7）

<参照条文>

不動産登記法

（権利に関する登記の登記事項）

第59条　権利に関する登記の登記事項は、次のとおりとする。

一～六　（略）

七　民法第423条その他の法令の規定により他人に代わって登記を申請した者（以下「代位者」という。）があるときは、当該代位者の氏名又は名称及び住所並びに代位原因

八　（略）

（官庁又は公署の嘱託による登記）

第116条　国又は地方公共団体が登記権利者となって権利に関する登記をするときは、官庁又は公署は、遅滞なく、登記義務者の承諾を得て、当該登記を登記所に嘱託しなければならない。

2　国又は地方公共団体が登記義務者となる権利に関する登記について登記権利者の請求があったときは、官庁又は公署は、遅滞なく、当該登記を登記所に嘱託しなければならない。

4-2　農用地活用

ポイント

> ● 農地の権利を取得したい法人や個人は、まずは「全国農地ナビ」を活用する。
> ● 土地所有者が把握できなかった場合、農地中間管理機構を活用した利用権の設定ができる。

（1）所有者情報の調査方法

　　法人・個人（農地の規模拡大や新規参入の希望者等）が農地の所有者について探索する場合、まずは、インターネット上などで閲覧できる「全国農地ナビ（農地情報公開システム）」[43]を用いて、対象地の所在、地番等を確認します（本システムは、誰でも特定の農地の場所、地番、面積等を確認することができます）。

　　次に、上記により判明した地番情報をもとに、管轄する法務局（登記所）にて登記事項証明書を請求することで、対象地の登記記録上の所有者の氏名と住所を把握します（第1章1-1参照）。さらに、登記記録上に記録された住所に現在も住んでいるかなどを確認するために、現地調査や郵便調査（第1章1-5参照）などを行うことが想定されます。

　　しかし、探索の負担等を考慮した場合、全国農地ナビ等での調査後は、農業委員会や農地中間管理機構へ相談することを推奨します。相談の結果、農地中間管理機構が利用権を設定した上で、貸付けが行われる場合があります。

（2）土地所有者が把握できなかった場合の解決方法

（a）共有農地の利用権設定

　　共有農地について、農用地利用集積計画による20年を超えない利用権の設定又は移転を行う場合は、2分の1を超える共有持分を有する同意で行うことができます（農業経営基盤強化促進法第18条第3項第4号）。

43　農業委員会が整備している農地台帳及び農地に関する地図について、農地法に基づき農地情報をインターネットで公表するサイト（http://www.alis-ac.jp/）。ただし、一部の市町村・農業委員会では、本システムによらず、独自に情報提供を行っているため、本システムにより全ての農地に関する情報が掲載されているわけではない。なお、公表事項は、農地の所在、地番、地目及び面積、賃貸借等の種類・存続期間、遊休農地の措置の実施状況、貸付けに関する所有者の意向、農振法等の区域区分、農地中間管理機構が借り手を募集しているか否か等。

＜参照条文＞
農業経営基盤強化促進法
（農用地利用集積計画の作成）
　第18条　同意市町村は、農林水産省令で定めるところにより、農業委員会の決定を経て、農用地利用集積計画を定めなければならない。
　2　　農用地利用集積計画においては、次に掲げる事項を定めるものとする。
　一　利用権の設定等を受ける者の氏名又は名称及び住所
　二　前号に規定する者が利用権の設定等（その者が利用権の設定等を受けた後において行う耕作又は養畜の事業に必要な農作業に常時従事すると認められない者（農業生産法人、農地利用集積円滑化団体、農地中間管理機構、農業協同組合、農業協同組合連合会その他政令で定める者を除く。第六号において同じ。）である場合には、賃借権又は使用貸借による権利の設定に限る。）を受ける土地の所在、地番、地目及び面積
　三～八　（略）
　3　　農用地利用集積計画は、次に掲げる要件に該当するものでなければならない。
　一～三　（略）
　四　前項第2号に規定する土地ごとに、同項第1号に規定する者並びに当該土地について所有権、地上権、永小作権、質権、賃借権、使用貸借による権利又はその他の使用及び収益を目的とする権利を有する者の全ての同意が得られていること。ただし、数人の共有に係る土地について利用権（その存続期間が20年を超えないものに限る。）の設定又は移転をする場合における当該土地について所有権を有する者の同意については、当該土地について二分の一を超える共有持分を有する者の同意が得られていれば足りる。
　4・5　（略）

【関連事例】 ※（　）内ページは事例集のページです。
●事例42（p.70）　　　　　　　●事例43（p.71）

（b）共有者不明農用地等[44]に係る農用地利用集積計画の同意手続の特例

　　共有者不明農用地等について、農用地利用集積計画の同意手続の特例により農地中間管理機構への20年を超えない利用権の設定を行うことができます。

　　具体的な手続としては、

①　市町村長は、農用地利用集積計画を定める場合において共有者不明農用地等がある場合は、農業委員会に対し探索（方法は政令で明確化）を要請できます。（農業経営基盤強化促進法第21条の2）

②　農業委員会は、政令で定められた方法による探索を行ってもなお2分の1以上の共有持分を有する者を確知することができない場合には、知れている共有者の全ての同意を得て、市町村の定めようとする農用地利用集積計画によって農地中間管理機構が貸借権又は使用貸借による権利の設定を受ける旨等を公示します。（農業経営基盤強化促進法第21条の3）

44　数人の共有に係る土地であって、2分の1以上の共有持分を有する者を確知することができないもの。

③　公示の結果、不確知共有者が一定の期間内に公示に係る事項について異議を述べなかった場合には、当該不確知共有者は農用地利用集積計画について同意したものとみなされます。（農業経営基盤強化促進法第21条の４）

＜参照条文＞

農業経営基盤強化促進法

（不確知共有者の探索の要請）

　第21条の２　同意市町村の長は、農用地利用集積計画（存続期間が二十年を超えない賃借権又は使用貸借による権利の設定を農地中間管理機構が受けることを内容とするものに限る。次条及び第二十一条の四において同じ。）を定める場合において、第十八条第二項第二号に規定する土地のうちに、同条第三項第四号ただし書に規定する土地であつてその二分の一以上の共有持分を有する者を確知することができないもの（以下「共有者不明農用地等」という。）があるときは、農業委員会に対し、当該共有者不明農用地等について共有持分を有する者であつて確知することができないもの（以下「不確知共有者」という。）の探索を行うよう要請することができる。

　２　農業委員会は、前項の規定による要請を受けた場合には、相当な努力が払われたと認められるものとして政令で定める方法により、不確知共有者の探索を行うものとする。

（共有者不明農用地等に係る公示）

　第21条の３　同意市町村の農業委員会は、前条第一項の規定による要請に係る探索を行つてもなお共有者不明農用地等について二分の一以上の共有持分を有する者を確知することができないときは、当該共有者不明農用地等について共有持分を有する者であつて知れているものの全ての同意を得て、同意市町村の定めようとする農用地利用集積計画及び次に掲げる事項を公示するものとする。

　　一～六　（略）

（不確知共有者のみなし同意）

　第21の４　不確知共有者が前条第五号に規定する期間内に異議を述べなかつたときは、当該不確知共有者は、農用地利用集積計画について同意をしたものとみなす。

(c)　農地中間管理機構の活用による利用権の取得

　　農業委員会により、耕作の事業に従事する者が不在となり、又は不在となることが確実と認められる農地のうち、相当な努力が払われたと認められる方法により探索（方法は政令で明確化）を行ってもなおその農地の所有者等を確知できないときは、農地中間管理機構からの裁定申請に基づき、同機構への利用権の設定が行われることがあります（農地法第41条、図４－２）。

　　具体的な手続としては、

①　まず、農業委員会が、その農地の所有者等を確知できない旨を公示します。

②　公示の日から６カ月以内に所有者等から申出がないときは、農業委員会は農地中間管理機構にその旨を通知します。

③　農地中間管理機構は、通知から4カ月以内に、都道府県知事に対し、当該農地の利用権の設定について裁定を申請します。

④　都道府県は、裁定の申請があった場合、その旨を公告するともに、当該農地の所有者のうち知れているものがいれば通知を行い、意見を求めます。

⑤　都道府県知事は、引き続き農業上の利用の増進が図られないことが確実であると見込まれる場合、農地中間管理機構が当該農地について利用権を設定すべき旨の裁定を行い、その旨を公告するとともに、所有者等と農地中間管理機構に通知を行います。

⑥　この公告により、農地中間管理機構は、利用権を取得します。

⑦　農地中間管理機構は、裁定において定められた利用権の始期までに、当該裁定において定められた補償金を当該農地の所有者等のために、当該農地の所在地の供託所に供託します。

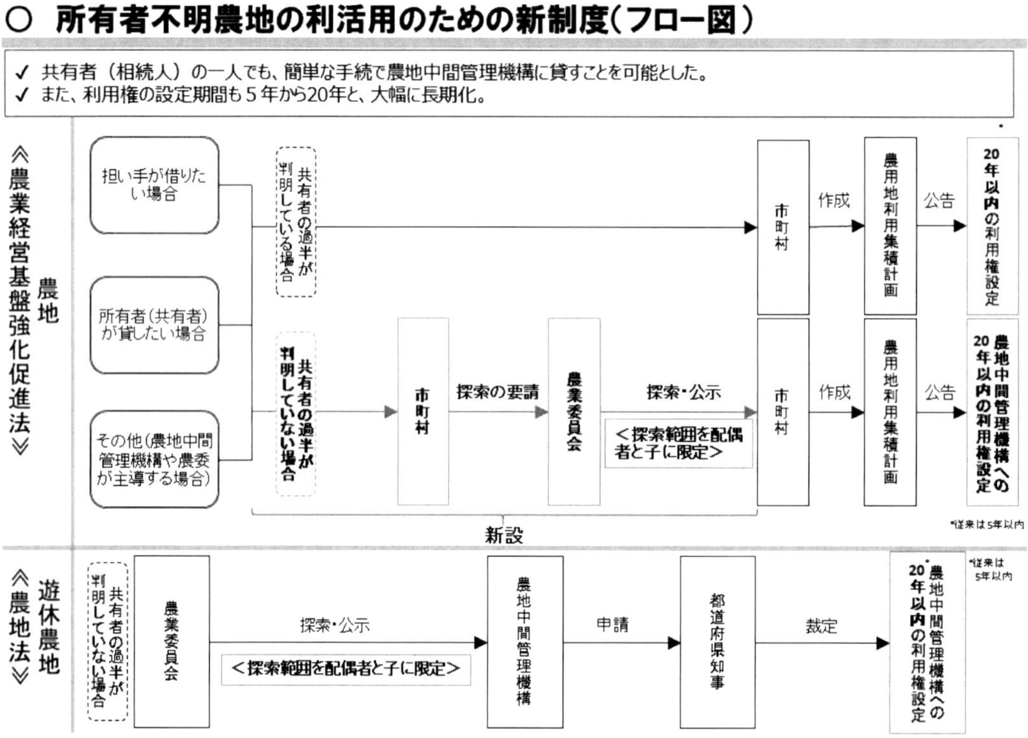

○　所有者不明農地の利活用のための新制度（フロー図）

図4-2：所有者不明農地の利活用のための新制度（フロー図）

＜参照条文＞

農地法

（所有者等を確知することができない場合における農地の利用）

第41条　農業委員会は、第32条第3項（第33条第2項において読み替えて準用する場合を含む。以下この項において同じ。）の規定による公示をした場合において、第32条第3項第3号に規定する期間内に当該公示に係る農地（同条第1項第2号に該当するものを除く。）の所有者等から同条第3項第3号の規定による申出がないとき（その農地（その農地について所有権以外の権原に基づき使用及び収益をする者がある場合には、その権利）が数人の共有に係るものである場合において、当該申出の結果、その農地の所有者等で知れているものの持分が二分の一を超えないときを含む。）は、農地中間管理機構に対し、その旨を通知するものとする。この場合において、農地中間管理機構は、当該通知の日から起算して四月以内に、農林水産省令で定めるところにより、都道府県知事に対し、当該農地を利用する権利（以下「利用権」という。）の設定に関し裁定を申請することができる。

2　第38条及び第39条の規定は、前項の規定による申請があつた場合について準用する。この場合において、第38条第1項中「にこれを」とあるのは「で知れているものがあるときは、その者にこれを」と、第39条第1項及び第2項第1号から第3号までの規定中「農地中間管理権」とあるのは「利用権」と、同項第4号中「借賃」とあるのは「借賃に相当する補償金の額」と、同項第5号中「借賃の支払の相手方及び」とあるのは「補償金の支払の」と読み替えるものとする。

3　都道府県知事は、前項において読み替えて準用する第39条第1項の裁定をしたときは、農林水産省令で定めるところにより、遅滞なく、その旨を農地中間管理機構（当該裁定の申請に係る農地の所有者等で知れているものがあるときは、その者及び農地中間管理機構）に通知するとともに、これを公告しなければならない。当該裁定についての審査請求に対する裁決によつて当該裁定の内容が変更されたときも、同様とする。

4　第2項において読み替えて準用する第39条第1項の裁定について前項の規定による公告があつたときは、当該裁定の定めるところにより、農地中間管理機構は、利用権を取得する。

5　農地中間管理機構は、第2項において読み替えて準用する第39条第1項の裁定において定められた利用権の始期までに、当該裁定において定められた補償金を当該農地の所有者等のために供託しなければならない。

6　前項の規定による補償金の供託は、当該農地の所在地の供託所にするものとする。

7　第16条の規定は、第4項の規定により農地中間管理機構が取得する利用権について準用する。この場合において、同条第1項中「その登記がなくても、農地又は採草放牧地の引渡があつた」とあるのは、「その設定を受けた者が当該農地の占有を始めた」と読み替えるものとする。

【鹿児島県阿久根市の取組】
電子データの活用・マッチングに関する事例

　鹿児島県阿久根市では、市部局と農業委員会が連携して、相続未登記農地の有効利用を推進するための農地に係る権利者（相続人）の情報把握に際して、所有者ごとに農地情報（地番・面積・貸借希望等）をとりまとめ、一覧化した所有者基本台帳を作成し、関係権利者に対する同意取得の活動を実施しています。

　具体的には、以下の手順に従って、農地の所有者等の氏名・住所等の絞り込みに地図情報システム（税務課所管システム）や総合行政システム（住民基本台帳・税務課の課税台帳等の全庁型の統合システム）を活用し、対象農地に係る所有者・相続人等を整理した相続関係説明図（系図）等を作成し、所有者基本台帳を作成します。

相続未登記農地の有効利用を推進するための土地の権利者に関する手順

1．地図情報システムによる調査対象農地の所有者の確認
　○　当該システムにおいて、調査対象農地の登記情報に基づく所有者、登記者ID等を確認。

2．土地権利者等整理台帳の作成
　○　登記者名・住所・出生年月日等の登記者情報及び地番情報・貸借関係等の農地情報を一覧化して、整理する土地権利者等整理台帳を作成。
　○　当該台帳の作成に際しては、1．で確認した情報を使用して、総合行政システムにより、住所・生年月日・死亡年月日・世帯員等の必要な情報を把握。

3．相続関係整理表の作成
　○　土地権利者等整理台帳のうち死亡している所有者について、当該所有者情報（氏名・住所等）、被相続人の情報（氏名・続柄）及び農地情報を一覧化して、整理する相続関係整理表を作成。
　○　当該整理表の作成に際しては、戸籍情報担当課の協力を得て、被相続人の戸籍情報（住所・続柄等）を把握する（必要に応じて、他市町村に戸籍情報の提供を依頼する。）。

4．相続関係説明図（系図）の作成
　○　相続関係整理表に基づいて、死亡した所有者の被相続人情報（住所・続柄等）を整理した相続関係説明図（系図）を作成。

5．所有者基本台帳の作成
　○　1～4で把握した情報に基づいて、所有者ごとの農地の地番・面積、貸借希望の意向等を整理し一覧化した所有者基本台帳を作成。
　○　当該基本台帳を活用して、相続未登記農地に係る関係権利者の貸借の同意取得の活動を実施。

4-3　土地改良

ポイント

- 土地改良事業の場合、登記記録の閲覧や、登記事項証明書、住民票の写し等、戸籍謄本等の交付を無償で請求することができる。
- 受益地域内の事業参加資格者の3分の2以上の同意があれば、事業計画決定が可能。（所在が不明である等により意思確認できないものは、未同意として取り扱う。）
- 共有地での事業参加では、代表者一人を選任する。

（1）所有者情報の調査方法

（a）都道府県、市町村等が実施する場合

　　農地台帳等により事業対象地の地番を確認し、法務局（登記所）より登記事項証明書を公用請求します。所有権登記名義人等の氏名と住所を確認した上で、住民票等、戸籍等の調査を進めます。

　　その後の調査の流れは、第1章で紹介した基本的な流れや、本章4-1の社会資本整備の場合と同様です。

　　なお、土地改良事業を行う都道府県や市町村等は、土地改良法第118条に基づいて、登記事項証明書や住民票の写し等、戸籍謄本等の交付を無償で請求することができます。

（b）土地改良区等

　　農地台帳や土地改良区が保管する台帳等により事業対象地の地番を確認し、法務局（登記所）より登記事項証明書を請求し、所有権登記名義人等の氏名と住所を確認した上で、住民票等、戸籍等の調査を進めます。

　　その後の調査の流れは、第1章で紹介した基本的な流れや、本章4-1の社会資本整備の場合と同様です。なお、都道府県、市町村だけでなく、土地改良区についても、土地改良法第118条に基づき、登記事項証明書や住民票の写し等、戸籍謄本等の交付を無償で請求することができます。

＜参照条文＞

土地改良法

（測量、検査又は簿書の閲覧等の手続）

第118条　次に掲げる者は、土地改良事業に関し土地等の調査をするため必要がある場合には、あらかじめ土地の占有者に通知して、その必要の限度内において、他人の土地に立ち入つて測量し、又は検査することができる。

　一　国、都道府県又は市町村の職員

　二　土地改良区又は連合会の役職員

　三　農業委員会の委員又は農業委員会の事務に従事する者

　四　第95条第一項の規定により土地改良事業を行う第3条に規定する資格を有する者又は同項若しくは第100条第1項の規定により土地改良事業を行う農業協同組合、農業協同組合連合会、農地利用集積円滑化団体若しくは農地中間管理機構の役職員

　五　第5条第1項、第95条第1項若しくは第100条第1項の認可の申請又は第85条第1項若しくは第85条の4第1項の規定による申請をしようとする者

2～5　（略）

　6　第1項各号に掲げる者は、当該事業に関係のある土地を管轄する登記所、漁業免許に関する登録の所管庁又は市町村の事務所につき、無償でその事業に関し必要な簿書の閲覧若しくは謄写又はその謄本若しくは登記事項証明書の交付を求めることができる。

（2）土地所有者が把握できなかった場合の解決方法

　ほ場整備事業等の土地改良事業を実施する際には、農用地の耕作者等である事業参加資格者（以下「事業参加資格者」という。）が、一定の地域について、土地改良事業計画の概要と土地改良区の定款作成の基本となるべき事項等を作成して公告の上、当該一定の地域内の事業参加資格者の3分の2以上の同意を得た上で、都道府県知事に土地改良区の設立認可の申請を行います。

　申請を受けた都道府県は、土地改良法に基づきその内容を審査し、事業計画と定款の公告縦覧等所定の手続を経た上で、土地改良区設立の認可を行うこととなります。

　この土地改良区の設立認可の申請に先立つ事業参加資格者の同意徴集において、所有者の所在が不明である等により、意思を確認できないものについては、未同意として取り扱うこととなります。

　また、共有地における事業参加資格者の同意徴集については、代表者1人を選任し、代表者が意思を表明できるものとし（事業に関する同意を合わせて1票としてカウント）、代表者の選任が行われない場合は、未同意として取り扱うこととなります（土地改良法第113条の2第1項、第4項）。

＜参照条文＞

土地改良法

（土地の共有者等の取扱い）

第113条の2　同一の土地について、共有者があり、又は権原に基づき使用及び収益をする者が二人以上ある場合には、これらの者で第三条に規定する資格を有するものは、第五条第二項及び第四項、第十一条、第四十八条第三項から第七項まで（同条第四項及び第六項にあつては、第八十八条第六項及び第九十六条の三第五項において準用する場合を含む。）、第八十五条第二項及び第三項、第八十五条の二第二項及び第三項、第八十五条の三第二項、第三項、第七項及び第八項、第八十七条の二第三項及び第四項、第八十八条第一項及び第二項、第九十六条の二第二項及び第三項並びに第九十六条の三第二項及び第三項の規定の適用については、合わせて一の第三条に規定する資格を有する者とみなす。ただし、これらの者のみにより土地改良区を設立しようとし、又はこれらの者のみが土地改良区の組合員となつている場合には、この限りでない。

2～3　（略）

4　第一項又は第二項の規定により一の第三条に規定する資格を有する者とみなされる者又は一の同項に規定する共有に属する権利を有する者とみなされる者（第七項において「みなし三条資格者等」という。）は、農林水産省令で定めるところにより、それぞれのうちから代表者一人を選任し、その者の氏名又は名称及び住所を第五条第一項、第八十五条第一項、第八十五条の二第一項若しくは第八十五条の三第一項若しくは第六項の規定により申請をする者（以下この条において「申請者」という。）又は土地改良事業を行う者に通知しなければならない。

5～7　（略）

4-4　共有私道

※　本項は、法令の制定・改廃等を受けたものではなく、複数の者が共有する私道の工事の同意の取付け等に関して共有者の所在が不明であるために支障が生じている具体的な事例において、民法や各種法令において同意を得ることが求められる者の範囲を明確化したもの。

ポイント

- 複数の者が共有する私道（共有私道）において補修工事やライフラインの整備・更新に係る工事等を行う場合、必ずしも所有者全員の同意を得なくとも工事ができる場合がある。
- 具体的な事例については個別に検討が必要であるが、ガイドラインによりケーススタディとして一定の場合の解釈が示されている。

（1）共有私道をとりまく現状及び課題

　　市街地においてしばしば見られる、複数の者が共有する私道（共有私道）については、補修工事等を行う場合に、民法の共有物の保存・管理等の解釈が必ずしも明確ではないため、事実上、共有者全員の同意を得る運用がされており、その結果、共有者の所在を把握することが困難な事案において、必要な補修工事等の実施に支障が生じているという現状があります。

（2）ガイドラインの整備

　　法務省が設置した「共有私道の保存・管理等に関する事例研究会」において、具体的支障事例を収集するなどして実態を把握し、代表的な支障事例につき、民法や各種法令において同意を得ることが求められる者の範囲を明確化するための検討が行われ、その成果が「複数の者が所有する私道の工事において必要な所有者の同意に関する研究報告書　～所有者不明私道への対応ガイドライン～」（共有私道の保存・管理等に関する事例研究会）としてまとめられています。

　（http://www.moj.go.jp/content/001266072.pdf）

4-5　森林整備・路網整備等

ポイント

- 森林簿、林地台帳、保安林台帳、森林組合員名簿等により、所有者情報の探索を行うが、所有者の探索を行う主体等により、利用できる情報に違いがある。
- 森林経営管理法の特例措置を講じることにより、森林所有者の一部または全部が不明である森林について、市町村等による間伐等の森林施業の実施が可能。
- 路網整備等の対象土地の所有者を確知できない場合、当該土地を使用しようとする者は、知事の裁定を経て、補償金を供託所に供託し、使用することが可能。

（1）第3版における改訂の概要

　　平成28年5月の森林法改正により、市町村が一筆の森林の土地ごとに所有者や境界等の情報を記載した林地台帳並びに森林の土地に関する地図を作成し、その一部を公表する仕組みが創設され、平成31年4月より運用が開始されました。これらは、市町村が統一的な基準に基づき、森林の土地の所有者等の情報を整備し、その情報を森林組合等の森林整備の担い手に提供することで、効率的に所有者や境界の特定、施業集約化を行いやすくするものであり、所有者を把握する上でも重要な情報源となるものです。

　　また、森林の経営管理は、森林法等に基づき、これまで森林所有者自ら、または森林所有者が民間事業者等に経営委託し実施されてきましたが、経営管理が適切に行われていない森林の整備をさらに進めるため、平成30年5月に森林経営管理法（平成30年法律第35号）が制定され、平成31年4月に施行されました。この法律では、経営管理が適切に行われていない森林について、市町村がその経営管理を行うために必要な権利（経営管理権）を取得し、林業経営に適した森林は林業経営者に再委託し、林業経営者に再委託することのできない森林においては、市町村自らが経営管理を実施するという新たな仕組み（森林経営管理制度）を導入するほか、その仕組みの中において、森林所有者の一部または全部が不明な森林においても経営管理を行うべく、所有者の探索に関する規定や、同意みなしによる経営管理権を設定する特例措置が設けられています（図4-3）。

　　第3版では、これらの近年の法改正等を踏まえ、加筆を行っています。

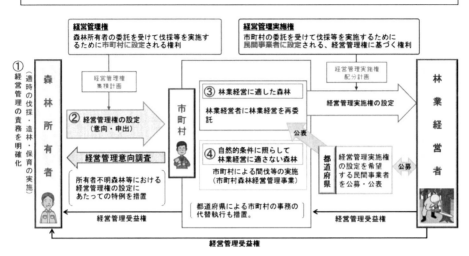

図4-3：森林経営管理法の概要

（2）所有者情報の調査方法

　　　基本的な情報により確認を行います（図4-4）。大まかな流れは下記の通りです。

①　森林の所有者情報の調査については、まず、林地台帳に記載されている所有者
　や地番等を確認します。

　　ただし、当該森林が所在する都道府県や市町村、当該森林が所在する都道府県
　において森林経営計画の認定を受けた森林組合や林業事業体等、森林法施行令第
　10条に規定する者以外に対しては、林地台帳情報のうち氏名、住所については公
　開されないため、林地台帳の閲覧により得られる地番を基に、管轄する法務局
　（登記所）に登記事項証明書を請求することで、対象地の登記記録上の所有者を
　把握します（第1章1-1参照）。

②　次に、得られた氏名・住所を基に、当該者の住所地の市区町村に、住民票の写
　し等の請求を行い、登記事項証明書の情報と突き合わせます（第1章1-2参照）。
　必要に応じて③〜⑨の調査を行い、所有者を特定します。

③　転出や死亡などにより住民票の写し等が交付されない場合は、住民票の除票の
　写し等を請求します（第1章1-2参照）。

④　転出が判明した場合は、転出先の市区町村から住民票の写し等を入手します
　（第1章1-2参照）。さらに転出している場合には、③・④の手順を繰り返しま
　す。

⑤　③において転出先が判明しなかった場合には、戸籍の表示のある住民票の除票

の写し等を入手して本籍地を把握し、次にこの本籍地の市区町村から戸籍の附票の写しを入手します。

⑥　②〜⑤の調査により住所が書類上で確認できた場合には、居住確認（第1章1-5参照）を経て所有者を特定します。

⑦　③において所有権登記名義人等が死亡していた場合は、戸籍の表示のある住民票の除票の写し等を入手して本籍地を把握し、戸籍謄本等を請求し、法定相続人の調査を行います（第1章1-3参照）。法定相続人を特定した上で、当該法定相続人について戸籍の附票の写しを入手し、現在の住所を確認します。

⑧　住民票や住民票の除票が存在しない場合や、戸籍の附票の写しが入手できない場合、当該所有権登記名義人等や法定相続人が②〜⑤又は⑦の調査により判明した住所に居住していない場合など、追加情報・確認等が必要な場合は、関係者への聞き取り調査を行うことが考えられます。聞き取り対象者には、森林組合の他、登記記録に記録されている他の所有者（共有者）、所有権登記名義人等の親族、近隣住民、集落代表者などが考えられます（第1章1-4参照）。

⑨　書類上の所有者や法定相続人の氏名と住所が判明した場合、居住確認調査を行います（第1章1-5参照）。

　さらに、都道府県や市町村が調査する場合には、上記に加えて、森林法第191条の2に基づき入手できる固定資産課税台帳に記載されている納税義務者の情報（平成24年度以降に新たに森林の土地の所有者になった者の情報に限られる）や、地籍調査によって得られた情報の活用も検討します[45]。なお、住民票の写し等や戸籍謄本等を請求するには、「森林法第5条に規定する地域森林計画の作成に必要な情報収集のため、住民基本台帳法第12条の2第1項に基づく規定により住民票の写しを請求する」、「森林経営管理法第4条に規定する経営管理権集積計画の策定に必要な情報収集のため、住民基本台帳法第12条の2第1項の規定に基づき、住民票の写しを請求する」といったように、公用請求する理由と根拠法令等を明らかにする必要があります。

　また、森林組合や林業事業体が調査する場合は、上記の調査のため、住民票の写し等や戸籍謄本等を請求するには、請求事由等を明らかにする必要があります。しかし、事業の内容や使用目的により住民票の写し等や戸籍等の情報を入手することが難しい場合であって、追加情報・確認等が必要な場合には、登記記録上の住所に基づき、関係者への聞き取り調査や現地確認等が調査の中心になる場合もあります。

45　第7章7-3も参照のこと。

＜参照条文＞

森林法

（森林所有者等に関する情報の利用等）

　第191条の２　都道府県知事及び市町村の長は、この法律の施行に必要な限度で、その保有する森林所有者等の氏名その他の森林所有者等に関する情報を、その保有に当たつて特定された利用の目的以外の目的のために内部で利用することができる。

　２　都道府県知事及び市町村の長は、この法律の施行のため必要があるときは、関係する地方公共団体の長その他の者に対して、森林所有者等の把握に関し必要な情報の提供を求めることができる。

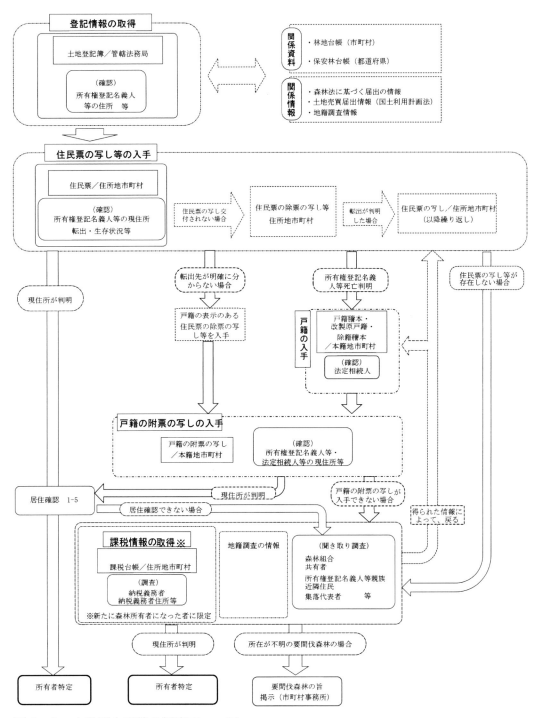

図4-4：土地所有者等の探索フロー図

【林地台帳】

　平成28年 5 月の森林法改正により、市町村が一筆の森林の土地ごとに所有者や境界等の情報を記載した林地台帳を作成し、その一部を公表する仕組みが創設され、平成31年 4 月より運用が開始されています。

　森林の土地の所有者、所在、境界に関する情報等は、都道府県、市町村等がそれぞれ保有しているものの、情報の種類、量、公表の有無等については、主体によって様々であり、統一的にまとまった形で整備されてませんでした。そこで、市町村が統一的な基準に基づき、森林の土地の所有者等の情報を林地台帳として整備し、その情報を森林組合等の森林整備の担い手に提供することで、効率的に所有者や境界の特定、施業集約化を行いやすくする仕組みを導入しました。また、市町村は、林地台帳のほか、森林の土地に関する地図を作成することとされています。

林地台帳の記載事項：

① 　その森林の土地の所有者の氏名または名称及び住所

② 　その森林の土地の所在、地番、地目及び面積

③ 　その森林の土地の境界に関する測量の実施状況

④ 　その他農林水産省で定める事項

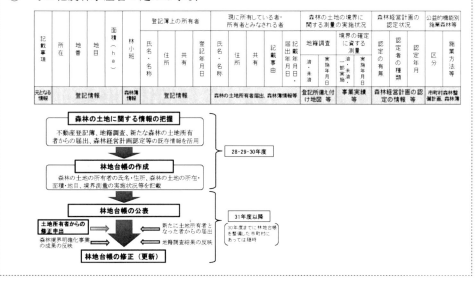

（3）土地所有者が把握できなかった場合の解決方法

（a）森林経営管理制度を活用した森林の経営管理の実施

　　適切な経営管理が行われていないなど森林施業の実施状況等を踏まえ、森林所有者に代わって市町村が主体となって森林の経営管理を実施することが必要かつ適当である場合には、森林経営管理法第4条に基づき、市町村が経営管理権集積計画を定め、当該森林の経営管理を行うことができます。経営管理権集積計画を策定する場合は、森林所有者に対して経営管理意向調査（同法第5条）を実施し、森林所有者の意向を踏まえつつ経営管理の内容（間伐の実施等）を検討し、森林所有者等の関係権利者全員の同意を得た上で策定することとなります。

　　しかしながら、森林所有者の一部または全部が不明である場合、関係権利者全員の同意を得ることが困難となることから、通常の手続では当該計画を定めることができません。そこで、以下の手続を経た場合には、所在の分からない森林所有者は市町村が定めようとする当該計画に同意したものとみなし、市町村等が間伐等の森林施業を実施することを可能とする特例措置が設けられています（図4-5）。

　　この制度の詳細については、林野庁ホームページにも掲載している「森林経営管理制度に係る事務の手引」をご参照ください[46]。

●森林所有者の一部が不明（共有者不明森林）に関する特例
　①　市町村が登記簿や戸籍簿、住民票等の情報のほか、知れている森林所有者等からの情報提供を踏まえ、不明な森林共有者を探索する（同法第10条）
　②　探索をしてもなお不明な森林共有者がいる場合は、市町村はその旨及び定めようとする経営管理権集積計画を6カ月間公告する（同法第11条）
　③　公告期間中に異議の申出がなかった場合、不明な森林共有者は市町村が定めようとする経営管理権集積計画に同意したものとみなして、市町村は当該計画を定める（同法第12条）

●森林所有者の全部が不明（所有者不明森林）に関する特例
　①　市町村が登記簿や戸籍簿、住民票等の情報等から不明な森林所有者を探索する（同法第24条）
　②　探索をしてもなお不明な場合は、市町村はその旨及び定めようとする経営管理権集積計画を6カ月間公告する（同法第25条）
　③　公告期間中に不明な森林所有者が現れない場合は、市町村長は都道府県知事に裁定を申請する（同法第26条）
　④　都道府県知事が市町村に経営管理権を設定することが必要かつ適当と認め、

46　本ガイドラインでは、一部又は全部が不明な森林所有者が個人の場合について記載していますが、当該手引きには、森林所有者が法人の場合についても記載しておりますのでご参照ください。
（http://www.rinya.maff.go.jp/j/keikaku/keieikanri/sinrinkeieikanriseido.html）

　　裁定を行った場合には、不明な森林所有者は市町村が定めようとする経営管理権集積計画に同意したものとみなして、市町村は当該計画を定める（同法第27～28条）

　　なお、この制度に基づく所有者の探索にあっては、原則として、登記名義人またはその相続人（登記名義人の配偶者及び子）までの探索で可とされています。

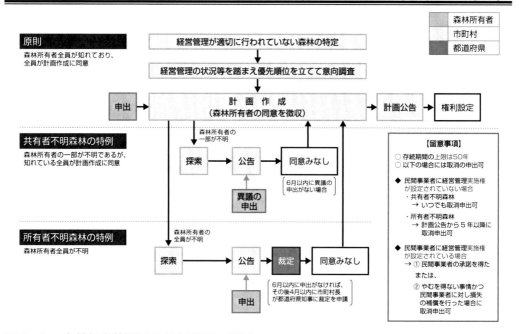

図 4 - 5：森林経営管理法の特例措置の概要

＜参照条文＞森林経営管理法

（経営管理権集積計画の作成）

第４条　市町村は、その区域内に存する森林の全部又は一部について、当該森林についての経営管理の状況、当該森林の存する地域の実情その他の事情を勘案して、当該森林の経営管理権を当該市町村に集積することが必要かつ適当であると認める場合には、経営管理権集積計画を定めるものとする。

２　経営管理権集積計画においては、次に掲げる事項を定めるものとする。

一　市町村が経営管理権の設定を受ける森林（以下「集積計画対象森林」という。）の所在、地番、地目及び面積

二　集積計画対象森林の森林所有者の氏名又は名称及び住所

三　市町村が設定を受ける経営管理権の始期及び存続期間

四　市町村が設定を受ける経営管理権に基づいて行われる経営管理の内容

五　販売収益から伐採等に要する経費を控除してなお利益がある場合において森林所有者に支払われるべき金銭の額の算定方法並びに当該金銭の支払の時期、相手方及び方法

六　集積計画対象森林について権利を設定し、又は移転する場合には、あらかじめ、市町村にその旨を通知しなければならない旨の条件

七　第三号に規定する存続期間の満了時及び第９条第２項、第15条第２項、第23条第２項又は第32条第２項の規定によりこれらの規定に規定する委託が解除されたものとみなされた時における清算の方法

八　その他農林水産省令で定める事項

３　前項第五号に規定する算定方法を定めるに当たっては、計画的かつ確実に伐採後の造林及び保育が実施されることにより経営管理が行われるよう、伐採後の造林及び保育に要する経費が適切に算定されなければならない。

４　経営管理権集積計画は、森林法第10条の５第一項の規定によりたてられた市町村森林整備計画、都道府県の治山事業（同法第10条の15第４項第四号に規定する治山事業をいう。）の実施に関する計画その他地方公共団体の森林の整備及び保全に関する計画との調和が保たれたものでなければならない。

５　経営管理権集積計画は、集積計画対象森林ごとに、当該集積計画対象森林について所有権、地上権、質権、使用貸借による権利、賃借権又はその他の使用及び収益を目的とする権利を有する者の全部の同意が得られているものでなければならない。

（経営管理意向調査）

第５条　市町村は、経営管理権集積計画を定める場合には、農林水産省令で定めるところにより、集積計画対象森林の森林所有者（次条第１項の規定による申出に係るものを除く。）に対し、当該集積計画対象森林についての経営管理の意向に関する調査（第48条第１項第一号において「経営管理意向調査」という。）を行うものとする。

（不明森林共有者の探索）

第10条　市町村は、経営管理権集積計画（存続期間が50年を超えない経営管理権の設定を市町村が受けることを内容とするものに限る。以下この款において同じ。）を定める場合において、集積計画対象森林のうちに、数人の共有に属する森林であってその森林所有者の一部を確知することができないもの（以下「共有者不明森林」という。）があり、かつ、当該森林所有者で知れているものの全部が当該経営管理権集積計画に同意しているときは、相当な努力が払われたと認められるものとして政令で定める方法により、当該森林所有者で確知することができないもの（以下「不明森林共有者」という。）の探索を行うものとする。

（共有者不明森林に係る公告）
第11条　市町村は、前条の探索を行ってもなお不明森林共有者を確知することができないときは、その定めようとする経営管理権集積計画及び次に掲げる事項を公告するものとする。
　一　共有者不明森林の所在、地番、地目及び面積
　二　共有者不明森林の森林所有者の一部を確知することができない旨
　三　共有者不明森林について、経営管理権集積計画の定めるところにより、市町村が経営管理権の設定を、森林所有者が経営管理受益権の設定を受ける旨
　四　前号に規定する経営管理権に基づき、共有者不明森林について次のいずれかが行われる旨
　　イ　第33条第1項に規定する市町村森林経営管理事業の実施による経営管理
　　ロ　第35条第1項の経営管理実施権配分計画による経営管理実施権の設定及び当該経営管理実施権に基づく民間事業者による経営管理
　五　共有者不明森林についての次に掲げる事項
　　イ　第三号に規定する経営管理権の始期及び存続期間
　　ロ　第三号に規定する経営管理権に基づいて行われる経営管理の内容
　　ハ　販売収益から伐採等に要する経費を控除してなお利益がある場合において森林所有者に支払われるべき金銭の額の算定方法並びに当該金銭の支払の時期、相手方及び方法
　　ニ　イに規定する存続期間の満了時及び第9条第2項、第15条第2項又は第23条第2項の規定によりこれらの規定に規定する委託が解除されたものとみなされた時における清算の方法
　六　不明森林共有者は、公告の日から起算して6月以内に、農林水産省令で定めるところにより、その権原を証する書面を添えて市町村に申し出て、経営管理権集積計画又は前三号に掲げる事項について異議を述べることができる旨
　七　不明森林共有者が前号に規定する期間内に異議を述べなかったときは、当該不明森林共有者は経営管理権集積計画に同意したものとみなす旨

（不明森林共有者のみなし同意）
第12条　不明森林共有者が前条第六号に規定する期間内に異議を述べなかったときは、当該不明森林共有者は、経営管理権集積計画に同意したものとみなす。

（不明森林所有者の探索）
第24条　市町村は、経営管理権集積計画を定める場合において、集積計画対象森林のうちに、その森林所有者（数人の共有に属する森林にあっては、その森林所有者の全部。次条第二号において同じ。）を確知することができないもの（以下「所有者不明森林」という。）があるときは、相当な努力が払われたと認められるものとして政令で定める方法により、確知することができない森林所有者（以下「不明森林所有者」という。）の探索を行うものとする。

（所有者不明森林に係る公告）
第25条　市町村は、前条の探索を行ってもなお不明森林所有者を確知することができないときは、その定めようとする経営管理権集積計画及び次に掲げる事項を公告するものとする。
　一　所有者不明森林の所在、地番、地目及び面積
　二　所有者不明森林の森林所有者を確知することができない旨
　三　不明森林所有者は、公告の日から起算して6月以内に、農林水産省令で定めるところにより、その権原を証する書面を添えて市町村に申し出るべき旨
　四　前号に規定する期間内に同号の規定による申出がないときは、所有者不明森林について、都道府県知事が第27条第1項の裁定をすることがある旨
　五　所有者不明森林について、経営管理権集積計画の定めるところにより、市町村が経営管理権の設定を、森林所有者が経営管理受益権の設定を受ける旨
　六　前号に規定する経営管理権に基づき、所有者不明森林について次のいずれかが行われる旨
　　イ　第33条第1項に規定する市町村森林経営管理事業の実施による経営管理
　　ロ　第35条第1項の経営管理実施権配分計画による経営管理実施権の設定及び当該経営管理実施権に基づく民間事業者による経営管理

　　七　所有者不明森林についての次に掲げる事項
　　　イ　第五号に規定する経営管理権の始期及び存続期間
　　　ロ　第五号に規定する経営管理権に基づいて行われる経営管理の内容
　　　ハ　販売収益から伐採等に要する経費を控除してなお利益がある場合において供託されるべき
　　　　金銭の額の算定方法及び当該金銭の供託の時期
　　　ニ　イに規定する存続期間の満了時及び第9条第2項又は第32条第2項の規定によりこれらの
　　　　規定に規定する委託が解除されたものとみなされた時における清算の方法
　　八　その他農林水産省令で定める事項

（裁定の申請）
第26条　市町村が前条の規定による公告をした場合において、同条第三号に規定する期間内に不明
　　森林所有者から同号の規定による申出がないときは、当該市町村の長は、当該期間が経過した日
　　から起算して4月以内に、農林水産省令で定めるところにより、都道府県知事の裁定を申請する
　　ことができる。

（裁定）
第27条　都道府県知事は、前条の規定による申請に係る所有者不明森林について、現に経営管理が
　　行われておらず、かつ、当該所有者不明森林の自然的経済的社会的諸条件、その周辺の地域にお
　　ける土地の利用の動向その他の事情を勘案して、当該所有者不明森林の経営管理権を当該申請を
　　した市町村に集積することが必要かつ適当であると認める場合には、裁定をするものとする。
2　前項の裁定においては、次に掲げる事項を定めるものとする。
　　一　所有者不明森林の所在、地番、地目及び面積
　　二　市町村が設定を受ける経営管理権の始期及び存続期間
　　三　市町村が設定を受ける経営管理権に基づいて行われる経営管理の内容
　　四　販売収益から伐採等に要する経費を控除してなお利益がある場合において供託されるべき金
　　　銭の額の算定方法及び当該金銭の供託の時期
　　五　所有者不明森林について権利を設定し、又は移転する場合には、あらかじめ、市町村にその
　　　旨を通知しなければならない旨の条件
　　六　第二号に規定する存続期間の満了時及び第9条第2項又は第32条第2項の規定によりこれら
　　　の規定に規定する委託が解除されたものとみなされた時における清算の方法
　　七　その他農林水産省令で定める事項
3　第1項の裁定は、前項第一号から第三号までに掲げる事項については申請の範囲を超えないも
　　のとし、同項第二号に規定する存続期間については50年を限度として定めるものとする。

（裁定に基づく経営管理権集積計画）
第28条　都道府県知事は、前条第1項の裁定をしたときは、農林水産省令で定めるところにより、
　　遅滞なく、その旨を、当該裁定の申請をした市町村の長に通知するとともに、公告するものとす
　　る。当該裁定についての審査請求に対する裁決によって当該裁定の内容が変更されたときも、同
　　様とする。
2　前項の規定による通知を受けた市町村は、速やかに、前条第1項の裁定（前項後段に規定する
　　ときにあっては、裁決によるその内容の変更後のもの）において定められた同条第2項各号に掲
　　げる事項を内容とする経営管理権集積計画を定めるものとする。
3　前項の規定により定められた経営管理権集積計画については、不明森林所有者は、これに同意
　　したものとみなす。

（b）共有林の伐採等の実施

　　地域森林計画の対象となっている民有林（森林法第 5 条）であって、立木が数人の共有に属する森林のうち、共有者自らが立木の伐採等を行おうとする場合において、共有者に過失がなく当該森林の森林所有者の一部を確知することができないもの（以下「共有者不確知森林」という。）については、森林法の規定に基づき、都道府県知事の裁定手続等を経て、森林所有者で知れているもの（以下「確知森林共有者」という。）が確知することができない森林所有者の立木の持分（以下「不確知立木持分」という。）又は当該共有者不確知森林の土地を使用する権利（以下「不確知土地使用権」という。）を取得し、伐採及び伐採後の造林を行うことができることとなっています（図 4 - 6）。

　　具体的な手続としては、

①　確知森林共有者は、確知できる共有者全員の同意を得た上で、単独で又は共同して、共有者不確知森林に係る公告を求める旨を市町村長に申請します（同法第10条の12の 2）。

②　①の申請を受けた市町村長は、申請が相当であると認めるときは、共有者不確知森林の森林所有者の一部を確知することができない旨等の公告をします。このとき、不確知森林共有者等又は所有権以外の権利を有し伐採及び伐採後の造林について異議のある者は、公告の日から起算して 6 カ月以内に、市町村長に申出をします（同法第10条の12の 3）。

③　②の期間経過後、市町村長は、公告に係る申請をした確知森林共有者に対し、不確知森林共有者等又は共有者不確知森林の伐採及び伐採後の造林について異議のある者からの申出の有無を通知します。申出がないときは、確知森林共有者は、通知の日から起算して 4 カ月以内に、都道府県知事に対し、不確知立木持分又は不確知土地使用権の取得に関し裁定を申請することができます（同法第10条の12の 4）。

④　都道府県知事は、確知森林共有者が不確知立木持分又は不確知土地使用権を取得することが立木の伐採及び伐採後の造林を実施するために必要かつ適当であると認めるときは、不確知立木持分又は不確知土地使用権を取得すべき旨の裁定をします（同法第10条の12の 5）。

⑤　都道府県知事は、④の裁定をしたときは、裁定の申請をした確知森林共有者及び公告をした市町村長に補償金の額等の裁定事項を通知するとともに、その旨の公告を行います。都道府県知事の公告により、裁定の申請をした確知森林共有者は、共有者不確知森林についての不確知立木持分又は不確知土地使用権を取得することになります（同法第10条の12の 6）。

⑥　裁定の申請をした確知森林共有者は、その裁定において定められた補償金の支払の時期までに、その補償金を不確知森林共有者等のために供託を行うこと

　で、伐採及び伐採後の造林を行うことができます（同法第10条の12の7）。

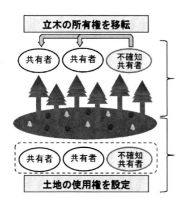

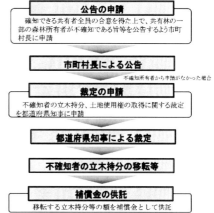

図4-6：共有者不確知森林の立木持分移転及び使用権設定の流れ

【参考】共有者の同意取得

　共有地においては、その行為の内容により共有者の内部の意思決定の在り方が異なります。

　法律に別の定めがある場合を除き、一般に森林整備等に関連する全員の同意が必要な行為（処分行為又は変更行為）には、土地や木竹を売却すること、地上権等の設定・解除を行うこと、主伐などが当たるとされています。

　過半数の同意が必要な行為（管理行為）とは、目的物をその性質を変えないで利用改良する行為であり、具体的には、間伐などが当たるとされています（ただし、間伐材を販売する場合などは、全員の同意が必要）。なお、ここでいう過半数とは、持分の価格の割合の過半数であることに注意が必要です。

<参照条文>
森林法
（公告の申請）
　第10条の12の２　地域森林計画の対象となつている民有林であつて、当該森林の立木が数人の共有に属するもののうち、過失がなくて当該森林の森林所有者の一部を確知することができないもの（以下「共有者不確知森林」という。）について、当該共有者不確知森林の森林所有者で知れているもの（以下「確知森林共有者」という。）が当該共有者不確知森林の立木の伐採及び伐採後の造林をするため次に掲げる権利の取得をしようとするときは、当該確知森林共有者は、単独で又は共同して、農林水産省令で定めるところにより、当該共有者不確知森林に係る次条の規定による公告を求める旨を当該共有者不確知森林の所在地の属する市町村の長に申請することができる。
　　一　当該共有者不確知森林の森林所有者で過失がなくて確知することができないものの当該共有者不確知森林の立木についての持分（以下「不確知立木持分」という。）
　　二　過失がなくて当該共有者不確知森林の土地の所有者の全部又は一部を確知することができない場合には，当該共有者不確知森林について行う伐採及び伐採後の造林の実施並びにそのために必要な施設の整備のため当該共有者不確知森林の土地を使用する権利（以下「不確知土地使用権」という。）
　２　前項の規定による申請をする確知森林共有者は、次に掲げる事項を明らかにする資料を添付しなければならない。
　　一　当該共有者不確知森林の土地の所在、地番、地目及び面積
　　二　当該共有者不確知森林の森林所有者の一部を確知することができない事情
　　三　当該共有者不確知森林に係る確知森林共有者の全部の氏名又は名称及び住所
　　四　当該共有者不確知森林の立木の伐採について、前号の確知森林共有者の全部の同意を得ていること。
　　五　当該共有者不確知森林の土地の所有者の全部又は一部を確知することができない場合には、次に掲げる事項
　　　イ　当該共有者不確知森林の土地の所有者の全部又は一部を確知することができない事情
　　　ロ　当該共有者不確知森林の立木の伐採及び伐採後の造林について、当該共有者不確知森林の土地の所有者で知れているものの全部の同意を得ていること。
　　六　その他農林水産省令で定める事項

（公告）
　第10条の12の３　市町村の長は、前条第１項の規定による申請があつた場合において、当該申請が相当であると認めるときは、次に掲げる事項を公告するものとする。
　　一　当該共有者不確知森林の土地の所在、地番、地目及び面積
　　二　当該共有者不確知森林の森林所有者の一部を確知することができない旨
　　三　当該共有者不確知森林の土地の所有者の全部又は一部を確知することができない場合には、その旨
　　四　次に掲げる者は、公告の日から起算して６月以内に、農林水産省令で定めるところにより、その権原を証する書面を添えて、市町村の長に申し出るべき旨
　　　イ　当該共有者不確知森林の森林所有者又は当該共有者不確知森林の土地の所有者で、確知することができないもの（第10条の12の７第１項において「不確知森林共有者等」という。）
　　　ロ　当該共有者不確知森林に関し所有権以外の権利を有する者で、当該共有者不確知森林の伐採及び伐採後の造林について異議のあるもの
　　五　その他農林水産省令で定める事項

（c）路網整備

　　木材等を搬出する場合や、林道や木材の集積場等の施設を設置する場合などに、森林の地形上の制約等から、他人の土地を使用する必要が生ずることがありますが、対象となる土地の所有者が確知できない場合は、森林法の規定に基づき、都道府県知事の裁定等の手続を経て、その土地の使用権の設定を受けることができることとなっています（図4−7）。

　　具体的な手続としては、

①　土地を使用しようとする事業者は都道府県知事に対し、当該土地の所有者と土地の使用権の設定に関する協議を行うことについて認可申請を行います（同法第50条第1項）。

②　申請を受けた都道府県知事は、その土地の所有者等（以下「所有者等」という。）に公開による意見聴取を行う旨の公示を行った上で、所有者等から公開で意見を求めます（同法第50条第2項）。

③　所有者等が不明の場合は、意見聴取を行う旨の通知が相手方に到達したものとみなし（同法第189条）、都道府県知事は①の協議について認可を行い、その旨をその土地の所在する市町村の事務所に掲示します（同法第50条第5項）。

④　事業者が認可を受けて、所有者等と協議をすることとなりますが、所有者を確知できず協議をすることができないときは、都道府県知事の裁定を求めることができます（同法第51条）。

⑤　裁定の申請があった場合は、都道府県知事はその旨の公示を行い、意見書の提出を行う機会を設けた上で、裁定を行います。裁定をした時は、裁定の申請者等に通知するとともに、その旨の公示を行います（同法第52条）。

⑥　事業者は、補償金を受けるべき者を確知することができないとき（事業者に過失があるときを除く）は、補償金を供託所に供託をすることで、これにより事業者は当該土地の使用権の設定を受けることができることとなっています。

　　なお、「確知することができないとき」とは、登記記録その他市町村が保有する所有者情報による所在の確認、森林組合等関係者への聞き取り等社会通念上必要と考えられる手段をもって調査を尽くし、これらによっても、使用権設定の協議を受けるべき所有者等が不明である場合、又は協議を受けるべき所有者等は明らかであるが所在が不明である場合のことをいいます。

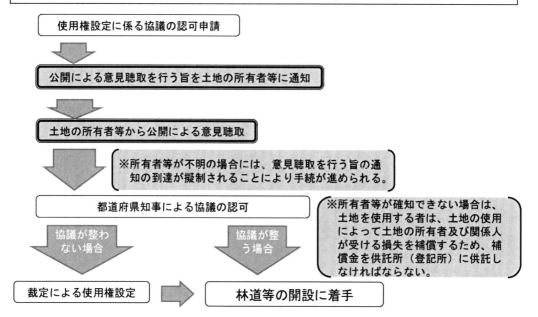

図4-7：路網等に係る使用権設定の流れ

＜参照条文＞

森林法

（使用権設定に関する認可）

第50条　森林から木材、竹材若しくは薪炭を搬出し、又は林道、木材集積場その他森林施業に必要な設備をする者は、その搬出又は設備のため他人の土地を使用することが必要且つ適当であつて他の土地をもつて代えることが著しく困難であるときは、その土地を管轄する都道府県知事の認可を受けて、その土地の所有者（所有者以外に権原に基きその土地を使用する者がある場合には、その者及び所有者）に対し、これを使用する権利（以下「使用権」という。）の設定に関する協議を求めることができる。

2　都道府県知事は、前項の規定による認可の申請があつたときは、その土地の所有者及びその土地に関し所有権以外の権利を有する者（以下「関係人」という。）の出頭を求めて、農林水産省令で定めるところにより、公開による意見の聴取を行わなければならない。

3　都道府県知事は、前項の意見の聴取をしようとするときは、その期日の1週間前までに事案の要旨並びに意見の聴取の期日及び場所を当事者に通知するとともにこれを公示しなければならない。

4　第2項の意見の聴取に際しては、当事者に対して、当該事案について、証拠を提示し、意見を述べる機会を与えなければならない。

5　都道府県知事は、第1項の認可をしたときは、その旨をその土地の所有者及び関係人に通知するとともにその土地の所在する市町村の事務所に掲示しなければならない。

6　第1項の認可を受けた者は、同項の搬出又は設備に関する測量又は実地調査のため必要があるときは、他人の土地に立ち入り、又は測量若しくは実地調査の支障となる立木竹を伐採することができる。この場合には、前条第3項から第5項までの規定を準用する。

（裁定の申請）

第51条　前条第1項の規定による協議がととのわず、又は協議をすることができないときは、同項の認可を受けた者は、農林水産省令で定める手続に従い、その使用権の設定に関し都道府県知事の裁定を申請することができる。但し、同項の認可があつた日から6箇月を経過したときは、この限りでない。

（意見書の提出）

第52条　都道府県知事は、前条の申請があつたときは、農林水産省令で定める手続に従い、その旨を公示するとともにその申請に係る土地の所有者及び関係人に通知し、20日を下らない期間を指定して意見書を提出する機会を与えなければならない。

2　都道府県知事は、前項の期間を経過した後でなければ、裁定をしてはならない。

（裁定）

第53条　使用権を設定すべき旨の裁定においては、左に掲げる事項を定めなければならない。

　一　使用権を設定すべき土地の所在、地番、地目及び面積

　二　設定すべき使用権の内容及び存続期間

　三　使用の時期

　四　補償金の額並びにその支払の時期及び方法

2　都道府県知事は、前項第一号及び第二号に掲げる事項については、申請の範囲内で、且つ、第50条第1項の搬出又は設備のため必要な限度で、前項第四号に掲げる事項については、あらかじめ収用委員会の意見を聞き、これに基いて裁定をしなければならない。

3　都道府県知事は、第1項の裁定をしたときは、遅滞なく、農林水産省令で定める手続に従い、その旨をその裁定の申請者及び前条第1項の通知を受けた者に通知するとともにこれを公示しなければならない。

（使用権の取得）

第54条　前条第1項の裁定があつたときは、その裁定において定められた使用の時期に、裁定を申請した者は、その土地の使用権を取得し、その土地に関するその他の権利は、その使用権の内容と抵触する限度においてその行使を制限される。

（掲示）

第189条　農林水産大臣、都道府県知事又は市町村の長は、この法律又はこの法律に基づく命令の規定による通知又は命令をする場合において、相手方が知れないとき、又はその所在が不分明なときは、その通知又は命令に係る森林、土地又は工作物等の所在地の属する市町村の事務所の掲示場にその通知又は命令の内容を掲示するとともに、その要旨及び掲示した旨を官報又は都道府県若しくは市町村の公報に掲載しなければならない。この場合においては、その掲示を始めた日又は官報若しくは都道府県若しくは市町村の公報に掲載した日のいずれか遅い日から14日を経過した日に、その通知又は命令は、相手方に到達したものとみなす。

（d）分収林契約の変更

　　これまで分収林契約の変更については契約当事者全員の同意が必要でしたが、平成28年5月の分収林特別措置法の改正により、契約当事者全員の合意がなくても（所在不明な契約当事者がいても）、異議のある契約当事者の造林等収益の分収の割合の合計が10分の1を超えないときは、一定の手続（都道府県知事による契約条項の変更の承認、契約条項の変更の内容等の公告・通知、1カ月を下らない異議申述期間の設定等）を経て契約条項の変更ができるようになりました（図4-8）。

　　具体的には、

① 　契約当事者は、単独又は共同して、契約条項の変更について、書面をもって都道府県知事の承認を求めることができます（同法第11条第1項）。

② 　都道府県知事は、申出のあった契約条項の変更の内容等を確認し、要件に該当すると認めた場合は承認します（同法第11条第3項）。

③ 　②の承認を受けた分収林契約変更の提案者は、承認があった日から2週間以内に、契約条項の変更の内容等を公告するとともに、他の契約当事者で所在が知れている者に対して書面をもって通知します。このとき、1カ月を下らない異議申述期間を設定し、異議のある契約当事者は異議を述べることができます（同法第12条）。

④ 　③の異議申述期間内に、異議のある契約当事者がいないときは、契約当事者の全部が契約条項の変更を承認したものとみなし、契約条項の変更の効力が発生します（同法第13条）。

⑤ 　③の異議申述期間内に、異議のある契約当事者の造林等収益の分収の割合の合計が10分の1を超えないときは、②の承認を受けた契約当事者は異議申述期間を経過した日以後、遅滞なく、その旨を異議のある契約当事者に通知します（同法第14条第1項）。

⑥ 　異議のある契約当事者は、⑤の通知があった日から1カ月以内に契約変更の提案者に対して、造林等収益を分収する権利を買い取るべきことを請求することができます（同法第14条第2項）。この請求がなかったとき、又は提案者が請求に係る買取りを行うなど一定の要件に該当するとき、契約当事者の全部が契約条項の変更を承認したものとみなし、契約条項の変更の効力が発生します（同法第14条第4項）。

⑦ 　契約変更の提案者は、効力発生日以後、遅滞なく、契約条項の変更の内容等を公告するとともに、分収林契約の他の当事者で知れているものに対し、書面をもって通知します（同法第17条）。

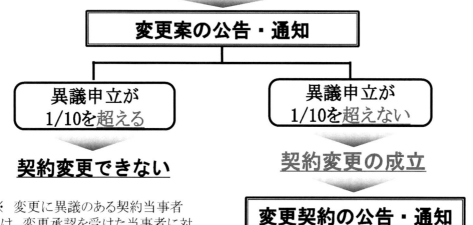

契約変更の申出

　分収林契約の当事者は、契約変更を行おうとする場合、都道府県知事に契約変更の承認を求めることができる。

都道府県知事による承認

　都道府県知事は、申出のあった契約変更の内容をチェック。

変更案の公告・通知

**異議申立が
1/10を超える**

契約変更できない

※　変更に異議のある契約当事者
　は、変更承認を受けた当事者に対
　し、持分の買取を請求できる

**異議申立が
1/10を超えない**

契約変更の成立

変更契約の公告・通知

図4-8：分収林契約の変更特例の流れ

＜参照条文＞

分収林特別措置法

（契約条項の変更に係る承認）

第11条　分収林契約の当事者は、当該分収林契約について契約条項の変更を行うことにより、当該変更後の利益の額（各契約当事者が分収する造林等収益の額から当該各契約当事者が負担する造林等費用の額を控除して得た額をいう。）が当該変更前の当該利益の額よりも増加する見込みがある場合には、単独で又は共同して、当該分収林契約の契約条項の変更について、当該分収林契約に係る土地を管轄する都道府県知事の承認を求めることができる。

2　前項の承認を求めようとする分収林契約の当事者は、次に掲げる事項を書面をもつて示さなければならない。

一　契約条項の変更の内容

二　契約条項の変更を行わないこととした場合に見込まれる造林等収益の額及び造林等費用の額並びにこれらの算定の根拠

三　契約条項の変更を行うこととした場合に見込まれる造林等収益の額及び造林等費用の額並びにこれらの算定の根拠

四　変更後の契約事項が実施可能なものであること及びその根拠

五　契約条項の変更がその効力を生ずる日（前項の承認を求める日から６月を経過した日以後の日に限る。以下「効力発生日」という。）

六　その他契約条項の変更に関し必要な事項

3　都道府県知事は、前項第二号から第四号までに掲げる事項が次の各号のいずれにも該当すると認められる場合でなければ、第１項の承認をしてはならない。

一　前項第二号及び第三号の造林等収益の額及び造林等費用の額の算定の方法が適正かつ合理的であること。

二　前項第二号及び第三号の造林等収益の額及び造林等費用の額の算定の根拠となる額その他の事項の裏付けとなる合理的な根拠が示されていること。

三　その他当該分収林契約の他の当事者が契約条項の変更を承認するかどうかの合理的な判断に必要なものとして農林水産省令で定める基準に適合していること。

（契約条項の変更前の公告等）

第12条　提案者（前条第１項の承認を受けた分収林契約の当事者をいう。以下同じ。）は、当該承認があつた日から２週間以内に、次に掲げる事項を、公告するとともに、当該分収林契約の他の当事者で知れているものに対し書面をもつて通知しなければならない。

一　前条第２項第一号から第五号までに掲げる事項

二　当該分収林契約の当事者で契約条項の変更について異議がある者は一定の期間（以下「異議申述期間」という。）内に異議を述べるべき旨

三　その他契約条項の変更に関し必要な事項

2　異議申述期間は、１月を下つてはならない。

（契約条項の変更のみなし承認等）

第13条　異議申述期間内に異議を述べた分収林契約の当事者（以下「異議のある契約当事者」という。）がないときは、当該分収林契約の当事者の全部が契約条項の変更を承認したものとみなす。

第14条　異議のある契約当事者の造林等収益の分収の割合の合計が10分の1を超えないとき（前条に規定する場合を除く。）は、提案者は、異議申述期間を経過した日以後、遅滞なく、その旨を異議のある契約当事者に通知しなければならない。

2　異議のある契約当事者は、前項の規定による通知があつた日から1月以内に、提案者に対し、その造林等収益を分収する権利を買い取るべきことを請求することができる。

3　前項の規定による請求に係る買取りの額は、第一号に掲げる額から第二号に掲げる額を控除して得た額以上でなければならない。

一　前項の規定による請求を行つた異議のある契約当事者（以下「請求者」という。）が変更前の分収林契約の存続期間の満了時に分収すると当該請求の時点において見込まれる造林等収益の額として農林水産省令で定めるところにより算出した額

二　効力発生日から変更前の分収林契約の存続期間の満了時までの間に生ずると当該請求の時点において見込まれる次に掲げる費用の額として農林水産省令で定めるところにより算出した額

イ　請求者が負う当該分収林契約に係る義務（請求者が造林地所有者又は育林地所有者である場合にあつては、造林者又は育林者のためにその土地につきこれを造林又は育林の目的に使用する権利を設定する義務を除く。）を当該請求者に代わつて提案者が履行するのに要する費用

ロ　請求者が造林地所有者又は育林地所有者である場合にあつては、その土地を造林又は育林の目的に使用する権利を設定するのに要する費用

4　第2項の規定による請求がなかつたとき、又は次の各号のいずれにも該当するときは、当該分収林契約の当事者の全部が契約条項の変更（同項の規定による請求に係る買取りによるものを含む。第17条前段において同じ。）を承認したものとみなす。

一　第2項の規定による請求に係る買取りにより分収林契約の当事者が造林地所有者、造林者及び造林費負担者のうちのいずれか一者又は育林地所有者、育林者及び育林費負担者のうちのいずれか一者とならなかつたとき。

二　効力発生日までに第2項の規定による請求に係る買取りを提案者が行つたとき。

三　請求者が造林地所有者又は育林地所有者である場合にあつては、効力発生日までにその土地につき効力発生日から変更後の分収林契約の存続期間の満了時までの間に造林又は育林の目的に使用する権利が設定されたとき。

5　前項各号のいずれかに該当しないときは、契約条項の変更は、その効力を生じない。

第15条　異議のある契約当事者の造林等収益の分収の割合の合計が10分の1を超えるときは、契約条項の変更は、その効力を生じない。

（分収林契約に係る権利義務の承継）

第16条　第14条第2項の規定による請求に係る買取りを行つた提案者は、効力発生日に、請求者の当該分収林契約に係る権利及び義務（請求者が造林地所有者又は育林地所有者である場合にあつては、造林者又は育林者のためにその土地につきこれを造林又は育林の目的に使用する権利を設定する義務を除く。）を承継する。

（契約条項の変更後の公告等）

第17条　提案者は、効力発生日以後、遅滞なく、契約条項の変更の内容その他の農林水産省令で定める事項を、公告するとともに、当該分収林契約の他の当事者で知れているものに対し書面をもつて通知しなければならない。契約条項の変更が効力を生じないこととなつたときも、同様とする。

（農林水産省令への委任）

第18条　この法律に定めるもののほか、この法律の実施のために必要な事項は、農林水産省令で定める。

4-6　地籍調査

ポイント

- 登記記録等の調査で把握した住所宛てに、現地調査の通知を行う。宛先不明で返送された場合には、住民票の写し等や戸籍謄本等の取得、近隣住民に事情聴取を行った上で得られた住所に対し、現地調査の再通知をする。
- 再通知によっても所有者の所在が把握できなかった場合には、地積測量図等の客観的な資料が存在する場合は、登記所と協議の上、筆界を確認できる。
- 客観的な資料が存在しない場合は、筆界未定として処理する。
- 地籍調査担当者向け説明会等において相続登記の促進について説明を行う。

（1）所有者情報の調査方法

　（a）市区町村又は都道府県

　　　地籍調査を実施する場合、実施者は、現地で土地所有者等に立会いを求めて筆界の確認を行うことになっています[47]。

　　　このため、

① 　この立会いに先立って、まず当該事業の対象区域の登記事項証明書の公用請求を行い（第1章1-1参照）、登記記録に記録された登記名義人の住所宛てに、具体的な対象区域や実施時期について通知を行います。

② 　現地調査の通知をした結果、宛先不明で返送された場合、住民票の写し等や戸籍謄本の取得、近隣住民からの事情聴取等を行い、再通知先を調査します（第1章1-2、1-3、1-4参照）。

　　　住民票の写し等の請求は、住民基本台帳法第12条の2に基づき、登記名義人の住所地等の市区町村から交付を受けることによります。

　　　戸籍は戸籍法第10条の2第2項に基づき、本籍地で除籍謄本等を公用請求することになります（第1章1-3参照）。

　　　なお、住民票の写し等や戸籍謄本等の請求の際は「国土調査法第25条及び地籍調査作業規程準則第23条の現地立会いのため」といったように、その理由や根拠法令等を明らかにする必要があります。

③ 　住民票の写し等により把握できた住所に対し、現地調査の再通知を行います。

47　詳細については、「土地所有者等の所在が明らかでない場合における境界の調査要領」の作成について（平成23年3月2日付国土国第572号国土交通省土地・水資源局国土調査課長通知）」を参照のこと。（2）の登記所との協議方法、土地所有者等の所在が明らかでないと判断した後に所在が明らかとなった場合の対応等についても記載されている。

（b）森林組合等

　　基本的には、（a）と同様の対応を行いますが、住民票の写し等や戸籍謄本等の取得にかかる請求手続き等については、当該事業の実施地域にあたる市区町村と十分に調整する必要があります。

　　森林組合等がそれらの申請を行う場合は、市区町村以外の者が地籍調査を行うことができる旨を説明するとともに、請求事由等を明らかにする必要があることに注意が必要です。

＜参照条文＞
国土調査法
（立会又は出頭）
　第25条　国土調査を実施する者は、その実施のために必要がある場合においては、当該国土調査に係る土地の所有者その他の利害関係人又はこれらの者の代理人を現地に立ち会わせることができる。
　2　国土調査を実施する国の機関又は地方公共団体は、その実施のために必要がある場合においては、当該国土調査に係る土地の所有者その他の利害関係人又はこれらの者の代理人に、当該国土調査に係る土地の所在する市町村内の事務所への出頭を求めることができる。

地籍調査作業規程準則
（現地調査の実施）
　第23条　現地調査は、調査図素図に基いて、おおむね土地の配列の順序に従い、毎筆の土地について、その所有者、地番、地目及び筆界の調査を行うものとする。
　2　前項の調査には、当該調査に係る土地の所有者等の立会いを求めるとともに、その経緯を地籍調査票に記録するものとする。
　3　第一項の調査を行つたときは、調査図素図に調査年月日を記録するとともに、調査図素図の表示が調査の結果と相違しているときは、当該表示事項を訂正し又は修正しその他調査図素図に必要な記録をして調査図を作成するものとする。

（2）土地所有者が把握できなかった場合の解決方法

　　（1）の調査によっても通知先が明らかとならない場合で、かつ、地積測量図等の客観的な資料が存在する場合においては、登記所と協議の上で筆界を確認することができます。なお、この場合には、市町村役場等の掲示場に現地調査に立ち会うべき旨を2週間程度掲示します。筆界の確認後、地籍図及び地籍簿が作成され、登記所に送付されると、地籍図が不動産登記法第14条第1項地図として登記所に備え付けられるとともに、地籍簿の内容が登記記録に反映されます（図4−9）。

　　なお、客観的な資料が存在しない場合は、筆界未定として処理することになりますが、その場合も第14条第1項地図には、筆界未定として反映されることになります。

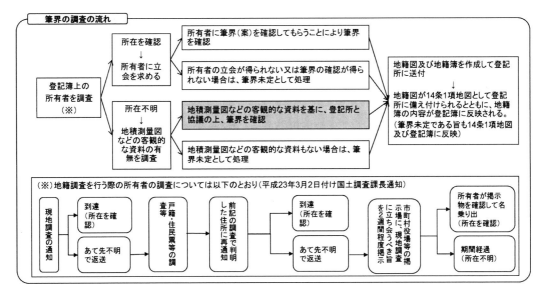

図4-9：筆界の調査の流れ

（3）地籍調査時における相続登記を促す取組

　　都道府県が行う市町村の地籍調査担当者向けの説明会及び市町村の地籍調査担当
が行う土地の所有者向けの説明会において、法務局が相続登記促進について説明を
行います。

（4）所有者探索の合理化を含めた地籍調査の円滑化・迅速化策の検討

　　（1）所有者情報の調査や（2）土地所有者が把握できなかった場合の解決方法
に関しては、令和元年6月28日に公表された、国土審議会土地政策分科会企画部会
「国土調査のあり方に関する検討小委員会」の報告書において、所有者が不明であ
っても調査を進めることができることとするなど、地籍調査の円滑化・迅速化の方
向性が示されています。現在、国土交通省では、この報告書で示された方向性を踏
まえ、令和2年度からの次期国土調査事業十箇年計画策定のための検討と併せ、所
有者探索の合理化のあり方も含めた調査方法の見直しについて、検討が進められて
います。

4-7　地域福利増進事業

※　本項における「所有者不明土地」は所有者不明土地法が定義する所有者不明土地に限られます。

ポイント

- 地域福利増進事業は、所有者不明土地法が定義する所有者不明土地を、公園の整備といった地域のための事業に利用することを可能とする制度。
- 地方公共団体だけでなく、民間企業、NPO、自治会、町内会等、誰でも都道府県知事に裁定を申請し、使用権を取得して事業を行うことが可能。
- 法令が規定する必要な探索を行っても所有者がわからない場合は、事業者は、事業計画の作成や所有者に支払う補償金の見積りなどを行った上で、都道府県知事に裁定を申請。
- 裁定を受けることができれば、補償金を供託することで所有者不明土地の使用権を取得することができる。事業終了後は、原則として所有者不明土地を元の状態に戻して（原状回復して）返す必要があるが、使用権の存続期間の満了後も事業を実施したい場合には、存続期間の延長を申請することも可能。

（1）制度概要

　　所有者不明土地法に基づく地域福利増進事業は、所有者不明土地を、病院、図書館、公園等の整備のような地域のための事業に利用することを可能とする制度です。都道府県知事の裁定により、所有者不明土地に10年間を上限とする使用権を設定して、利用することを可能とします（図4-10）。

　　地方公共団体だけでなく、民間企業、NPO、自治会、町内会等、誰でも都道府県知事に裁定を申請し、使用権を取得して事業を行うことができます。その地域外の方でも実施することができます。

　　使用権の対象となる土地は、所有者不明土地であって、現に建築物が存在せず（小規模な物置等は存在しても構いません。）、使われていない土地（＝特定所有者不明土地）に限られますが、事業で利用する土地は、特定所有者不明土地のみである必要はなく、所有者が判明している土地も含めて事業を行うことができます。

　　事業の実施に当たっては、まず、法令が規定する方法により、土地の所有者の探索を行います。地域福利増進事業の実施の準備のためであれば、所有者不明土地法で新しく認められた効果的な探索手法をとることができます。所有者が全員判明すれば、通常どおり、裁定を申請することなく、所有者から土地を買ったり借りたりすることで、事業を実施することができます。

　　必要な探索を行っても所有者がわからない場合は、事業計画の作成や所有者に支払う補償金（＝土地の使用の対価）の見積りなどを行った上で、都道府県知事に裁定を申請します。

　　裁定を受けることができれば、補償金を供託することで所有者不明土地の使用権

を取得することができます。事業終了後は、不明所有者のために、原則として所有者不明土地を元の状態に戻して（原状回復して）返す必要があります。

　使用権の存続期間の満了後も事業を実施したい場合には、存続期間の延長を申請することも可能です。

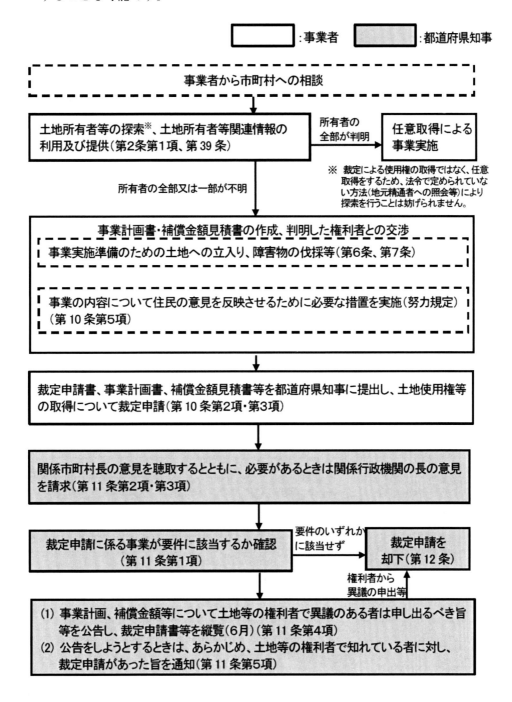

（次頁へ続く）

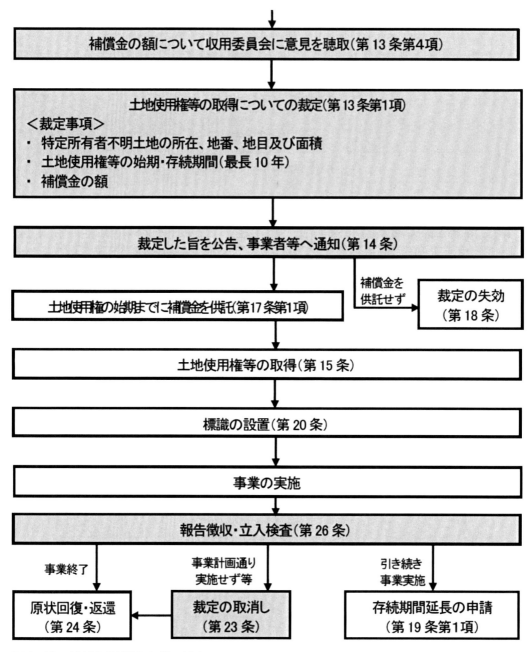

図 4 -10　地域福利増進事業の流れ

（２）地域福利増進事業の実施に当たってのガイドラインについて

　※　本項は、所有者不明土地法令の制定を受けて、その運用上の留意点等をまとめた
　　ガイドラインの概要を紹介するもの。

　　　地域福利増進事業の実施等の流れは図４-10のとおりですが、実施に当たっての

土地所有者等の探索、裁定申請手続き等の詳細については、以下のガイドラインでまとめられていますので、ここでは概要の記載にとどめることとします。

（a）土地所有者等の探索

　裁定を申請するために行う必要がある土地所有者等の探索は、政令第１条において、以下の措置をとることとされています。

① 土地の登記事項証明書の請求

② 所有者に関する情報が記録されている書類を備える行政機関に対する情報提供の請求

③ ②以外に所有者に関する情報を保有すると思われる者に対する情報提供の請求

④ ①〜③で得られた情報に基づく所有者と思われる者への確認（書面の送付又は訪問）

　土地所有者の探索の方法は、探索主体が公的主体であるかどうかや、土地の地目や登記の状況により異なる点があります。

　近隣住民への聞き取り調査等、法令で定められていない方法は、裁定申請のためには実施する必要はありません。土地所有者の探索には、一定のノウハウが必要となるので、市町村や都道府県に相談したり、専門家を活用することが効果的です。

（b）裁定申請について

　所有者不明土地の使用権を取得するには、都道府県知事の裁定を受ける必要があります。裁定を申請するには、裁定申請書のほか、事業計画書や補償金額見積書等を作成する必要があります。

　申請に必要な書類の作成等に当たっては、司法書士、行政書士、不動産鑑定士、弁護士、土地家屋調査士、補償コンサルタント等の専門家の協力を得ながら進めることが有効です。

　裁定の申請に当たっては、申請内容やスケジュール等について、都道府県・市町村とあらかじめ協議をしておくことが望ましいです。

　裁定によって取得できる権利には、所有者不明土地の使用権のほか、所有者不明土地にある所有者不明物件の所有権・使用権があります。土地に所有者がわからない物件がある場合には、事業にとって必要かどうかを判断した上で、所有権か使用権のいずれかを取得します。

【参考（国土交通省　土地・建設産業局企画課ＨＰ）】

● 「地域福利増進事業ガイドライン」（令和元年６月）

● 「地域福利増進事業ガイドライン」（参考資料編）（令和元年６月）

http://www.mlit.go.jp/totikensangyo/totikensangyo_tk２_000099.html

4-8　地縁団体が行う共有財産管理

ポイント

- 対象となる登記事項証明書により、所有権登記名義人等を把握する。
- 所有権登記名義人等の氏名及び住所に基づき、住民票の写し等や戸籍謄本等を取得することにより所有者調査を行うとともに、関係者への聞き取り調査などを行う。
- 認可地縁団体の所有する土地の所有権登記名義人等の所在が知れないなどにより、不動産の所有権の保存登記等ができない場合、市区町村長に所有不動産について地方自治法第260条の38第2項の公告を求める申請を行い、一定の公告期間において異議がなかった場合、市区町村長が発行した証明書を添付して、認可地縁団体を所有権の登記名義人とする所有権保存登記を申請し、又は認可地縁団体のみでこれを所有権の登記名義人とする所有権移転登記を申請することができる。

（1）所有者情報の調査方法

　　　ここでは、地縁団体等が共有財産の管理のため、自主的に所有権登記名義人等を団体名義等に登記したいと考えた場合の方法について紹介します。

　①　まず、対象となる土地の登記事項証明書により所有権登記名義人等の氏名及び住所を把握します（第1章1-1参照）。

　②　①により記名共有地であって、共同人名票が入手できた場合は、共同人名票を確認します。

　③　①及び②により判明した所有権登記名義人等の氏名及び住所を基に、住民票の写し等や戸籍謄本等の取得により、所有者の特定を進めます（第1章1-2、1-3参照）。

　④　上記の調査と並行して、関係者等に聞き取りを行い、所有の実態を把握します。聞き取り対象者は、所有権登記名義人等やその相続人のほか、森林組合、農業委員会等の関係者や、近隣住民、集落代表者などが考えられます（第1章1-4参照）。また、市区町村役場での聞き取り、市区町村が保有する地縁団体台帳、墓地であれば墓地開設当時の使用者名簿、市区町村史の確認によりさらに情報を収集します。

　　　なお、住民票の写し等は、正当な理由がある場合に請求できることとなっています（住民基本台帳法第12条の3第1項）が、正当な理由として、相続手続等に当たって法令に基づく必要書類として関係人の住民票の写し等を取得する場合などが該当しうるとされています（第1章1-2（4）参照）。

　　戸籍謄本等についても、正当な理由がある場合（戸籍法第10条の２第１項第３号）等には、交付を請求することができることになっています（第１章１-３（３）参照）。

（２）土地所有者が把握できなかった場合の解決方法

（a）すでに認可地縁団体として登録している団体の場合

　　所有権登記名義人等又はその相続人の全部又は一部の所在が知れないなどにより、所有する不動産の所有権の保存の登記又は移転の登記ができない場合、地方自治法に基づく登記の特例の活用を検討します（第２章２-６参照）。

（b）自治会・町内会（認可地縁団体以外）

　　地方自治法に基づく市区町村の認可を受けていない自治会・町内会である場合は、「認可地縁団体」としての法人格を取得した後に、上記「(a)すでに認可地縁団体として登録している団体の場合」に記載した手続を行うことを検討します。

【関連事例】※（　）内ページは事例集のページです。
- 事例35（p.56）
- 事例36（p.58）
- 事例37（p.61）
- 事例38（p.63）
- 事例39（p.65）
- 事例40（p.67）
- 事例41（p.68）

4-9　その他の民間で行う公益性の高い事業

ポイント

- 対象となる登記事項証明書により、所有権登記名義人等を把握する。
- 追加情報・確認等が必要な場合は、登記記録上の住所に基づき、関係者への聞き取り調査や現地確認などを行う。
- 用地買収を伴う事業の場合で、所有者探索の結果、所有者またはその所在が把握できなかった場合などは、財産管理制度や不明裁決制度の活用を検討する。

（１）所有者情報の調査方法

　　電気事業、電気通信事業を行う民間会社、鉄道・運輸機構等が行う調査の流れは、第１章で紹介した基本的な流れや、本章４−１の社会資本整備の場合と同様、まず登記事項証明書を取得し、所有権登記名義人等の氏名と住所を確認した上で、住民基本台帳、戸籍等の調査を進めることになります。しかし、事業により住民票等や戸籍等の情報の入手が難しい場合であって、追加情報・確認等が必要な場合には、登記記録上の住所に基づき、関係者への聞き取り調査や現地確認等が調査の中心になる場合もあります。聞き取り対象者には、農地であれば農業委員会、森林であれば森林組合といった、その地域の状況に詳しい者のほか、近隣住民、集落代表者、登記記録に記録されている他の共有者などが考えられます。

　　なお、住民票の写し等は、正当な理由がある場合に請求できることとなっています（住民基本台帳法第12条の３第１項）が、正当な理由として、特殊法人等が公共用地の取得のために関係人の住民票の写し等を必要とする場合などが該当し得るとされています（第１章１−２（４）参照）。

　　戸籍謄本等についても、正当な理由がある場合（戸籍法第10条の２第１項第３号）等には、交付を請求することができることになっています（第１章１−３（３）参照）。

<参照条文>

住民基本台帳法

（本人等以外の者の申出による住民票の写し等の交付）

　第12条の3　市町村長は、前2条の規定によるもののほか、当該市町村が備える住民基本台帳について、次に掲げる者から、住民票の写しで基礎証明事項（第7条第1号から第3号まで及び第6号から第8号までに掲げる事項をいう。以下この項及び第7項において同じ。）のみが表示されたもの又は住民票記載事項証明書で基礎証明事項に関するものが必要である旨の申出があり、かつ、当該申出を相当と認めるときは、当該申出をする者に当該住民票の写し又は住民票記載事項証明書を交付することができる。

　一　自己の権利を行使し、又は自己の義務を履行するために住民票の記載事項を確認する必要がある者

　二　国又は地方公共団体の機関に提出する必要がある者

　三　前二号に掲げる者のほか、住民票の記載事項を利用する正当な理由がある者

（2）土地所有者が把握できなかった場合の解決方法

　　土地所有者が不在者である場合には不在者財産管理制度（第2章2-1参照）、土地所有者であった者が既に死亡し、その相続人のあることが明らかでない場合には相続財産管理制度（第2章2-2参照）をそれぞれ活用して用地取得等を行うことができないか（申立てをすることができる利害関係が認められるか等）を検討します。いずれの場合も、家庭裁判所への申立てにより適切な財産管理人の選任を受けて、その財産管理人との間で用地取得等に伴う必要な契約等を行うこととなります。なお、当該土地の売買契約を締結するなど、財産管理人が権限外の行為をするためには、家庭裁判所の許可を受ける必要があります。

　　土地収用法に基づく事業認定を得た事業である場合、不明裁決制度の活用を検討します（第2章2-5参照）。これは、他の用地取得の進捗状況、当該事業をめぐる地元の状況により、財産管理制度による任意売却の手続に要する時間等が事業の進捗へ与える影響が大きい場合などに検討されるものです。

【関連事例】※（　）内ページは事例集のページです。

●事例34（p.54）　　　　　　　●事例38（p.63）

第 5 章　東日本大震災の被災地における用地取得加速化の取組

　東日本大震災の被災地においては、所有者不明土地の取得の加速化を図るため、様々な特別措置等が講じられました。これらの取組は、今後、大規模災害が発生した際の参考となるだけでなく、運用の改善によって対応したものも多いことから、平時における用地取得等の場面においても参考になるものと考えられます。以下では、平時においても参考となり得るものについて、下線を付して紹介します。

5-1　地方公共団体の負担軽減のための取組

　東日本大震災の被災地においては、膨大な事業用地の所有者等の調査をする必要が生じましたが、被災地方公共団体では、亡くなった職員も多いなど、職員だけでは対応が困難な状況にありました。また、被災地方公共団体では、マンパワー不足に対応するため、全国の自治体からの職員派遣や、任期付職員等の採用、全国の自治体職員OBの活用等も行われましたが、用地取得の事務については、幅広い分野にわたる専門的なノウハウも必要とされることなどから、専門的知識を有する者を活用するなど、用地取得事務に係る被災地方公共団体の負担軽減策を講じることが必要となりました。

　そこで、被災地方公共団体における用地取得事務に係る負担軽減策として、以下の対応策が講じられました。

（1）司法書士、補償コンサルタント、土地家屋調査士等への権利者調査や登記業務の外注

　　用地取得業務においては、当該用地の所有者を調査する必要があるところ、被災地においては、土地取引が長年行われていない土地を取得する場合も多く、登記記録上の住所に権利者が居住していない土地や、相続登記がされておらず数次相続により法定相続人が多数となっている土地など、早期に取得することが困難な用地を取得する必要がある場合も少なくありません。このような土地の権利者を調査するに当たっては、民法、戸籍法、不動産登記法等の民事関係法令や権利者調査の実務に精通した司法書士や、権利者調査業務に習熟した補償コンサルタントに委託することによって、迅速かつ円滑な権利者調査を期待することができるため、復興庁においては、委託する際の仕様書や積算基準（国土交通省東北地方整備局が作成・周知）を被災地方公共団体に再周知するとともに、委託費については復興交付金を充てることができる旨を周知するなどして、外注を促進しています。

> 【参考】仕様書及び積算基準
> （仕様書）
> http://www.thr.mlit.go.jp/Bumon/B00091/youti/kyoutuusiyousyo/kyoutuusi
> yousyo.html
> （積算基準）
> http://www.thr.mlit.go.jp/Bumon/B00091/youti/sekisankijun/sekisankijun.
> html

　また、用地取得業務のうち登記関係業務は、司法書士及び土地家屋調査士等へ委託することができることから、同業務を外部に委託することにより、自治体のマンパワー不足を軽減し、用地取得を効率的に実施することができます。そこで、復興庁においては、復興事業のために取得した用地の所有権移転等の登記業務の委託経費について、復興交付金を充てることができる旨を周知するなどして、外注を促進しています。

【参考】
　平時においても、社会資本整備総合交付金の一部事業については、用地取得の際の、土地所有者調査等において、司法書士等を活用する場合の報酬に当該交付金を充てることができます。（詳細は本章 6 - 3 を参照）

（2）司法書士の市町村への駐在

　上記（1）の権利者調査や登記業務の外注が進むにつれて、市町村の側にも、委託した多くの業務をマネジメントする専門的な知識を持った人材が必要との指摘が出てくるようになりました。このため、復興庁においては、日本司法書士会連合会の協力の下、司法書士を復興庁で採用し、被災市町村に駐在させる取組を実施しました（これまでに10市町に13名が駐在）。なお、復興庁で採用した司法書士の一部において、翌年度、市町村の任期付職員として採用されるケースもあります。

（3）登記情報の共有（登記情報の電子データ提供制度の活用）

　用地取得業務における権利者調査に当たっては、登記情報による権利者の確認が必要となりますが、被災地方公共団体では、登記事項要約書や登記事項証明書を取得して登記情報を確認するところが多くみられました。
　一方、法務局においては、被災地方公共団体に対して、復興事業の実施に必要な場合には、登記情報を電子データ（CSVファイル）で提供することとし、復興庁においては、被災地方公共団体に対して、事務連絡文書の発出や説明会の開催により、登記情報を電子データで提供する制度を周知して利用の促進を図るとともに、当該

電子データをパソコンで加工、検索するための方法等の説明を行いました。

　これにより、被災地方公共団体は、登記情報を電子データで取得し加工等をすることが可能となり、用地取得業務の迅速化・効率化が図られました。

5-2　財産管理制度の活用

　第2章で紹介したように、所有者情報を調査しても所有者の所在や相続人の存在が不明な場合には、不在者財産管理制度や相続財産管理制度を活用することができます。

　しかし、国の直轄事業と比較すると、地方公共団体における財産管理制度の活用は低位であり、その要因としては、財産管理制度を活用する上でのノウハウやマンパワーの不足、財産管理人の候補者の確保ができない可能性があること、財産管理制度の活用に係る費用負担、制度の活用に時間がかかること等が挙げられます。同様の課題は、東日本大震災の被災地においても生じていましたが、被災地では、以下のような取組が行われました。

（1）財産管理制度の利用に関するQ＆Aの作成等

　　所有者情報を調査しても所有者の所在や相続人の存在が不明な場合には、財産管理制度を利用することが可能となりますが、被災地方公共団体では、財産管理制度を利用したことがなく、そのノウハウもないところが多くみられました。そこで、法務省及び最高裁判所において、財産管理制度の申立てやその後の手続に関するQ＆Aのモデルを作成し、これを基に、仙台、福島及び盛岡の各家庭裁判所において、Q＆Aを作成し、被災地方公共団体に提供するとともに、各家庭裁判所のウェブサイトで公表しました。

　　当該Q＆Aは、復興事業における具体的な活用事例を示すとともに、各家庭裁判所の運用の実情を踏まえて作成されたもので、申立ての手続、申立てのための費用、手続に要する期間等を示したものです。

　　また、仙台、福島及び盛岡の各家庭裁判所では、申立てのしやすい環境づくりをするため、管内の地方公共団体に対し、相談窓口を周知する文書を送付するとともに、沿岸部の地方公共団体を中心に個別に訪問し、説明を行いました。

> 【参考】震災復興事業における財産管理制度の利用に関するQ＆A
> （裁判所ウェブサイトの東日本大震災関連情報のページ
> （http://www.courts.go.jp/sinsai/index.html）に、仙台、福島、盛岡の各家庭裁判所が公表したQ＆Aへのリンクが掲載されている。）

（2）財産管理人の候補者の確保

　　被災地においては、財産管理制度の利用の増加が予想されたことから、そのような場合であっても、財産管理人の候補者が不足し、その選任に支障が生じないように、あらかじめ、その担い手となる財産管理人の候補者を十分に確保しておくことが課題となりました。

　　そこで、法務省から日本弁護士連合会及び日本司法書士会連合会に対して財産管

理人の候補者の確保等を依頼し、その結果、宮城県、岩手県及び福島県の3県で600名（弁護士393人、司法書士207人（平成30年12月末現在））の財産管理人の候補者が確保されました。この取組により、地方公共団体が財産管理人候補者を確保できない場合であっても、家庭裁判所は、仙台弁護士会・岩手弁護士会・福島県弁護士会及び宮城県司法書士会・岩手県司法書士会・福島県司法書士会がそれぞれ確保した財産管理人候補者の中から適切な者を迅速に財産管理人に選任することが容易になり、地方公共団体が財産管理人の候補者を探す手間が不要となりました。

（3）財産管理人選任申立てにおける申立地や提出書類の柔軟な対応

（a）申立地の柔軟な対応

　財産管理人の選任手続は、原則として、利害関係人等が、不在者の従来の住所地等や相続開始地（被相続人の住所地）を管轄する家庭裁判所に申立てを行うことにより開始されますが、不在者等が多数に及ぶ場合においては、各地の家庭裁判所に申立てを行うことになり、事業者にとって大変な負担となります。

　このため、震災復興事案における自治体からの申立てについては、不在者の従来の住所地等ではなく、不動産の所在地の家庭裁判所での申立てについても柔軟に対応されています。

（b）提出書類の柔軟な対応

　通常であれば、不在者及び被相続人が所有していた全ての財産について記載した財産目録の提出が求められますが、このような財産目録の作成には多大な労力と時間とを要します。

　このため、震災復興事案における自治体からの申立てについては、復興事業に必要となる不動産のみが記載された財産目録の提出にも柔軟に対応されています。

　（a）（b）の取組は、必要に応じて家庭裁判所の判断により実施されるものであり、平時においても個別の事案について、家庭裁判所に事前に相談することにより対応が可能となる場合もあります。

（4）財産管理人の選任手続や権限外行為（土地の売買等）の許可手続の期間短縮

　財産管理制度について、被災地方公共団体からは、手続全体で半年以上かかるとの懸念が示されていましたが、裁判所の取組により、必要な書類がそろっている場合には、通常1か月程度かかる財産管理人の選任手続が1～2週間程度に短縮され、通常3週間程度かかる権限外行為の許可手続が1週間程度に短縮されたことにより、手続全体で最短3週間程度でも手続が可能となりました。

5-3　土地収用制度の活用

　東日本大震災に際しては、土地収用制度についても手続の迅速化と起業者の負担軽減が課題となっていたことから、以下のとおり、東日本大震災復興特別区域法において、土地収用手続の特例制度が創設されたほか、各種の運用改善が行われました。

（a）　測量の完了を待たずに設計を並行して実施することを推進した。
（b）　土地収用法の説明会と用地説明会等を兼ねることで、説明会の開催方法を効率化した。
（c）　早期の収用手続への移行を促し、任意買収と並行して収用手続を進めることを推進した。
（d）　通常 3 か月程度かかる事業認定手続を 2 か月に迅速化した。また、復興整備事業については、2 か月以内に行う努力義務を課した。
（e）　補償コンサルタントへの外注を推進するとともに、「不明裁決申請に係る権利者調査のガイドライン」（平成26年 5 月国土交通省総合政策局総務課長通知）を作成・周知することにより、裁決申請に当たっての適切かつ合理的な権利者調査の方法を明示した。
（f）　緊急使用の活用を促進するとともに、復興整備事業に係る緊急使用の期間を 6 ヶ月から 1 年に延長し、「東日本大震災からの復興を円滑かつ迅速に推進することが困難な場合」を要件に明記した。
（g）　収用裁決手続の迅速化を図るとともに、所有者の所在の把握が難しい場合の不明裁決の活用を推進した。また、復興整備事業については、裁決申請時の土地調書等の添付を不要にするとともに、収用裁決について 6 ヶ月以内に行う努力義務を課した。

　東日本大震災復興特別区域法において創設された上記(d)(f)(g)の特例制度は、大規模災害からの復興に関する法律においても同様の規定が置かれたことから、大規模災害時の特例制度としても一般化されています。これにより、著しく異常かつ激甚な非常災害であって同法第10条第 1 項等の要件に該当する地域については、上記(d)(f)(g)の措置が適用されることになります。

（参考　被災地におけるその他の取組み）

【用地加速化支援隊の取組】

　第5章で紹介したように、各種の加速化措置が講じられたところであるが、市町村が直面している取得困難事例は個別性が強く、その解決には実地でのノウハウの提供を始めとする更に踏み込んだ支援が必要であったことから、加速化措置が市町村の現場で円滑に活用されるよう、関係省庁（復興庁（本庁・復興局）、法務局、地方整備局）からなる「用地加速化支援隊」が創設され、関係機関と連携して、個別事案に応じたきめ細かな支援が実施されてきている（23市町に187回訪問（平成30年12月末現在））。

（支援の実例）

　市町村が事業主体である防災集団移転促進事業の実施に当たって、取得予定地の登記記録の表題部の所有者欄が「○○外○名」のみであり、所有権保存登記がされておらず、閉鎖登記記録、旧土地台帳等にも追加情報のない土地が存在。法務局との協議を重ねたところ、任意での取得は不可能と判断し、土地収用制度（不明裁決）の活用を選択。しかしながら、専門知識を要する土地収用制度の活用は、収用事務に従事したことのない市町村職員のみでは困難であったことから、国の用地加速化支援隊による実務支援を開始。具体的には、都市計画決定及び都市計画事業の認可に向けた手続き支援や収用裁決申請書の作成等の支援を実施。結果、支援開始から5か月で都市計画事業の認可を受け、県収用委員会への収用裁決申請を達成し、収用裁決申請から4か月で、裁決を実現（実務支援開始から裁決までの訪問回数17回）。

第6章　所有者の探索や制度活用に係る費用と相談窓口等について

　この章では、第1章から第5章で紹介した所有者の探索や制度活用に当たり参考となる
　・専門家に依頼できる業務内容（6-1）
　・所有者の探索や制度活用等に必要な費用（6-2）
　・所有者の探索等に活用できる補助制度（6-3）
　・専門家に相談する際の相談窓口（6-4）
について紹介します。

　なお、専門家へ業務委託する際の詳細な手続、必要となる書類等、及び報酬金額等は、実際の事業内容や状況により大きく変動するため、詳細については実際の業務に応じて事前に依頼する専門家等へ確認する必要があります。

6-1　専門家に依頼できる業務内容について

　第1章から第5章で紹介した所有者の探索や制度活用に当たっては、各種の専門家の協力を得ながら業務を進めることで、効率的に事業を進捗させることが可能となります。以下に示す各士業等については、受託できる業務に重複もあり、場合によってはいずれの専門家に相談するべきか、判断しづらいことがあります。

　このため、以下では、それぞれの士業等に依頼できる主な業務について紹介します。

（1）弁護士
　・財産管理制度全般について、法律相談・代理手続
　・不在者財産管理人・相続財産管理人としての業務
　・用地権利者間の遺産分割協議・調停・審判、共有物分割請求訴訟に関する法律相談・代理手続
　・土地の境界確定訴訟に関する業務（筆界特定制度の申請代理業務）
　・上記業務に伴う、所有権登記名義人等やその相続人の探索や所在の確認
　・その他、法律問題全般に関する相談・代理手続
　　弁護士は、土地の活用を検討している関係機関や当事者の依頼により、どのような法的手続を行うことで土地の活用を実現することができるのか、全体を見通した法的助言を行うことができます。

（2）司法書士
　・相続、寄附、交換、売買、時効などを原因とする登記その他権利に関する登記手続の代理及び相談業務
　・後見開始審判申立書等の作成及び相談業務並びに成年後見人等としての業務
　・財産管理処分等に関する業務及び財産管理人等の選任申立書等の作成並びに相談業務
　・不在者財産管理人・相続財産管理人としての業務
　・遺産分割調停申立書、相続放棄申述書等の作成及び相談業務
　・上記業務に伴う、所有権登記名義人等やその相続人の探索や所在の確認
　・その他、司法書士（公共嘱託登記司法書士協会を含む。）は、土地の買収等を検討している官公庁等の依頼により、所有者等の特定、権利関係等の確認から、成年後見制度、財産管理制度の利用、登記手続の助言、代理等を通じて、公共事業の円滑な実施に寄与することができます。

（3）土地家屋調査士
　・表示に関する登記申請手続の代理及び相談業務（土地の表題部所有者の更正登記、

　　　土地の分筆登記、地積更正登記等）
　・土地の境界に関する業務（土地の筆界を明らかにする業務。それらの業務について の調査・測量、筆界特定の手続について代理、書類の作成及び相談業務）
　・鑑定人その他これらに類する地位に就き、土地の筆界に関する鑑定を行う業務
　・土地の筆界の資料及び境界標を管理する業務
　・上記業務に伴う土地所有者、隣接土地所有者及びその相続人の探索

（4）行政書士
　・権利義務・事実証明に関する書類の作成及び相談業務
　　例）現在の所有関係等を分かりやすく把握するための親族・相続関係図の作成、 遺産分割協議書の作成による所有関係の整理
　・官公署に提出する書類の作成・相談及び提出手続代理業務
　　例）認可地縁団体の認可申請手続、国土利用計画法・農地法・森林法等に基づく 申請手続
　・上記業務に伴う、所有権登記名義人等やその相続人の探索や所在の確認
　　なお、許認可等に関する審査請求、再審請求等行政庁に対する不服申立ての手 続について代理し、及びその手続について官公署に提出する書類を作成すること ができます（特定行政書士）。

（5）税理士
　・国税及び地方税全般に関する税務代理
　　例）税務官公署に対する租税に関する法令等に基づく申告・申請・請求若しくは 不服申立てにつき、代理・代行する。
　　例）税務官公署の調査に関し税務官公署に対してする主張・陳述につき、代理・ 代行する。
　　例）税務官公署の処分に関し税務官公署に対してする主張・陳述につき、代理・ 代行する。
　・国税及び地方税全般に関する申告書、申請書、不服申立書等の作成
　・国税及び地方税全般に関する相談業務
　　例）相続税を算定するにあたっての財産評価や相続税の特例措置（軽減措置）な どの相談
　　例）不動産を譲渡するにあたっての特例措置（軽減措置）などの相談

（6）不動産鑑定士
　・不動産の鑑定評価業務
　　例）地域福利増進事業の補償金算定のための鑑定評価、管理財産の処分時の価格 に関する鑑定評価、相続財産に関する鑑定評価、訴訟時における権利調整のた めの鑑定評価、社会資本整備時の補償金算定のための鑑定評価、農地・林地の 鑑定評価　等

・不動産の利用・取引・投資に関するコンサルティング
　例）地域福利増進事業の補償金算定支援コンサルティング、地域福利増進事業の
　　　土地賃借事例に関するコンサルティング、所有者不明土地の有効活用に関する
　　　コンサルティング、開発事業内に存する所有者不明地の取扱に関するコンサル
　　　ティング　等
・不動産の特性分析に基づく需要動向のコンサルティング
・不動産の維持管理計画の策定
・土地等の不動産の履歴調査
・その他不動産全般に係る相談・助言業務
　例）所有者の探索の支援から鑑定評価まで一貫した相談・助言業務　等

（7）補償コンサルタント
　・公共事業に必要な土地等の取得等に関連する業務

> ○司法書士と自治体との連携事例：
> ・ダム建設事業に伴う移転者を対象とした、不動産の相続、売買等に関する相談
> 　を実施するため、ダム建設事業主体と業務委託契約を締結した。（福井県司法
> 　書士会）
> ・新産業団地の用地取得にあたり、計画区域内に所有者不明土地が存在したこと
> 　から、当該土地の所有者にかかる不在者財産管理人選任の申立書の作成を内容
> 　とする業務委任契約を司法書士と締結した。また、申立において、当該市は当
> 　該司法書士を財産管理人として選任することを希望する上申を提出し、家庭裁
> 　判所により当該司法書士が財産管理人に選任された。（石川県司法書士会）

> ○土地家屋調査士と自治体との連携事例
> ・公共事業に伴う用地取得に当たり、登記簿上の表題部所有者の氏名、住所等が
> 　変則的に記録され、真の所有者の特定が困難な土地について、行政が保管する
> 　文書及び地元での資料調査、自治体職員との連携による聞き取り調査を行い所
> 　有者の特定を行った。
> ・防災の観点から、狭隘道路の解消を行うに当たり、自治体との連携により不明
> 　道路所有者の特定を行った。

○**行政書士と自治体との連携事例：**
・農業委員会の所掌する業務のうち、所有者の所在の把握が難しい農地の権利調査及び相続関係図の作成を内容とする業務委任契約を締結した。（福岡県行政書士会・宮崎県行政書士会）
・保有林造成に係る地上権契約の再延長を目的とした所有者調査を内容とする業務委託契約を締結した。（新潟県行政書士会）
・道路内民地について、当該道路を管理する行政庁への所有権移転を行うことを目的として、当該土地についての権利調査、相続関係図の作成及び土地贈与申出書の作成等を内容とする業務委託契約を締結した。（静岡県行政書士会）
・集落の入会地を登記するため、土地の所有権登記を目的とする認可地縁団体設立の申請を行政書士が行い、設立後は司法書士に依頼して同団体を所有権者とする登記申請を行った。（島根県行政書士会）
・町で縁故所有地の処分を進めており、a.地縁団体を設立し、集落名義にする、b.町に返還する、c.今のまま町名義の縁故所有地として利用する、のうちいずれかを選択することとなった。この際、行政書士は書類作成及び、設立総会の運営、認可地縁団体の設立等を行った。（兵庫県行政書士会）

○**不動産鑑定士と自治体との連携事例**
・地域福利増進事業に係る補償金算定のため、補償金算定のための不動産鑑定評価業務と同時に、事業者と補償金算定に関するコンサルティング業務委託契約を締結した（※）。
（※）公益社団法人日本不動産鑑定士協会連合会では、地域福利増進事業を実施する際に不動産鑑定士が行う業務の内容に関し、「所有者不明土地の利活用のための地域福利増進事業に係る鑑定評価等に関する実務指針」を作成して公表しております。

国土交通省では、平成28年度に以下のモデル事業を実施しました。

○弁護士・司法書士・土地家屋調査士と自治体との連携事例：
　・市道整備事業に伴う用地取得にあたり、計画区域内に所有者不明土地が存在したことから、財産管理制度をはじめ各種関係制度の活用について、弁護士（市の担当弁護士）・司法書士（合同対策会議の設置）・土地家屋調査士（個別契約）に相談等行った。

＜専門家との連携の流れ＞

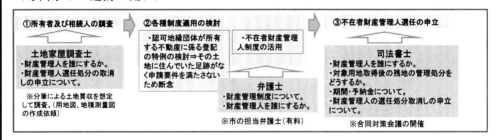

○司法書士会と自治体合同での対策会議の開催：
　・土地区画整理事業の計画区域内に複数の所有者不明土地が存在したことから、所有者探索を行うにあたり司法書士から各種の助言を得ることを目的として、自治体担当者及び司法書士をメンバーとする対策会議を設置した。（神奈川県司法書士会）
　・地籍調査の対象区域に所有者の相続人がいない土地があったことから、財産管理制度を活用することにより筆界未定を回避できないか検討するため、自治体担当者及び司法書士をメンバーとする対策会議を設置した。（東京司法書士会）

6-2　費用について

所有者の探索や制度活用等に必要な費用について、以下のとおり紹介します。

（1）登記情報や戸籍等の取得に係る費用
（a）登記記録

法務局（登記所）からの登記事項証明書の交付や、法務大臣が指定する法人が行う登記情報提供サービスの利用には、以下の手数料が必要となります。登記事項証明書の交付を郵送で受ける場合は、手数料のほか送料が必要です（表6-1）。

表6-1：登記記録に記録された内容の確認方法と手数料等

方法	手数料	送料	備考
法務局（登記所）へ申請	証明書1通当たり600円（1通の枚数が50枚を超える場合には、以降50枚ごとに100円加算）	郵送で受け取る場合に負担（実費）	
オンライン（インターネット）申請	【窓口で受け取る場合】1通当たり480円（1通の枚数が50枚を超える場合には、以降50枚ごとに100円加算）		
	【郵送で受け取る場合】1通当たり500円（1通の枚数が50枚を超える場合には、以降50枚ごとに100円加算）	送料は左記手数料に含まれる	
登記情報提供サービスでの確認	【初期登録費用】個人300円 法人利用740円 国及び地方公共団体等560円 【利用手数料】登記の全部事項一件につき334円		法的証明力はない

（b）住民票の写し等

住民基本台帳を管理する市区町村において、住民票の写し等の交付を受けることになりますが、その手数料は自治体によって異なります。

住民票の写し等の交付手数料は、一通につき数百円と定めている自治体が多く、郵送により交付申請をする場合には、送料の実費に加えて、手数料納付のために購入する定額小為替の手数料又は現金書留などの料金が必要です。

（c）戸籍の附票の写し

　　戸籍が置かれている市区町村（本籍地市区町村）から戸籍の附票の写しの交付を受けることになりますが、その交付手数料は自治体によって異なります。

　　戸籍の附票の写しは1通300円程度が標準的です。また、郵送により交付申請をする場合には、送料の実費に加えて、手数料納付のため購入する定額小為替の手数料又は現金書留などの料金が必要です。

（d）戸籍謄本等

　　戸籍謄本等の交付手数料については、「地方公共団体の手数料の標準に関する政令」により、1通450円、除籍謄本は1通750円、改製原戸籍謄本は1通750円と標準が定められていますが、その手数料は自治体によって定められていますので、確認が必要です。

　　また、郵送により交付申請をする場合には、送料の実費に加えて、手数料納付のため購入する定額小為替の手数料又は現金書留などの料金が必要です。

（2）財産管理制度の活用に係る費用

　　用地取得等を行うべく不在者財産管理制度[48]や相続財産管理制度[49]を活用する場合、家庭裁判所への申立てにより財産管理人の選任を受けて、その財産管理人との間で必要な契約等を行うことになります。一連の手続については、弁護士・司法書士等の法律専門家の助言を受けるか、法律専門家に依頼（依頼できる業務の範囲は、法律専門職ごとに異なります。）して実施することが一般的です。ここではその際に要する費用についてまとめました。

（a）財産管理制度における財産管理人選任の申立手数料

　　家庭裁判所への不在者財産管理人選任又は相続財産管理人選任の申立ての費用は収入印紙（一件あたり800円）、連絡用の郵便切手（必要額は申立てを行う家庭裁判所へ確認）に係る費用が必要です。

（b）財産管理制度の官報公告料（相続財産管理制度の場合のみ）

　　相続財産管理制度においては、「相続人がいない」ことの確認のため、相続財産管理人選任の公告、相続債権者・受遺者に対する請求申出の公告及び相続人捜索の公告を行います。

　　相続財産管理人選任の公告及び相続人捜索の公告は、家庭裁判所が行うこととなっており，官報公告料としてそれぞれ4,230円を予納金として納付する必要が

48　第2章2-1参照
49　第2章2-2参照

あります。

　相続債権者・受遺者に対する請求申出の公告は、相続財産管理人が官報販売所に依頼する必要があります。官報公告料は1件あたり3,589円で、実務では、13行から15行くらいで掲載されることが多く見られるようです。

(c) 財産管理制度の予納金（財産管理人報酬）

　財産管理人の報酬を含む管理費用は管理財産を処分した中から支払われますが、管理する財産が少なく報酬を含む管理費用を捻出できないと見込まれるときには、申立人は報酬を含む管理費用の相当額を予納金としてあらかじめ家庭裁判所に納めることが求められます。予納金の金額については申立てを行った家庭裁判所の指示に従って納めることとなります。

　管理する財産により金額は異なりますが、家庭裁判所や財産管理人候補者との調整により予納金が不要となった事例や、用地買収の対象となる財産の価値が低くても、不在者が持つ他の財産により予納金が不要となった事例があります。

(d) 財産管理制度における権限外行為許可申立ての申立手数料

　土地の活用を進めるため所有権の移転などをする場合は、家庭裁判所へ権限外行為許可申立てを行い、許可の審判を受ける必要があります。そのための申立手数料としての収入印紙（一件あたり800円）、連絡用の郵便切手（必要額は申立てを行う家庭裁判所へ確認）に係る費用が必要です。

（3）専門家に業務委託する際の報酬（参考金額）

(a) 弁護士

　所有者不明の土地に関して、まずは個々の弁護士事務所又は各地の弁護士会等で実施している法律相談で相談することが可能です。法律相談は時間当たりの定額で設定されることが多いですが、各弁護士・弁護士会により設定が異なることから、事前にご確認ください。

　なお、業務委託をする際の弁護士費用の金額は、主に「弁護士報酬（着手金・報酬金方式、時間制報酬方式等による）」のほか「実費」等がかかりますが、弁護士会が定める一般的な報酬基準はなく、個々の弁護士が設定する報酬基準に従って、事案ごとに弁護士が依頼者との契約によって定めることになっています。

　弁護士費用は、事件の種類、手数の多寡、事案の複雑さ等によって異なるため、詳しくは依頼する弁護士に事前に御確認ください。

(b) 司法書士

　司法書士報酬の金額は、業務ごとに依頼者との契約によって決定されており、具体的な基準はありませんが、日本司法書士会連合会では、司法書士に業務を依

頼する場合の参考に資するため、全国の司法書士に対してアンケートを実施し、その結果を公表しています（2018年（平成30年）1月実施）。

　このアンケートは、司法書士が受任する頻度の高い一般的な依頼内容を想定しているため、所有者探索において特別な調査が必要となった場合や、当該事業での所有権移転登記の前提となる登記がされていない場合などは、それぞれの状況に応じて基本的な報酬が加算されるほか、取引立会いの報酬、日当、交通費等が発生することもあります。ここで掲載する報酬金額等はあくまでも参考にとどめ、実際の業務における報酬等の詳細については、事前に依頼する司法書士等に確認してください。また、ここで示した金額には登録免許税等のほか、所有者探索のため申請する登記事項証明書等の交付手数料は含みません。

所有権移転登記－1　売買

　売買を原因とする土地1筆及び建物1棟（固定資産評価額の合計1000万円）の所有権移転登記手続の代理業務を受任し、登記原因証明情報（売買契約書等）の作成及び登記申請の代理をした場合。

〔有効回答数：1091〕

	低額者10%の平均	全体の平均値	高額者10%の平均
北海道地区	22,320円	42,999円	70,527円
東北地区	27,901円	42,585円	77,483円
関東地区	31,105円	51,909円	83,795円
中部地区	32,131円	51,065円	89,414円
近畿地区	36,042円	64,090円	114,279円
中国地区	28,897円	48,035円	79,344円
四国地区	30,380円	51,369円	77,528円
九州地区	27,672円	45,729円	74,880円

所有権移転登記—2　相続

　相続を原因とする土地1筆及び建物1棟（固定資産評価額の合計1000万円）の所有権移転登記手続の代理業務を受任し、戸籍謄本等5通の交付請求、登記原因証明情報（遺産分割協議書及び相続関係説明図）の作成及び登記申請の代理をした場合。

※法定相続人は3名で、うち1名が単独相続した場合

〔有効回答数：1098〕

	低額者10%の平均	全体の平均値	高額者10%の平均
北海道地区	28,320円	60,983円	97,843円
東北地区	35,457円	60,667円	99,733円
関東地区	39,212円	65,800円	103,350円
中部地区	37,949円	63,470円	116,580円
近畿地区	45,842円	78,326円	118,734円
中国地区	37,037円	65,670円	111,096円
四国地区	40,683円	65,578円	99,947円
九州地区	38,021円	62,281円	96,892円

所有権移転登記—3　名義人住所変更登記

　土地1筆及び建物1棟に登記されている所有者の住所変更登記手続の代理業務を受任し、住民票の写し1通の交付請求及び登記申請の代理をした場合。

〔有効回答数：1088〕

	低額者10%の平均	全体の平均値	高額者10%の平均
北海道地区	7,000円	12,271円	23,414円
東北地区	7,158円	10,836円	16,162円
関東地区	8,083円	12,123円	19,069円
中部地区	8,660円	12,933円	29,882円
近畿地区	7,809円	13,196円	21,353円
中国地区	7,487円	11,816円	17,720円
四国地区	7,517円	11,232円	16,773円
九州地区	7,630円	11,233円	16,752円

【以上の表の地区は次の通り区分されています】	
北海道地区	北海道
東北地区	宮城県、福島県、山形県、岩手県、秋田県、青森県
関東地区	東京都、群馬県、神奈川県、埼玉県、千葉県、茨城県、栃木県　静岡県、山梨県、長野県、新潟県
中部地区	愛知県、三重県、岐阜県、福井県、石川県、富山県
近畿地区	大阪府、京都府、兵庫県、奈良県、滋賀県、和歌山県
中国地区	広島県、山口県、岡山県、鳥取県、島根県
四国地区	香川県、徳島県、高知県、愛媛県
九州地区	福岡県、宮崎県、佐賀県、長崎県、大分県、熊本県、鹿児島県、沖縄県

(c)　土地家屋調査士

　　土地家屋調査士報酬額は、業務ごとに各土地家屋調査士と依頼者との契約によって決定されており、具体的な基準はありませんが、日本土地家屋調査士会連合会では、土地家屋調査士に業務を依頼する場合の参考に資するため、全国の土地家屋調査士に対してアンケートを実施し、その結果を公表しています（2016年（平成28年）実施）。

　　このアンケートは、土地家屋調査士が受任する頻度の高い一般的な依頼内容を想定しているため、所有者探索において特別な調査が必要となった場合などは、それぞれの状況に応じて基本的な報酬が加算されることがあります。ここで掲載する報酬金額等はあくまでも参考にとどめ、実際の業務における報酬等の詳細については、事前に依頼する土地家屋調査士等に確認してください。また、ここで示した金額には登録免許税等のほか、登記事項証明書等の交付手数料は含みません。

　　なお、業務委託が前提での相談は無料であることが一般的です。その他の相談であって、業務委託に至る前の相談については、時間当たりの定額で設定されることが多いですが、各土地家屋調査士により設定されることとなっていることから、事前にご確認ください。

土地地目変更登記

	低額者10%の平均	全体の平均値	高額者10%の平均
全　　国	28,445円	44,244円	63,765円
北海道地区	24,041円	39,728円	54,943円
東北地区	29,024円	42,797円	60,329円
関東地区	29,400円	45,482円	64,862円
中部地区	28,935円	43,273円	61,575円
近畿地区	27,229円	44,870円	69,247円
中国地区	28,098円	41,730円	57,343円
四国地区	28,075円	42,633円	59,888円
九州地区	29,143円	43,807円	61,451円

土地分筆登記（提出済み地積測量図がある場合）

	低額者10%の平均	全体の平均値	高額者10%の平均
全　　国	106,982円	240,232円	393,163円
北海道地区	90,420円	228,020円	400,945円
東北地区	118,520円	242,604円	364,264円
関東地区	117,920円	252,422円	403,613円
中部地区	94,911円	228,216円	372,404円
近畿地区	87,093円	210,126円	382,486円
中国地区	126,410円	251,226円	404,101円
四国地区	102,602円	226,325円	383,823円
九州地区	126,477円	238,922円	399,919円

土地分筆登記（測量資料等がない場合）

	低額者10%の平均	全体の平均値	高額者10%の平均
全 国	232,657円	480,988円	809,050円
北海道地区	183,399円	409,455円	683,251円
東北地区	233,985円	425,794円	671,997円
関東地区	228,886円	508,214円	858,015円
中部地区	248,787円	434,011円	639,032円
近畿地区	252,903円	572,154円	891,813円
中国地区	244,825円	415,283円	628,277円
四国地区	226,790円	461,110円	707,912円
九州地区	235,253円	433,848円	704,990円

土地分筆登記（地積更正登記を伴う場合）

	低額者10%の平均	全体の平均値	高額者10%の平均
全 国	305,704円	727,472円	1,230,288円
北海道地区	189,648円	631,172円	1,050,536円
東北地区	311,037円	684,692円	1,144,857円
関東地区	303,799円	769,770円	1,287,666円
中部地区	318,366円	633,957円	988,667円
近畿地区	370,338円	811,890円	1,290,476円
中国地区	316,930円	642,052円	1,001,231円
四国地区	328,227円	680,267円	1,083,748円
九州地区	300,808円	686,503円	1,198,886円

【以上の表の地区は次の通り区分されています】

北海道地区	北海道
東北地区	宮城県、福島県、山形県、岩手県、秋田県、青森県
関東地区	東京都、群馬県、神奈川県、埼玉県、千葉県、茨城県、栃木県　静岡県、山梨県、長野県、新潟県
中部地区	愛知県、三重県、岐阜県、福井県、石川県、富山県
近畿地区	大阪府、京都府、兵庫県、奈良県、滋賀県、和歌山県
中国地区	広島県、山口県、岡山県、鳥取県、島根県
四国地区	香川県、徳島県、高知県、愛媛県
九州地区	福岡県、宮崎県、佐賀県、長崎県、大分県、熊本県、鹿児島県、沖縄県

（d）行政書士

　　行政書士報酬額は、業務ごとに各行政書士と依頼者との契約によって決定され
ており、具体的な基準はありませんが、日本行政書士会連合会では、行政書士に
業務を依頼する場合の参考に資するため、全国の行政書士に対してアンケートを
実施し、その結果を公表しています（2015年（平成27年）実施）。

　　このアンケートは、行政書士が受任する頻度の高い一般的な依頼内容を想定し
ているため、所有者探索において特別な調査が必要となった場合などは、それぞ
れの状況に応じて基本的な報酬が加算されることがあります。ここで掲載する報
酬金額等はあくまでも参考にとどめ、実際の業務における報酬等の詳細について
は、事前に依頼する行政書士等に確認してください。

相続人及び相続財産の調査

回答者	2万円未満	2万円〜4万円未満	4万円〜6万円未満	6万円〜8万円未満	8万円〜10万円未満	10万円〜20万円未満	20万円〜30万円未満	30万円以上	平均	最小値	最大値	最頻値
366	55	110	105	13	9	57	11	6	59,230	3,000	615,600	50,000
100.0%	15.0%	30.1%	28.7%	3.6%	2.5%	15.6%	3.0%	1.6%				52件

遺産分割協議書の作成

回答者	2万円未満	2万円〜4万円未満	4万円〜6万円未満	6万円〜8万円未満	8万円〜10万円未満	10万円〜20万円未満	20万円〜30万円未満	30万円以上	平均	最小値	最大値	最頻値
596	94	166	162	44	23	77	21	9	59,807	3,000	810,000	50,000
100.0%	15.8%	27.9%	27.2%	7.4%	3.9%	12.9%	3.5%	1.5%				69件

遺言書の起案及び作成指導

回答者	2万円未満	2万円〜4万円未満	4万円〜6万円未満	6万円〜8万円未満	8万円〜10万円未満	10万円〜20万円未満	20万円〜30万円未満	30万円以上	平均	最小値	最大値	最頻値
352	36	101	107	25	19	56	6	2	57,726	2,000	500,000	50,000
100.0%	10.2%	28.7%	30.4%	7.1%	5.4%	15.9%	1.7%	0.6%				49件

地縁団体認可申請

回答者	2万円未満	2万円〜4万円未満	4万円〜6万円未満	6万円〜8万円未満	8万円〜10万円未満	10万円以上	平均	最小値	最大値	最頻値
15	0	3	6	2	0	4	73,000	30,000	200,000	50,000
100.0%	0%	20.0%	40.0%	13.3%	0%	26.7%				3件

自治会、町内会等の法人化手続

回答者	5 万円未満	5 万円〜7.5 万円未満	7.5 万円〜10 万円未満	10 万円〜12.5 万円未満	12.5 万円〜15 万円未満	15 万円〜20 万円未満	20 万円以上	平均	最小値	最大値	最頻値
10	2	3	0	1	0	3	1	107,000	30,000	250,000	30,000
100.0%	20.0%	30.0%	0%	10.0%	0%	30.0%	10.0%				2 件

（e）税理士

　税務相談等の税理士業務に係る報酬額は、税理士会等が定める一般的な報酬基準はありません。個々の税理士が、自己の専門的能力、経験実績などを勘案して、独自に報酬基準を定めています。事案ごとに税理士が依頼者との契約によって定めることになっていますので、事前にご確認ください。

（f）不動産鑑定士

　不動産の鑑定評価及びコンサルティング等に係る報酬の金額は、業務ごとに対象不動産の類型・規模、コンサルティングの業務内容等により依頼者との契約によって決定されます。詳細は不動産鑑定士又は後記の相談窓口までご相談下さい。

（4）所有権移転登記等の登録免許税について

　所有権移転登記などには登録免許税が課税されます。税額は原則として、課税標準に登記の種類ごとに定められた税率を乗じて計算され、相続を原因とする所有権移転登記の場合、課税標準は現在固定資産税評価額を基礎とするとされ、税率は1000分の4となります。

　固定資産税評価額は固定資産評価基準により、地目（宅地、農地（田・畑）、鉱泉地、池沼、山林、原野及び雑種地）別に正常売買価格を基礎として定められた1㎡あたりの評価額に登記を行う1筆の地積（㎡）を乗じた金額です。なお、課税標準の1000円未満の端数は切り捨て、課税標準が1,000円未満の場合は1,000円として計算され、その計算された金額に100円未満の端数がある時はそれを切り捨てた金額、計算された金額が1,000円未満の場合は1,000円が登録免許税額となります。

　例1）　1ha（10,000㎡）の農地（地目は一般田）を相続する場合
　　　　※一般田の固定資産税評価額は1㎡あたり100.53円[50]
　　　課税標準：100.53（円／㎡）×10,000（㎡）＝1,005,000円
　　　　　※課税標準の1,000円未満の端数は切り捨て

50　平成30年度固定資産の価格等の概要調書による。

登録免許税額：1,005,000円×(4／1000)＝4,000円
※税額の100円未満の端数は切り捨て

例2）1 ha（10,000㎡）の山林（地目は一般山林）を相続する場合
※固定資産税評価額は1 m²あたり13.54円[51]
課税標準：13.54×10,000（㎡）＝135,000円
登録免許税額：135,000円×(4／1000)＝540円
　この場合には、計算された金額が1,000円未満のため、登録免許税額として1,000円が課されます。

なお、平成30年度税制改正により、次の登録免許税の免税措置が設けられました。
① 個人が相続（相続人に対する遺贈も含みます。）により土地の所有権を取得した場合において、当該個人が当該相続による当該土地の所有権移転登記を受ける前に死亡したときは、平成30年4月1日から令和3年3月31日までの間に当該個人を当該土地の所有権の登記名義人とするために受ける登記については、登録免許税を課さないこととされました。
② 土地について相続（相続人に対する遺贈も含みます。）による所有権移転登記を受ける場合において、当該土地が市街化区域外の土地であって、市町村の行政目的のため相続による土地の所有権移転登記の促進を特に図る必要があるものとして、法務大臣が指定する土地のうち、不動産の価額が10万円以下の土地であるときは、平成30年11月15日から令和3年3月31日までの間に受ける当該土地の相続による所有権移転登記については、登録免許税を課さないこととされました。

51　平成30年度固定資産の価格等の概要調書による。

6-3　補助制度について

　所有者の探索等に活用できる補助制度について、以下のとおり紹介します。

（1）社会資本整備総合交付金

　　地方公共団体等が行う社会資本整備（社会資本整備総合交付金交付要綱第 6 の一に掲げられる各事業をいう。）その他の取組を支援するものとして、社会資本整備総合交付金制度があります。

　　当該交付金制度の交付対象事業は多岐にわたり、また、交付金の使途は事業ごとに異なりますが、社会資本整備の実施に先立つ用地取得等の際に、司法書士や補償コンサルタント等に依頼して、土地所有者の調査等を行う場合の司法書士等への報酬に充てることが可能となる場合があります。

　　詳細な取扱いについては、個別事業ごとに、国土交通省地方整備局や関連の事業部局に確認してください。

（2）機構集積支援事業

　　農業委員会等が所有者不明農地の権利関係調査等を行う場合、その経費等について、交付金により支援しています。

（3）土地改良関係の助成

　　国の補助を受けて行う土地改良事業の計画の策定等に当たり、土地の権利関係の調査等に対し助成が受けられます。

（主な補助事業等）
　　・農業競争力強化基盤整備事業
　　・農村地域防災減災事業
　　・農山漁村地域整備交付金

（4）森林整備地域活動支援対策（林業・木材産業成長産業化促進対策交付金）

　　森林整備地域活動支援対策事業は、森林所有者等が施業の集約化等に関する事項を含めた森林経営計画の作成や森林施業の実施に不可欠な境界の明確化等の地域活動を実施するために必要な経費について、定められた交付金の上限額の範囲内で交付を受けることができる制度です。

　　所有者の探索という点では、森林の所在する市町村長と協定を締結し、協定に基づく森林情報の収集活動、合意形成活動、不在村者を含む森林所有者情報の取得等の地域活動に必要となる、人件費、燃料費、資材費、通信運搬費などが、この交付金の対象となります。詳細については、林野庁の担当部局に確認してください。

6-4　相談窓口について

　専門家に相談する際の相談窓口について、以下のとおり紹介します。

（1）弁護士

　　各地の弁護士会では、各種法律相談に応じるための窓口を設置しています。

　　例えば、所有者の探索に当たっては、不動産登記記録上の所有権登記名義人等の調査をし、その所在が不明の場合には、不在者財産管理人選任の申立て等を行うことが必要になります。また、所有権登記名義人等が既に死亡し、その相続人のあることが明らかでない場合には、相続財産管理人選任の申立てをします。これらの法的手続きに関する相談をしたい場合や、財産管理人選任申立ての代理等を依頼する必要がある場合には，弁護士に相談することができます。

　　所有者不明土地を活用するに当たり、事案に応じた法的な問題点や手続の内容、財産管理人選任申立てや訴訟の依頼等について弁護士との相談が必要な場合には、最寄りの弁護士会に連絡し、相談窓口の連絡先を確認してください（表6-2）。

表6-2：弁護士会一覧（2016年1月22日現在）

弁護士会名	〒	住所	電話	ＦＡＸ
札幌弁護士会	060-0001	札幌市中央区北1条西10丁目 札幌弁護士会館7階	011-281-2428	011-281-4823
函館弁護士会	040-0031	函館市上新川町1-3	0138-41-0232	0138-41-3611
旭川弁護士会	070-0901	旭川市花咲町4	0166-51-9527	0166-46-8708
釧路弁護士会	085-0824	釧路市柏木町4-3	0154-41-0214	0154-41-0225
青森県弁護士会	030-0861	青森市長島1-3-1 日赤ビル5階	017-777-7285	017-722-3181
岩手弁護士会	020-0022	盛岡市大通1-2-1 サンビル2階	019-651-5095	019-623-5035
仙台弁護士会	980-0811	仙台市青葉区一番町2-9-18	022-223-1001	022-261-5945
秋田弁護士会	010-0951	秋田市山王6-2-7	018-862-3770	018-823-6804
山形県弁護士会	990-0042	山形市七日町2-7-10　NANA BEANS8階	023-622-2234	023-635-3685
福島県弁護士会	960-8115	福島市山下町4-24	024-534-2334	024-536-7613
茨城県弁護士会	310-0062	水戸市大町2-2-75	029-221-3501	029-227-7747
栃木県弁護士会	320-0845	宇都宮市明保野町1番6	028-689-9000	028-689-9018
群馬弁護士会	371-0026	前橋市大手町3-6-6	027-233-4804	027-234-7425
埼玉弁護士会	330-0063	さいたま市浦和区高砂4-7-20	048-863-5255	048-866-6544
千葉県弁護士会	260-0013	千葉市中央区中央4-13-9	043-227-8431	043-225-4860
東京弁護士会	100-0013	千代田区霞が関1-1-3 6階	03-3581-2201	03-3581-0865
第一東京弁護士会	100-0013	千代田区霞が関1-1-3 11階	03-3595-8585	03-3595-8577
第二東京弁護士会	100-0013	千代田区霞が関1-1-3 9階	03-3581-2255	03-3581-3338
神奈川県弁護士会	231-0021	横浜市中区日本大通9	045-211-7707	045-212-2888
新潟県弁護士会	951-8126	新潟市中央区学校町通1-1 新潟地方裁判所構内	025-222-5533	025-223-2269
富山県弁護士会	930-0076	富山市長柄町3-4-1	076-421-4811	076-421-4896
金沢弁護士会	920-0937	金沢市丸ノ内7-36	076-221-0242	076-222-0242
福井弁護士会	910-0004	福井市宝永4-3-1 サクラＮビル7階	0776-23-5255	0776-23-9330
山梨県弁護士会	400-0032	甲府市中央1-8-7	055-235-7202	055-235-7204
長野県弁護士会	380-0872	長野市妻科432	026-232-2104	026-232-3653
岐阜県弁護士会	500-8811	岐阜市端詰町22	058-265-0020	058-265-4100
静岡県弁護士会	420-0853	静岡市葵区追手町10-80 静岡地方裁判所構内	054-252-0008	054-252-7522
愛知県弁護士会	460-0001	名古屋市中区三の丸1-4-2	052-203-1651	052-204-1690
三重弁護士会	514-0032	津市中央3-23	059-228-2232	059-227-4675
滋賀弁護士会	520-0051	大津市梅林1-3-3	077-522-2013	077-522-2908
京都弁護士会	604-0971	京都市中京区富小路通丸太町下ル	075-231-2378	075-231-2373
大阪弁護士会	530-0047	大阪市北区西天満1-12-5	06-6364-0251	06-6364-0252
兵庫県弁護士会	650-0016	神戸市中央区橘通1-4-3	078-341-7061	078-351-6651
奈良弁護士会	630-8237	奈良市中筋町22番地の1	0742-22-2035	0742-23-8319
和歌山弁護士会	640-8144	和歌山市四番丁5	073-422-4580	073-436-5322
鳥取県弁護士会	680-0011	鳥取市東町2丁目221番地	0857-22-3912	0857-22-3920
島根県弁護士会	690-0886	松江市母衣町55-4 松江商工会議所ビル7階	0852-21-3225	0852-21-3398

弁護士会名	〒	住所	電話	FAX
岡山弁護士会	700-0807	岡山市北区南方 1-8-29	086-223-4401	086-223-6566
広島弁護士会	730-0012	広島市中区上八丁堀 2-73	082-228-0230	082-228-0418
山口県弁護士会	753-0045	山口市黄金町 2-15	083-922-0087	083-928-2220
徳島弁護士会	770-0855	徳島市新蔵町 1-31	088-652-5768	088-652-3730
香川県弁護士会	760-0033	高松市丸の内 2-22	087-822-3693	087-823-3878
愛媛弁護士会	790-0003	松山市 3 番町 4-8-8	089-941-6279	089-941-4110
高知弁護士会	780-0928	高知市越前町 1-5-7	088-872-0324	088-872-0838
福岡県弁護士会	810-0044	福岡市中央区六本松 4 丁目 2-5	092-741-6416	092-715-3207
佐賀県弁護士会	840-0833	佐賀市中の小路 7-19 佐賀県弁護士会館	0952-24-3411	0952-25-7608
長崎県弁護士会	850-0875	長崎市栄町 1-25 長崎 MS ビル 4 階	095-824-3903	095-824-3967
熊本県弁護士会	860-0078	熊本市中央区京町 1-13-11	096-325-0913	096-325-0914
大分県弁護士会	870-0047	大分市中島西 1-3-14	097-536-1458	097-538-0462
宮崎県弁護士会	880-0803	宮崎市旭 1-8-45	0985-22-2466	0985-22-2449
鹿児島県弁護士会	892-0815	鹿児島市易居町 2-3	099-226-3765	099-223-7315
沖縄弁護士会	900-0014	那覇市松尾 2-2-26-6	098-865-3737	098-865-3636

（2）司法書士

　　各地の司法書士会では、第6章6-1（2）に紹介されている業務につき、各種相談に応じるための相談窓口を設置しています（表6-3）。例えば、上記の業務内容や費用に関する相談や、所有者探索や各種制度に関する紹介のほか、死亡届が提出された際の、その他必要となる届出に関する相談など、一般の方のみならず、地方自治体や農業委員会、森林組合からの相談も受け付けています。また、市民の司法アクセスの機会をより充実させるために、全国各地の司法書士会に総合相談センターを設置しています。

　　（https://www.shiho-shoshi.or.jp/activity/consultation/center_list/）

　　ここでは司法書士会の連絡先を紹介します。なお、対応可能な相談内容や全国司法書士総合相談センターに関する最新情報は、事前に各司法書士会に確認してください。

　　なお、本ガイドラインに関する相談は無料で受け付けています。また、不定期ではありますが、年に数回無料相談会が開催される場合もありますので、司法書士会にお問い合わせください。

＜参考＞

これまでに法務局・司法書士会・土地家屋調査士会へ寄せられた質問事項の例：

・被相続人が外国人であって、相続人を特定できない場合、どのように対処すればよいか。

・地番の存在しない位置（無番地）にある建物及び土地の所有権は誰がもっているのか。

・全ての相続権者が相続放棄をした場合、どうなるのか。

・相続人不存在となっている建物の庭から草木が隣家へ越境しており問題となっている。
　この場合、市はどこに是正を頼めばよいか。

表6-3：司法書士会一覧（2019年9月1日現在）

司法書士会名	〒	住　所	電　話	FAX
札幌司法書士会	060-0042	札幌市中央区大通西13－4	011-281-3505	011-261-0115
函館司法書士会	040-0033	函館市千歳町21－13 桐朋会館内	0138-27-0726	0138-27-0721
旭川司法書士会	070-0901	旭川市花咲町4	0166-51-9058	0166-51-5470
釧路司法書士会	085-0833	釧路市宮本1－2－4	0154-41-8332	0154-42-8643
宮城県司法書士会	980-0821	仙台市青葉区春日町8－1	022-263-6755	022-263-6756
福島県司法書士会	960-8022	福島市新浜町6－28	024-534-7502	024-531-1271
山形県司法書士会	990-0021	山形県山形市小白川町1－16－26	023-623-7054	023-624-8078
岩手県司法書士会	020-0015	盛岡市本町通2－12－18	019-622-3372	019-653-2427
秋田県司法書士会	010-0951	秋田市山王6－3－4	018-824-0187	018-824-0196
青森県司法書士会	030-0861	青森市長島3－5－16	017-776-8398	017-774-7156
東京司法書士会	160-0003	新宿区四谷本塩町4－37 司法書士会館2F	03-3353-9191	03-3353-9239
神奈川県司法書士会	231-0023	横浜市中区山下町223番地1　NU関内ビル4階	045-641-1372	045-641-1371
埼玉司法書士会	330-0063	さいたま市浦和区高砂3－16－58	048-863-7861	048-864-2921
千葉司法書士会	261-0001	千葉市美浜区幸町2-2-1	043-246-2666	043-247-3998
茨城司法書士会	310-0063	水戸市五軒町1－3－16	029-225-0111	029-225-2545
栃木県司法書士会	320-0848	宇都宮市幸町1－4	028-614-1122	028-614-1155
群馬司法書士会	371-0023	前橋市本町1－5－4	027-224-7763	027-221-8207
静岡県司法書士会	422-8062	静岡市駿河区稲川1-1-1	054-289-3700	054-289-3702

司法書士会名	〒	住　所	電　話	FAX
山梨県司法書士会	400-0024	甲府市北口１－６－７	055-253-6900	055-251-1677
長野県司法書士会	380-0872	長野市妻科 399	026-232-7492	026-232-6699
新潟県司法書士会	950-0911	新潟市中央区笹口１丁目 11 番地 15	025-244-5121	025-244-5122
愛知県司法書士会	456-0018	名古屋市熱田区新尾頭 1-12-3	052-683-6683	052-683-6288
三重県司法書士会	514-0036	津市丸之内養正町 17－17	059-224-5171	059-224-5058
岐阜県司法書士会	500-8114	岐阜市金竜町５－10－１	058-246-1568	058-245-2327
福井県司法書士会	918-8112	福井市下馬二丁目 314 番地 司調合同会館	0776-43-0601	0776-43-0608
石川県司法書士会	921-8013	金沢市新神田４－10－18	076-291-7070	076-291-4285
富山県司法書士会	930-0008	富山市神通本町１－３－16 エスポワール神通３Ｆ	076-431-9332	076-431-0010
大阪司法書士会	540-0019	大阪市中央区和泉町 1-1-6	06-6941-5351	06-6941-7767
京都司法書士会	604-0973	京都市中京区柳馬場通夷川上ル五丁目 232 番地の１	075-241-2666	075-222-0466
兵庫県司法書士会	650-0017	神戸市中央区楠町２－２－３	078-341-6554	078-341-6567
奈良県司法書士会	630-8325	奈良市西木辻町 320－５	0742-22-6677	0742-22-6678
滋賀県司法書士会	520-0056	大津市末広町７－５ 滋賀県司調会館２Ｆ	077-525-1093	077-522-1396
和歌山県司法書士会	640-8145	和歌山市岡山丁 24 番地	073-422-0568	073-422-4269
広島司法書士会	730-0012	広島市中区上八丁堀６－69	082-221-5345	082-223-4382
山口県司法書士会	753-0048	山口市駅通り２－９－15	083-924-5220	083-921-0475
岡山県司法書士会	700-0023	岡山市北区駅前町２－２－12	086-226-0470	086-225-9004
鳥取県司法書士会	680-0022	鳥取市西町１－314－１	0857-24-7013	0857-24-6081
島根県司法書士会	690-0884	松江市南田町 26	0852-24-1402	0852-31-0200
香川県司法書士会	760-0022	高松市西内町 10－17	087-821-5701	087-821-5879
徳島県司法書士会	770-0808	徳島市南前川町４－41	088-622-1865	088-622-1896
高知県司法書士会	780-0928	高知市越前町２－６－25	088-825-3131	088-824-6919
愛媛県司法書士会	790-0062	松山市南江戸１－４－14	089-941-8065	089-945-1914
福岡県司法書士会	810-0073	福岡市中央区舞鶴３－２－23	092-714-3721	092-714-4234
佐賀県司法書士会	840-0843	佐賀市川原町２－36	0952-29-0626	0952-29-5887
長崎県司法書士会	850-0874	長崎市魚の町３番 33 号 長崎県建設総合会館本館６階	095-823-4777	095-823-4662

司法書士会名	〒	住　　所	電　話	FAX
大分県司法書士会	870-0045	大分市城崎町２－３－10	097-532-7579	097-532-3560
熊本県司法書士会	862-0971	熊本市中央区大江４－４－34	096-364-2889	096-363-1359
鹿児島県司法書士会	890-0064	鹿児島市鴨池新町１－３　司調センタービル３Ｆ	099-256-0335	099-250-0463
宮崎県司法書士会	880-0803	宮崎市旭１－８－39－１	0985-28-8538	0985-28-8537
沖縄県司法書士会	900-0006	那覇市おもろまち４－16－33	098-867-3526	098-861-7758

（3）土地家屋調査士

　　各地の土地家屋調査士会において、地方自治体等からの相談を受け付けています
（表6-4）。よくある相談としては、公共事業による用地取得を行う場合で、当該
土地の登記簿の表題部所有者が特定できない場合（次の①～⑥）の対応や、空き家
の敷地に関する相談が挙げられます。

　　① 　氏名のみが記録されているもの
　　② 　氏名としてA外何名と記録され，共同人名票が備え付けられているもの
　　③ 　氏名としてA外何名と記録され，共同人名票が備え付けられていないもの
　　④ 　村持などのような特殊な記録がされているもの
　　⑤ 　不完全な住所が記録されているもの
　　⑥ 　氏名及び住所が記録されていないもの

表6-4：土地家屋調査士会一覧（令和元年11月11日現在）

土地家屋調査士会	〒	所　在　地	電話・FAX・メールアドレス
札幌土地家屋調査士会	064-0804	札幌市中央区南四条西六丁目8番地 晴ればれビル8F	☎(011)271-4593 FAX(011)222-4379 sta001@mb.snowman.ne.jp
函館土地家屋調査士会	040-0033	函館市千歳町21番13号　桐朋会館3階	☎(0138)23-7026 FAX(0138)23-4486 hakotyo@iaa.itkeeper.ne.jp
旭川土地家屋調査士会	070-0032	旭川市二条通十七丁目465番地1	☎(0166)22-5530 FAX(0166)23-0868 a-cho@lapis.plala.or.jp
釧路土地家屋調査士会	085-0833	釧路市宮本一丁目2番4号	☎(0154)41-3463 FAX(0154)43-2045 sen.cho@aurora.ocn.ne.jp
青森県土地家屋調査士会	030-0821	青森市勝田一丁目1番15号	☎(017)722-3178 FAX(017)775-7067 aomori@chyousashi.com
岩手県土地家屋調査士会	020-0816	盛岡市中野一丁目20番33号	☎(019)622-1276 FAX(019)622-1281 chousasi@helen.ocn.ne.jp
宮城県土地家屋調査士会	980-0802	仙台市青葉区二日町18番3号	☎(022)225-3961 FAX(022)213-8485 info@miyagi-chousashi.jp
秋田県土地家屋調査士会	010-0951	秋田市山王六丁目1番13号 山王プレスビル4階	☎(018)824-0324 FAX(018)865-6488 a-chosa@air.ocn.ne.jp
山形県土地家屋調査士会	990-0041	山形市緑町一丁目4番35号	☎(023)632-0842 FAX(023)632-0841 green@chosashi-yamagata.or.jp
福島県土地家屋調査士会	960-8131	福島市北五老内町4番22号	☎(024)534-7829 FAX(024)535-7617 info@fksimaty.or.jp

土地家屋調査士会	〒	所　在　地	電話・FAX・メールアドレス
茨 城 土 地 家 屋 調 査 士 会	319-0312	水戸市大足町1078番地の1	☎(029)259-7400 FAX(029)259-7403 ibacho@sweet.ocn.ne.jp
栃 木 県 土 地 家 屋 調 査 士 会	320-0036	宇都宮市小幡一丁目4番25号	☎(028)621-4734 FAX(028)627-3794 tochicho@peach.ocn.ne.jp
群 馬 土 地 家 屋 調 査 士 会	379-2141	前橋市鶴光路町19番地2	☎(027)288-0033 FAX(027)265-6810 gunmakai@cocoa.ocn.ne.jp
埼 玉 土 地 家 屋 調 査 士 会	330-0063	さいたま市浦和区高砂四丁目14番1号	☎(048)862-3173 FAX(048)862-0916 office@saitama-chosashi.or.jp
千 葉 県 土 地 家 屋 調 査 士 会	260-0024	千葉市中央区中央港一丁目23番25号	☎(043)204-2312 FAX(043)204-2313 chosashi@olive.ocn.ne.jp
東 京 土 地 家 屋 調 査 士 会	101-0061	千代田区神田三崎町一丁目2番10号 土地家屋調査士会館	☎(03)3295-0587 FAX(03)3295-4770 info@tokyo-chosashi.or.jp
神奈川県土地家屋調査士会	220-0003	横浜市西区楠町18番地	☎(045)312-1177 FAX(045)312-1277 info@kanagawa-chousashi.or.jp
新 潟 県 土 地 家 屋 調 査 士 会	951-8068	新潟市中央区上大川前通六番町1211番地5 三好マンション鏡橋3階	☎(025)378-5005 FAX(025)225-5678 nii-cho@nii-cho.jp
富 山 県 土 地 家 屋 調 査 士 会	930-0856	富山市牛島新町8番22号	☎(076)432-2516 FAX(076)432-2529 info@tomicho.com
石 川 県 土 地 家 屋 調 査 士 会	921-8013	金沢市新神田三丁目9番27号	☎(076)291-1020 FAX(076)291-1371 info@ishicho.or.jp
福 井 県 土 地 家 屋 調 査 士 会	918-8112	福井市下馬二丁目314番地 司・調合同会館2階	☎(0776)33-2770 FAX(0776)33-2788 ftk@quartz.ocn.ne.jp
山 梨 県 土 地 家 屋 調 査 士 会	400-0043	甲府市国母八丁目13番30号	☎(055)228-1311 FAX(055)228-1312 honkai@yamanashi- chosashi.or.jp
長 野 県 土 地 家 屋 調 査 士 会	380-0872	長野市大字南長野妻科399番地2	☎(026)232-4566 FAX(026)232-4601 naganolb@nagano-chosashi.org
岐 阜 県 土 地 家 屋 調 査 士 会	500-8115	岐阜市田端町1番地12	☎(058)245-0033 FAX(058)248-1898 honkai@bz04.plala.or.jp

土地家屋調査士会	〒	所　在　地	電話・FAX・メールアドレス
静岡県土地家屋調査士会	422-8006	静岡市駿河区曲金六丁目16番10号	☎(054)282-0600 FAX(054)282-0650 info@shizuoka-chosashi.or.jp
愛知県土地家屋調査士会	451-0043	名古屋市西区新道一丁目2番25号	☎(052)586-1200 FAX(052)586-1222 info@chosashi-aichi.or.jp
三重県土地家屋調査士会	514-0065	津市河辺町3547番地2	☎(059)227-3616 FAX(059)225-2930 honkai@mie-chosashi.or.jp
滋賀県土地家屋調査士会	520-0056	大津市末広町7番5号	☎(077)525-0881 FAX(077)522-8443 chosasi@shiga-kai.jp
京都土地家屋調査士会	604-0984	京都市中京区竹屋町通富小路東入 魚屋町439番地	☎(075)221-5520 FAX(075)251-0520 mail@chosashi-kyoto.or.jp
大阪土地家屋調査士会	540-002	大阪市中央区北新町3番5号	☎(06)6942-3330 FAX(06)6941-8070 otkc-3330@chosashi-osaka.jp
兵庫県土地家屋調査士会	650-0017	神戸市中央区楠町二丁目1番1号	☎(078)341-8180 FAX(078)341-8115 info@chosashi-hyogo.or.jp
奈良県土地家屋調査士会	630-8305	奈良市東紀寺町二丁目7番2号	☎(0742)22-5619 FAX(0742)24-1269 info@nara-chousashikai.or.jp
和歌山県土地家屋調査士会	640-8144	和歌山市四番丁7番地	☎(073)421-1311 FAX(073)436-8101 wacho@chive.ocn.ne.jp
鳥取県土地家屋調査士会	680-0022	鳥取市西町一丁目314番地1	☎(0857)22-7038 FAX(0857)24-3633 toricho@guitar.ocn.ne.jp
島根県土地家屋調査士会	690-0826	松江市学園南一丁目2番1号 くにびきメッセ3階	☎(0852)23-3520 FAX(0852)27-1051 simachou@ceres.ocn.ne.jp
岡山県土地家屋調査士会	700-0807	岡山市北区南方二丁目1番6号	☎(086)222-4606 FAX(086)225-2018 info@okayama- chousashikai.or.jp
広島県土地家屋調査士会	732-0057	広島市東区二葉の里一丁目2番44号 広島県土地家屋調査士会館2階	☎(082)567-8118 FAX(082)567-8558 chosashi@mocha.ocn.ne.jp

土地家屋調査士会	〒	所　在　地	電話・FAX・メールアドレス
山 口 県 土 地 家 屋 調 査 士 会	753-0042	山口市惣太夫町2番2号	☎ (083) 922-5975 FAX (083) 925-8552 yamatyo@chousashi.net
徳 島 県 土 地 家 屋 調 査 士 会	770-0823	徳島市出来島本町二丁目42番地5	☎ (088) 626-3585 FAX (088) 626-3027 tokucho@coda.ocn.ne.jp
香 川 県 土 地 家 屋 調 査 士 会	760-0033	高松市丸の内9番29号	☎ (087) 821-1836 FAX (087) 822-3410 info@kagawa-chosashikai.or.jp
愛 媛 県 土 地 家 屋 調 査 士 会	790-0062	松山市南江戸一丁目4番14号	☎ (089) 943-6769 FAX (089) 943-6779 ehime@e-chosashi.or.jp
高 知 県 土 地 家 屋 調 査 士 会	780-0928	高知市越前町二丁目7番11号	☎ (088) 825-3132 FAX (088) 873-3018 honkai@k-chosashi.or.jp
福 岡 県 土 地 家 屋 調 査 士 会	810-0073	福岡市中央区舞鶴三丁目3番4号 ライフピア舞鶴201号	☎ (092) 741-5780 FAX (092) 731-5202 info@fukuoka-chousashi.or.jp
佐 賀 県 土 地 家 屋 調 査 士 会	840-0041	佐賀市城内二丁目11番10-1号	☎ (0952) 24-6356 FAX (0952) 24-6349 sagatyo@po.bunbun.ne.jp
長 崎 県 土 地 家 屋 調 査 士 会	850-0031	長崎市桜町7番6-101号 サンガーデン桜町1階	☎ (095) 828-0009 FAX (095) 828-2629 nagasaki@trust.ocn.ne.jp
熊 本 県 土 地 家 屋 調 査 士 会	862-0970	熊本市中央区渡鹿三丁目14番21号	☎ (096) 372-5031 FAX (096) 372-5057 kuma-cho@nifty.com
大 分 県 土 地 家 屋 調 査 士 会	870-0045	大分市城崎町二丁目3番10号	☎ (097) 532-7709 FAX (097) 536-4088 oitakai@oita-chosashi.jp
宮 崎 県 土 地 家 屋 調 査 士 会	880-0803	宮崎市旭二丁目2番2号	☎ (0985) 27-4849 FAX (0985) 27-4898 mz-chou@miyazaki-tc.net
鹿 児 島 県 土 地 家 屋 調 査 士 会	890-0064	鹿児島市鴨池新町1番3号 司調センタービル1階	☎ (099) 257-2833 FAX (099) 256-4337 kachosa@orange.ocn.ne.jp
沖 縄 県 土 地 家 屋 調 査 士 会	900-0021	那覇市泉崎二丁目1番地4 大建ハーバービューマンション401	☎ (098) 834-7599 FAX (098) 854-8131 otkc000@chive.ocn.ne.jp

（4）行政書士

　　行政書士に相談を希望される場合は各地の行政書士会にお問い合わせのうえ、相談先をご確認ください（表6-5）。

　　また、全国で随時無料相談会を実施しておりますので、そちらについてもお問い合わせください。

表6-5：行政書士会一覧（令和元年9月5日現在）

行政書士会名	〒	住所		電話	FAX	メールアドレス
北海道行政書士会	060-0001	北海道札幌市中央区北1条西10-1-6	北海道行政書士会館	011-221-1221	011-281-4138	gyosei@mrd.biglobe.ne.jp
秋田県行政書士会	010-0951	秋田県秋田市山王4-4-14	秋田県教育会館3F	018-864-3098	018-865-3771	info@akitaken-gyoseishoshi.or.jp
岩手県行政書士会	020-0024	岩手県盛岡市菜園1-3-6	農林会館5F	019-623-1555	019-651-9655	info@iwate-gyosei.jp
青森県行政書士会	030-0966	青森県青森市花園1-7-16		017-742-1128	017-742-1422	aomori-kai@gyosei.or.jp
福島県行政書士会	963-8877	福島県郡山市堂前町10番10号		024-973-7161	024-973-7174	info@fukushima-gyosei.jp
宮城県行政書士会	980-0803	宮城県仙台市青葉区国分町3-3-5		022-261-6768	022-261-0610	mg-info@miyagi-gyosei.or.jp
山形県行政書士会	990-2432	山形県山形市荒楯町1-7-8	山形県行政書士会館	023-642-5487	023-622-7624	info@y-gyosei.jp
東京都行政書士会	153-0042	東京都目黒区青葉台3-1-6	行政書士会館1F	03-3477-2881	03-3463-0669	webmaster@tokyo-gyosei.com
神奈川県行政書士会	231-0023	神奈川県横浜市中区山下町2	産業貿易センタービル7F	045-641-0739	045-664-5027	gyosei@kana-gyosei.or.jp

行政書士会名	〒	住所		電話	FAX	メールアドレス
千葉県行政書士会	260-0013	千葉県千葉市中央区中央4-13-10	千葉県教育会館4F	043-227-8009	043-225-8634	gn-chiba@chiba-gyosei.or.jp
茨城県行政書士会	310-0852	茨城県水戸市笠原町978-25	茨城県開発公社ビル5F	029-305-3731	029-305-3732	info@ibaraki-gyosei.or.jp
栃木県行政書士会	320-0046	栃木県宇都宮市西一の沢町1-22	栃木県行政書士会館	028-635-1411	028-635-1410	gyosei-totigi@mail.gt9.or.jp
埼玉県行政書士会	330-0062	埼玉県さいたま市浦和区仲町3-11-11	埼玉県行政書士会会館	048-833-0900	048-833-0777	sglsa@mth.biglobe.ne.jp
群馬県行政書士会	371-0017	群馬県前橋市日吉町1-8-1	前橋商工会議所4F	027-234-3677	027-233-2943	office@gunma-gyosei.jp
長野県行政書士会	380-0836	長野県長野市南県町1009-3	長野県行政書士会館	026-224-1300	026-224-1305	gn-nagano@msa.biglobe.ne.jp
山梨県行政書士会	400-0031	山梨県甲府市丸の内3-27-5	山梨県行政書士会館	055-237-2601	055-235-6837	office@y-gyosei.jpn.org
静岡県行政書士会	420-0856	静岡県静岡市葵区駿府町2-113	静岡県行政書士会館	054-254-3003	054-254-9368	shizuoka@sz-gyosei.jp
新潟県行政書士会	950-0911	新潟県新潟市中央区笹口3-4-8	新潟県行政書士会館	025-255-5225	025-249-5311	info@niigata-gyousei.or.jp
愛知県行政書士会	461-0004	愛知県名古屋市東区葵1-15-30	愛知県行政書士会館	052-931-4068	052-932-3647	info@aichi-gyosei.or.jp
岐阜県行政書士会	500-8113	岐阜県岐阜市金園町1-16	ＮＣリンクビル3F	058-263-6580	058-264-9829	honkai@gifu-gyosei.or.jp

行政書士会名	〒	住所		電話	FAX	メールアドレス
三重県行政書士会	514-0006	三重県津市広明町328番地	津ビル2階	059-226-3137	059-226-4707	info@mie-gyoseisyoshi.jp
福井県行政書士会	910-0005	福井県福井市大手3丁目4番1号	福井放送会館3階 K室	0776-27-7165	0776-26-6203	gn-fukui@mtc.biglobe.ne.jp
石川県行政書士会	920-8203	石川県金沢市鞍月2-2	石川県繊維会館3F	076-268-9555	076-268-9556	office@ishikawagyousei.org
富山県行政書士会	930-0085	富山県富山市丸の内1-8-15	余川ビル2F	076-431-1526	076-431-0645	gytmaebf@image.ocn.ne.jp
滋賀県行政書士会	520-0056	滋賀県大津市末広町2-1	滋賀県行政書士会館	077-525-0360	077-528-5606	shigakai@gyosei-shiga.or.jp
大阪府行政書士会	540-0024	大阪府大阪市中央区南新町1-3-7		06-6943-7501	06-6941-5497	info@osaka-gyoseishoshi.or.jp
京都府行政書士会	601-8034	京都府京都市南区東九条南河辺町85-3		075-692-2500	075-692-3600	info@kyoto-shoshi.jp
奈良県行政書士会	630-8241	奈良県奈良市高天町10-1	（株）T.T.ビル3F	0742-95-5400	0742-26-6400	gyosei@gyoseinara.or.jp
和歌山県行政書士会	640-8155	和歌山県和歌山市九番丁1	中谷ビル2F	073-432-9775	073-432-9787	waka_gyosei@galaxy.ocn.ne.jp
兵庫県行政書士会	650-0044	兵庫県神戸市中央区東川崎町1-1-3	神戸クリスタルタワー13階	078-371-6361	078-371-4715	gyoseishoshi@hyogokai.or.jp
鳥取県行政書士会	680-0845	鳥取県鳥取市富安2-159	久本ビル5F	0857-24-2744	0857-24-8502	gyosei-tottori@gyosei.or.jp

行政書士会名	〒	住所		電話	FAX	メールアドレス
島根県行政書士会	690-0888	島根県松江市北堀町15番地	島根県北堀町団体ビル2F	0852-21-0670	0852-27-8244	clerk@kyoninka.or.jp
岡山県行政書士会	700-0816	岡山県岡山市北区富田町一丁目7番15号	富田町ビル2F	086-222-9111	086-222-9150	jimukyoku@okayama-gyosei.or.jp
広島県行政書士会	730-0037	広島県広島市中区中町8-18	広島クリスタルプラザ10F	082-249-2480	082-247-4927	info@mail.hiroshima-kai.org
山口県行政書士会	753-0042	山口県山口市惣太夫町2番2号	山口県土地家屋調査士会館 3F	083-924-5059	083-924-5197	gn-yamaguti@msi.biglobe.ne.jp
香川県行政書士会	761-0301	香川県高松市林町2217-15	香川産業頭脳化センター4F 407号	087-866-1121	087-866-1018	gyosei-gyomu@k-gyosei.net
徳島県行政書士会	770-0873	徳島県徳島市東沖洲2-1-8	（マリンピア沖洲内）	088-679-4440	088-679-4443	gn-tokushima@ked.biglobe.ne.jp
高知県行政書士会	780-0935	高知県高知市旭町2-59-1	アサヒプラザ2F	088-802-2343	088-873-4447	info@kochi-gyosei.jp
愛媛県行政書士会	790-0877	愛媛県松山市錦町98-1	愛媛県行政書士会館	089-946-1444	089-941-7051	ehime@e-gyosei.or.jp
福岡県行政書士会	812-0045	福岡県福岡市博多区東公園2-31	福岡県行政書士会館	092-641-2501	092-641-2503	soumu@gyosei-fukuoka.or.jp
佐賀県行政書士会	849-0937	佐賀県佐賀市鍋島3-15-23	佐賀県行政書士会館	0952-36-6051	0952-32-0227	sagaslct@orange.ocn.ne.jp
長崎県行政書士会	850-0031	長崎県長崎市桜町3-12	中尾ビル5F	095-826-5452	095-828-2182	info@gyosei-nagasaki.com

行政書士会名	〒	住所		電話	FAX	メールアドレス
熊本県行政書士会	862-0956	熊本県熊本市中央区水前寺公園 13-36		096-385-7300	096-385-7333	info@kumagyou.jp
大分県行政書士会	870-0045	大分県大分市城崎町 1-2-3	大分県住宅供給公社ビル 3 F	097-537-7089	097-535-0622	oita7089@kjb.biglobe.ne.jp
宮崎県行政書士会	880-0013	宮崎県宮崎市松橋 1 丁目 2-18	新井ビル 2F	0985-24-4356	0985-29-4195	info@mz-gyousei.org
鹿児島県行政書士会	890-0062	鹿児島県鹿児島市与次郎 2-4-35	KSC 鴨池ビル 202 号	099-253-6500	099-213-7033	kgyosei@po.minc.ne.jp
沖縄県行政書士会	901-2132	沖縄県浦添市伊祖 4-6-2	沖縄県行政書士会館	098-870-1488	098-876-8411	gyousei@rice.ocn.ne.jp

（5）税理士

　全国の税理士会において、無料税務相談会、講演会、税金セミナーなどを実施しています。詳細は各税理士会にお問い合わせください。

　また、税理士情報検索サイトにおいて、日本税理士会連合会に現在登録されている全ての税理士及び税理士法人の情報をご覧いただけます。こちらから直接、税理士に連絡することも可能です。

（https://www.zeirishikensaku.jp/）

税理士会名	〒	所在地	電話	管轄
日本税理士会連合会	141-0032	東京都品川区大崎 1-11-8　日本税理士会館 8 階	03-5435-0931	－
東京税理士会	151-8568	東京都渋谷区千駄ヶ谷 5-10-6　東京税理士会館	03-3356-4461	東京都
東京地方税理士会	220-0022	神奈川県横浜市西区花咲町 4-106 税理士会館 7 階	045-243-0511	神奈川県、山梨県
千葉県税理士会	260-0024	千葉県千葉市中央区中央港 1-16-12　税理士会館 3 階	043-243-1201	千葉県
関東信越税理士会	330-0854	埼玉県さいたま市大宮区桜木町 4 丁目 333 番地 13　OLS ビル 14 階	048-643-1661	埼玉県、茨城県、栃木県、群馬県、長野県、新潟県
近畿税理士会	540-0012	大阪府大阪市中央区谷町 1-5-4	06-6941-6886	大阪府、京都府、兵庫県、奈良県、和歌山県、滋賀県
北海道税理士会	064-8639	北海道札幌市中央区北 3 条西 20 丁目 2-28	011-621-7101	北海道
東北税理士会	984-0051	宮城県仙台市若林区新寺 1-7-41	022-293-0503	宮城県、岩手県、福島県、秋田県、青森県、山形県
名古屋税理士会	464-0841	愛知県名古屋市千種区覚王山通 8-14　税理士会ビル 4 階	052-752-7711	愛知県のうち名古屋市、清須市、北名古屋市、半田市、常滑市、東海市、大府市、知多市、豊明市、日進市、長久手市、西春日井郡、愛知郡、及び知多郡並びに岐阜県
東海税理士会	450-0003	愛知県名古屋市中村区名駅南 2-14-19　住友生命名古屋ビル 22 階	052-581-7508	愛知県（名古屋税理士会に係る区域を除く。）、静岡県、三重県
北陸税理士会	920-0022	石川県金沢市北安江 3-4-6	076-223-1841	石川県、福井県、富山県
中国税理士会	730-0036	広島県広島市中区袋町 4-15	082-246-0088	広島県、岡山県、山口県、鳥取県、島根県

税理士会名	〒	所在地	電話	管轄
四国税理士会	760-0017	香川県高松市番町 2-7-12	087-823-2515	香川県、愛媛県、徳島県、高知県
九州北部税理士会	812-0016	福岡県福岡市博多区博多駅南 1-13-21	092-473-8761	福岡県、佐賀県、長崎県
南九州税理士会	862-0971	熊本県熊本市中央区大江 5-17-5	096-372-1151	熊本県、大分県、鹿児島県、宮崎県
沖縄税理士会	901-0152	沖縄県那覇市字小禄 1831 番地 1 沖縄産業支援センター7 階	098-859-6225	沖縄県

（6）不動産鑑定士

公益社団法人日本不動産鑑定士協会連合会　業務課

〒105-0001

所在：東京都港区虎ノ門３丁目11番15号　SVAX TTビル９階

電話番号：03-3434-2301

表6-6：不動産鑑定士協会一覧（令和元年10月１日現在）

地域	都道府県	〒	連絡先	電話番号 FAX番号
北海道	北海道	060-0001	札幌市中央区北１条西３－３　ＳＴＶ時計台通ビル１Ｆ 公益社団法人北海道不動産鑑定士協会	011-222-8145 F 011-222-8146 info@harea.or.jp
東北	青森	030-0861	青森市長島１－３－２２　長和ビルＡ　２Ｆ　２０３ 公益社団法人青森県不動産鑑定士協会	017-752-0840 F 017-752-0841 aomorifk@themis.ocn.ne.jp
	岩手	020-0022	盛岡市大通１－３－４　宝来ビル６Ｆ 一般社団法人岩手県不動産鑑定士協会	019-604-3070 F 019-622-8485 ihkk@kantei-iwate.jp
	宮城	980-0802	仙台市青葉区二日町６－２６　ＶＩＰ仙台二日町２０８ 一般社団法人宮城県不動産鑑定士協会	022-265-7641 F 022-265-7642 marea@abeam.ocn.ne.jp
	秋田	010-0951	秋田市山王６－１－１３　山王プレスビル３Ｆ　エルグ不動産鑑定内 一般社団法人秋田県不動産鑑定士協会	018-862-4506 F 018-862-4623 shi-kyoukai.akita@ergkantei.jp
	山形	990-2412	山形市松山３－１０－１１　月田不動産鑑定事務所内 一般社団法人山形県不動産鑑定士協会	023-631-5390 F 023-633-3550
	福島	963-8025	郡山市桑野２－５－１　桑野ビル２Ｆ 公益社団法人福島県不動産鑑定士協会	024-931-4360 F 024-995-5571 fkantei@joy.ocn.ne.jp

地域	都道府県	〒	連絡先	電話番号 FAX 番号
関東 甲信	茨城	310-0836	水戸市元吉田町１０４１－４　サンビル５F 一般社団法人茨城県不動産鑑定士協会	029-246-1222 F 029-246-1221 toyokazu-s@ibaraki-kanteishi.or.jp
	栃木	321-0953	宇都宮市東宿郷４－２－２０　KDビル５F 公益社団法人栃木県不動産鑑定士協会	028-639-0556 F 028-639-9411 jimu_kyoku@kanteishi.or.jp
	群馬	371-0025	前橋市紅雲町１－７－１２　群馬県住宅供給公社ビル ３F 公益社団法人群馬県不動産鑑定士協会	027-243-3077 F 027-243-3071 info@kantei-gunma.jp
	埼玉	330-0063	さいたま市浦和区常盤４－１－１　浦和システムビル ヂング５F 公益社団法人埼玉県不動産鑑定士協会	048-789-6000 F 048-789-6160 sec07@sfkk.or.jp
	千葉	260-0015	千葉市中央区富士見２－２２－２　千葉中央駅前ビル ５F 公益社団法人千葉県不動産鑑定士協会	043-222-7588 F 043-222-9528 carea@apricot.ocn.ne.jp
	神奈川	231-0012	横浜市中区相生町１－３　モアグランド関内ビル６F 一般社団法人神奈川県不動産鑑定士協会	045-661-0280 F 045-661-0263 info@kfkk.or.jp
	山梨	400-0032	甲府市中央２－１３－２０　川上ビル２F 一般社団法人山梨県不動産鑑定士協会	055-221-2380 F 055-221-2381 info@ykantei.org
	長野	380-0936	長野市岡田町１２４－１　（株）長水建設会館２F 一般社団法人長野県不動産鑑定士協会	026-225-5228 F 026-225-5238 kenkantei@nagano.email.ne.jp
東京	東京	105-0001	東京都港区虎ノ門３－１２－１　ニッセイ虎ノ門ビル ６F 公益社団法人東京都不動産鑑定士協会	03-5472-1120 F 03-5472-1121

地域	都道府県	〒	連絡先	電話番号 FAX番号
北陸	新潟	951-8068	新潟市中央区上大川前通7番町1237－4　北越ビル5F 公益社団法人新潟県不動産鑑定士協会	025-225-2873 F 025-224-8188 bukai@aioros.ocn.ne.jp
	富山	930-0029	富山市本町3－25　富山本町ビル7F 一般社団法人富山県不動産鑑定士協会	076-471-5712 F 076-471-5713 spy44h89@wit.ocn.ne.jp
	石川	920-0901	金沢市彦三町2－5－27　名鉄北陸開発ビル501 公益社団法人石川県不動産鑑定士協会	076-232-0304 F 076-232-0306 i-kanteishi-k@trad.ocn.ne.jp
	福井	910-0006	福井市中央1－3－1　加藤ビル2F 公益社団法人福井県不動産鑑定士協会	0776-21-0501 F 0776-21-0525 info@fukui-kanteishi.or.jp
中部	岐阜	500-8384	岐阜市薮田南1－7－14　マルビル4F 公益社団法人岐阜県不動産鑑定士協会	058-274-7181 F 058-273-1940 kyoukai@kantei-gifu.or.jp
	静岡	420-0858	静岡市葵区伝馬町18－11 公益社団法人静岡県不動産鑑定士協会	054-253-6715 F 054-253-6716 s-kantei@adagio.ocn.ne.jp
	愛知	460-0008	名古屋市中区栄4－3－26　昭和ビル3F 公益社団法人愛知県不動産鑑定士協会	052-241-6636 F 052-241-6680 info@aichi-kanteishi.or.jp
	三重	514-0021	津市万町津203　三重県不動産鑑定士会館 一般社団法人三重県不動産鑑定士協会	059-229-3671 F 059-229-3648 m-kantei@ztv.ne.jp

地域	都道府県	〒	連絡先	電話番号 FAX番号
近畿	滋賀	520-0043	大津市中央３－１－８　大津第一生命ビル１０F 公益社団法人滋賀県不動産鑑定士協会	077-526-1172 Ｆ 077-521-4406 siga-area@luck. ocn.ne.jp
	京都	604-8136	京都市中京区三条通烏丸東入る梅忠町２２－２　　中井ビル３F 公益社団法人京都府不動産鑑定士協会	075-211-7662 Ｆ 075-211-7706 info@kantei-kyoto. or.jp
	大阪	541-0042	大阪市中央区今橋１－６－１９　　コルマー北浜ビル９F 　公益社団法人大阪府不動産鑑定士協会	06-6203-2100 Ｆ 06-6203-0505 https://rea-osaka. or.jp/inquiry.html
	兵庫	650-0011	神戸市中央区下山手通３－１２－１　　トア山手プラザ８０７ 公益社団法人兵庫県不動産鑑定士協会	078-325-1023 Ｆ 078-325-1022 hyokan@earth.ocn .ne.jp
	奈良	630-8115	奈良市大宮町５－４－１２　新奈良ビル 公益社団法人奈良県不動産鑑定士協会	0742-35-6964 Ｆ 0742-35-4900 narea@air.ocn.ne.jp
	和歌山	640-8156	和歌山市七番丁１７　和歌山朝日ビル５F 一般社団法人和歌山県不動産鑑定士協会	073-402-2435 Ｆ 073-402-2441 w-reaa03@triton. ocn.ne.jp
中国	鳥取	680-0011	鳥取市東町３－１７１ 公益社団法人鳥取県不動産鑑定士協会	0857-29-3074 Ｆ 0857-29-3071 tori-kan@hal.ne.jp
	島根	690-0886	松江市母衣町５５-４ 公益社団法人島根県不動産鑑定士協会	0852-28-7115 Ｆ 0852-28-7112 bz001297@kantei- shimane.or.jp
	岡山	700-0815	岡山市北区野田屋町２－１１－１３－３０１ 公益社団法人岡山県不動産鑑定士協会	086-231-4711 Ｆ 086-221-1702 area-okayama@mx9. tiki.ne.jp

地域	都道府県	〒	連絡先	電話番号 FAX番号
中国	広島	730-0013	広島市中区八丁堀6−10　アセンド八丁堀5F 公益社団法人広島県不動産鑑定士協会	082-228-5100 F 082-227-0065
	山口	754-0021	山口市小郡黄金町11−4 公益社団法人山口県不動産鑑定士協会	083-973-1051 F 083-973-1048
四国	徳島	770-0847	徳島市幸町1−21　K−クレストI 公益社団法人徳島県不動産鑑定士協会	088-623-7244 F 088-623-7250 toku@tokushima-kanteishi.or.jp
	香川	760-0022	高松市西内町3−7　森ビル2F 公益社団法人香川県不動産鑑定士協会	087-822-8785 F 087-822-8158 k-kagawa@chive.ocn.ne.jp
	愛媛	790-0003	松山市三番町4−8−7　第5越智ビル6F 公益社団法人愛媛県不動産鑑定士協会	089-941-8827 F 089-945-1301 rea@kantei-ehime.or.jp
	高知	780-0926	高知市大膳町1−24　（有）瑞穂不動産鑑定内 一般社団法人高知県不動産鑑定士協会	088-823-0354 F 088-823-0445 kantei-kochi@ca.pikara.ne.jp
九州	福岡	812-0038	福岡市博多区祇園町1−40　大樹生命福岡祇園ビル8F 公益社団法人福岡県不動産鑑定士協会	092-283-6255 F 092-283-6256 f-app@mua.biglobe.ne.jp
	佐賀	840-0041	佐賀市城内2−2−51 公益社団法人佐賀県不動産鑑定士協会	0952-28-3777 F 0952-28-3779 sagakan@axel.ocn.ne.jp

地域	都道府県	〒	連絡先	電話番号 FAX 番号
九州	長崎	850-0032	長崎市興善町４－６　田都ビル３Ｆ 公益社団法人長崎県不動産鑑定士協会	095-822-3471 Ｆ 095-822-7992 nfk@ngs2.cncm.ne.jp
	熊本	862-0950	熊本市中央区水前寺６－５－１９ 公益社団法人熊本県不動産鑑定士協会	096-385-5020 Ｆ 096-385-0165 k-az5020@eagle. ocn.ne.jp
	大分	870-0023	大分市中島西１－２－２４　日宝グランディ中島２０３ 公益社団法人大分県不動産鑑定士協会	097-534-9377 Ｆ 097-534-9399 oitakan1@extra.ocn. ne.jp
	宮崎	880-0803	宮崎市旭１－７－１２　エスポワール宮崎県庁通り２０３ 公益社団法人宮崎県不動産鑑定士協会	0985-29-3389 Ｆ 0985-29-3392 m-kantei@mnet.ne.jp
	鹿児島	890-0064	鹿児島市鴨池新町６－５　前田ビル４Ｆ 公益社団法人鹿児島県不動産鑑定士協会	099-206-4849 Ｆ 099-258-0389 app-0046@po.minc. ne.jp
	沖縄	900-0033	那覇市久米２－１６－１９ 公益社団法人沖縄県不動産鑑定士協会	098-867-6275 Ｆ 098-869-9181 info@fudousan- kanteishi.okinawa

第7章　所有者不明土地を増加させないための取組

　第6章までは、所有者不明土地に直面した際の対応方策等を紹介してきました。このような土地は利用ニーズが顕在化しなければ問題になることは少なく、また、土地を利用しようとして初めて所有者の所在の把握が難しいことが判明することも多いのが現状です。しかし、所有者の所在の把握の難しい土地を増やさないためには、日頃から予防策を講じておくことが重要であることから、本章では、所有者不明土地の発生の予防に寄与する制度や方策などを紹介します。

　また、これらの予防策は、所有者不明土地の問題に直面する事業担当部局だけではなく、市区町村の戸籍担当部局等において講じる対策であることから、それらの部局に相続登記や土地に関する届出の意義について、理解を得るとともに、事業担当課と戸籍・担当課との連携が望まれます。

　本章について、市区町村等での取組の参考として下さい。

7-1　相続登記と所有者届出の促進

ポイント

- 土地を相続した際に必要な手続について理解を促すポスターの掲示や、死亡届受理時のパンフレットの配布を通じた普及啓発が必要。
- 土地を相続した人の負担の軽減のため、届出窓口の一元化（総合窓口の設置）が有効。
- 所有者の土地への関心が高まる機会を活用して、相続登記を促進する。

　ここでは、死亡届の受理時や、地籍調査等の所有者の土地への関心が高まる機会を活用して、相続登記や所有者届出を促進するための方策を紹介します。

（1）死亡届受理時等におけるきめ細かな案内等

　死亡届に伴う手続には、住民票、年金、保険など各種の手続が必要になります。こうした手続に加えて、土地を相続した場合には法務局（登記所）における相続登記手続、農地については市町村の農業委員会等に対する農地法に基づく届出、林務部局に対する森林法に基づく届出など、複数の手続が必要になります。さらに、被相続人が農業協同組合や森林組合の組合員であれば、それぞれ所要の手続等を行うことになります。

　しかし、平成23年度に国土交通省が農地、森林の所有者約2千人に対して行ったアンケート調査では、土地を相続した人のうち、不動産登記や、市町村や農業委員会への各種届出、森林組合や農業協同組合への組合員変更の届出等のいずれも行っていない人の割合は1～2割、一部しか手続をしていない人の割合は8割弱でした。

　こうしたことから、土地を相続した際に必要な手続について紹介するポスターやパンフレットを作成し、窓口で掲示等するとともに、死亡届提出の際に必要となる手続と併せて土地の相続に係る手続についても案内する（パンフレットの作成・配布や手続一覧への追加（図7-1））など、住民へのきめ細かな案内を行うことも必要であると考えられます。こうした取組により、死亡届提出のタイミングだけでなく、死亡に伴う保険や年金などの関連手続で担当窓口を訪れたことを機に、土地の相続に係る手続についても漏れなく実施につなげることが可能となります。

　さらに、複数の市区町村で行われている届出窓口の一元化（総合窓口の設置）は、土地を相続した人の手続負担の軽減や、手続の漏れの防止にも資することとなり、所有者不明土地を増やさない対策としても有効な取組といえます。

	内容	手続き	必要なもの
住所戸籍	死亡を知ってから7日以内	死亡届の提出	□死亡届 □死亡診断書 　または死体検案書 □届出人の印鑑
	印鑑登録をしていた場合	手続きは不要です（自動的に登録廃止となります）	
	亡くなられた方が世帯主の場合	世帯主変更手続き	□印鑑 □本人確認資料 　（運転免許証等）
保険年金	国民健康保険に加入していた場合	・保険証の返却 ・高齢受給者証の返却 ・葬祭費の申請　等	□保険証 □印鑑 □高齢受給者証 　（70～75歳の方） □減額認定証 　（高齢受給者証をお持ち 　で、低所得者I又はIIの 　方） □預金通帳 　（葬祭費の振込先）
	国民年金に加入、受給していた場合	未支給年金の支給	□年金手帳・年金証書 □印鑑 □預金通帳
	厚生年金・共済年金に加入、受給していた場合	年金事務所、各共済組合までお問い合わせ下さい	
福祉	以下のものをお持ちの方 ・身体障害者手帳 ・療育手帳 ・精神障害者保険福祉手帳 ・自立支援医療受給者証 ・障害福祉サービス受給者証 ・地域生活支援事業受給者証 ・介護保険被保険者証 ・戦争病者手帳	各手帳等の返却 　　　　　　　等	□各手帳 □各受給者証 □介護保険被保険者証 □印鑑 □預金通帳
税	税金（住民税・軽自動車税・固定資産税、国民健康保険税）の納付方法が口座振替の場合	引き落としの中止手続または引き落としの口座の変更手続	□印鑑（銀行印） □預金通帳
	固定資産（土地・家屋）をお持ちの方	代表承継人の届出	□代表承継人になる方の印鑑
	固定資産を共有し、その代表者であった場合	共有代表者の変更届	□新共有代表者になる方の印鑑
	土地・家屋を相続する場合	所有権移転登記等の申請	法務局・司法書士会にご相談下さい
	農地を相続する場合	農業委員会への届出	農業委員会までご相談下さい
	森林を相続する場合	森林の土地の所有者届出書の提出	林政課までご相談下さい

図7-1：手続一覧への土地の相続に係る手続情報の追加（イメージ）

【京都府精華町の取組】
　総合窓口の設置、きめ細やかな対応により土地所有者への確実な案内ができている事例

案内の流れ：
① 死亡届の提出があった場合（他市町村からの送付されたものを含む）、総合窓口課で受付を行い、関係課と連携し、送付する書類をとりまとめ、死亡届に伴う諸手続の案内資料として相続人等に送付する。案内資料には、必要な手続が一覧で示された資料と、税務関係手続、農地や森林の届出に関する手続を案内する資料が同封されている。
　　なお、案内資料のとりまとめは、接客ナビシステム※により関係課とのシステム連携により行う。案内資料の送付後は「関連事務連絡票」により③の来庁時に手続がされたかどうか等を管理する。
② 死亡者が土地所有者である場合は、固定資産税係に確認の上、「関連事務連絡票」に該当者であることがわかるよう、チェックしておく。
③ 手続のため届出人が来庁した際に、総合窓口課で戸籍・住民票関係の対応をするほか、固定資産税係が総合窓口まで出向き、法務局等で相続手続が必要となることを説明するとともに、名寄せ帳と相続登記の際に必要となる書類一覧を渡す。
④ 来庁時には、さらに総合窓口課の担当者が農地や森林を所有しているかを総合窓口課で聞き取りし、所有している場合は、産業振興課・農業委員会へ案内する。
⑤ 産業振興課・農業委員会で農地や森林の届出関係の対応を行う。
※ 窓口担当者と来庁者のやりとりをナビゲートする機能、各種届出や申請書を自動生成する機能に加え、窓口で発生した各関係部局との処理依頼及び変更についてイントラネットにおいて双方向で行うと同時にこれらの全体の工程管理を行うことができるシステム。精華町等で共同開発されたもの。転入や転出をはじめとする行政手続き業務を電子化し、住民へのサービス向上を図るシステムで、「住民本位」の住民サービス、「ワンストップサービス（一箇所でかつスピーディーに用事が済ませられるサービス）」を実現するため、総合窓口運用に従事する職員の事務作業を支援する。

　なお、農地法に基づく届出件数は、平成22年に年間2～3件程度であったものが、平成23年以降、年間20件程度（平成30年：21件）となり、この取組の効果が現れている。

死亡届に伴う諸手続き案内

総合窓口課（京都府精華町）

【大分県別府市の取組】
死亡手続に特化した窓口の設置により、手続の漏れの防止につながっている事例

案内の流れ：
① 市内葬儀社へ、死亡後に必要となる諸手続を記載した一覧表を配布しているため、遺族に葬儀社から配布される場合や、死亡届提出時に戸籍係で配布する場合がある。
※専任スタッフ（「おくやみコーナー」職員）が申請書作成を補助。
② 死亡に関する手続をするために来庁した届出人は、死亡に伴う諸手続をまとめて担当する「おくやみコーナー」で、各課が必要な情報を把握するための「お客様シート」を記入する。
③ 「お客様シート」に記入された情報を、おくやみコーナー職員が「入力シート」に入力。入力シートは、関係各課が使用する死亡に伴う諸手続書類とリンクしており、それらの書類に自動で転記される。
④ 「おくやみコーナー」で、手続が必要と判断した課、又は手続の要・不要を判断できない課の職員PCに、死亡者情報を送信。
⑤ 死亡者情報の連絡を受けた課の職員は、手続の要・不要を判断し、「おくやみコーナー」のPCに返信する。
⑥ 各課の返信を基に「おくやみコーナー」にて手続の必要な課の選別が完了。
⑦ お客様に必要な手続を説明し、関係課に案内をしたり、関係課の担当がおくやみコーナーに順次出向いて対応をする。
⑧ 以上の手続を終えた時点で、各申請書は出力すれば完成となる状態。
従来、固定資産税に関しては、関係者に納税管理人や遺族代表届の提出の依頼文書を送付して手続を周知していたが、平成28年5月の「おくやみコーナー」設置後にはで手続を直接お願いできるようになったため、「関係者」を探し、文書を送付する件数が大幅に減少した（※）。
（※）文書送付件数　平成27年度（おくやみコーナー設置前）：203件
平成28年度：79件　平成29年度：72件　平成30年度：78件

「おくやみコーナー」受付

「おくやみコーナー」受付を訪れた後に、受付奥のブースにて、届出時に必要な情報を把握するための「お客様シート」の記入を行う。

【新潟県長岡市の取組】

　総合窓口を中心としてワンフロア（1階）に市民の手続に必要な課を設置することによりワンストップサービスの提供を行うことで手続の漏れの防止につながっている事例。

案内の流れ：

① 新庁舎開設に伴い総合窓口を新設し、ワンストップサービスを市民に提供。

② 死亡届提出時に、葬儀後の手続一覧を渡す。その後、親族が来庁した際は、「市役所なんでも窓口」でその一覧を利用し、手続が必要となる事項を住民情報系システムや聞き取りで確認する。

③ 「市役所なんでも窓口」で主な手続を行うほか、専門的な知識が必要な手続の説明は、同フロアにある担当課へ案内している。

④ 死亡者が農地や森林を所有している場合には、別途担当部署を案内し手続をお願いする。

⑤ 当日手続が完了しない場合は、担当課が手続の状況を随時確認し、手続の漏れを防いでいる。

⑥ 法務局で手続をする<u>相続による所有権移転登記についても一覧表に記載している</u>。土地に関連する手続に関しては、農地に関する届出のチラシや、法務局からの相続登記に関するチラシを配布している。

　森林に関する届け出数は、一覧表へ平成28年度から掲載し、平成25〜27年度の平均届出件数に比べて平成28〜30年度は1.52倍になった。

　農地法に基づく届出に関しては、毎年一定の届出はあるが、一覧表に記載してから問い合わせや届出件数が増加した。

葬儀後の手続き一覧は数ページに渡り、市役所での手続だけではなく市役所以外での手続も記載されており、各種手続の参考になるように工夫されている。

「市役所なんでも窓口」
（新潟県長岡市）

同フロア内の健康保険・年金窓口　1階フロアが一体となってワンストップサービスを提供。

【岡山県鏡野町の取組】
　主たる部局（住民税務課）が関係課と情報共有することによりワンストップで対応している事例

案内の流れ：
① 死亡届を受付後、死亡者の情報を関係課と共有し、死亡後の手続があるかどうかを担当課が住民係に連絡する。
② 住民係が必要な手続を取りまとめ、届出人が死亡後の手続（相続等に必要な戸籍・住民票等の写しの請求等）に来庁したら、関係各課に連絡をして手続を順番に行えるように手配をする。
③ 農地・森林の手続については、一覧表に記載があり、該当者には遺族が死亡後の手続で窓口に来た際に、担当課職員が住民税務課の窓口に来て必要な手続を説明・必要書類の記入のサポートを行う。
④ 相続登記が必要な人には、法務局での手続や専門家にお願いした方がいい旨などを口頭で説明している。また、チラシも必要に応じて配布している。土地に関連する手続に関しては、農地に関する届出のチラシや、法務局からの相続登記に関するチラシを配布している。
⑤ 住民係が記載しているコンピューター上の「死亡届出後手続き一覧」で手続未了の有無を確認し、各課に照会・確認して手続の漏れを防いでいる。

↑死亡届出後手続き一覧表　必要な手続の未了の有無が確認できる。

死亡届出後の手続一覧

住民税務課（岡山県鏡野町）
死亡届提出後に必要となる手続は同課を窓口として、ワンストップで対応している。

（２）所有者の土地への関心が高まる機会を活用した相続登記の促進

　　所有者不明土地の発生を予防するための方策として、所有者の土地への関心が高まる機会を活用して相続登記を促進することが考えられます。土地所有者の死亡時だけではなく、関係者間で連携して様々な機会を活用していくことが望まれます。

　　市区町村で行うことができる取組としては、

・毎年市区町村から送付される固定資産税納税通知書等の送付時に、相続登記や各種所有者届出について普及・啓発すること（パンフレットの封入、封筒への周知文印刷）

・地籍調査に関する説明会や、地籍調査の成果の閲覧の際などにパンフレットの配布を行うこと

・その他の土地に関する各種関係説明会・相談会などの機会に、パンフレットの配布や相続登記手続に関する説明会も併せて開催すること

などが考えられます。

（3）市区町村における登記相談窓口設置による相続登記の促進

　　市区町村が司法書士会等の専門家と連携して、無料の登記相談窓口を設置している場合があります。市役所や公共施設での相談窓口設置により、市民にとって専門家との相談の機会が増え、相続登記の理解を得られる契機となります。

　　設置に関しては、市区町村と各専門家との連携、相談窓口担当部署の設置、守秘義務に配慮した場所の確保が望まれます。

【埼玉県春日部市、埼玉県入間市、神奈川県伊勢原市の取組】
　相談窓口設置事例

相談窓口の概要：
・市役所・役場等、住民が立ち寄りやすい場所に相談窓口を開設。
・月1～2回程度の実施で、平日の午後に開催する自治体が多い。
・基本は事前予約制。
・相談時間は、一人30分／回程度。同一案件一人1回が主。
実施体制：
・市民からの相談受付（予約）は、市区町村で対応。
・受付は、自治体職員が対応するケースが主。家庭裁判所調停委員経験者が受付対応しているケースもある（埼玉県春日部市）。
・受付時に市民からの相談内容（概要）を聞き取り、登記相談を含む、各種相談窓口を案内し、専門家との相談日時の予約をする。
広報：
・主に自治体の広報誌・ホームページ掲載、司法書士会のホームページ掲載。
その他：
・都道府県（各支部）の司法書士会より、管轄市区町村へ設置の働きかけがされている。
・引き続き、相談が必要な場合や費用の掛かる業務が必要な場合は職員が司法書士会や司法書士一覧表で紹介し、相談者に司法書士を選んでもらう（埼玉県入間市、神奈川県伊勢原市）
　無料相談なので市民が気軽に利用でき相続問題の解決の入り口になっている。
司法書士面接件数：97件（平成30年度）の内約7割は相続の相談（埼玉県入間市）
　　　　　　　　　81件（平成30年度）の内約5割は相続の相談（埼玉県春日部市）

市民相談窓口の受付カウンター。奥に登記相談をはじめとした市民相談対応のための個室が設けられている。
（埼玉県入間市役所内）

（4）法務局と市町村連携による相続登記の促進への取組

　　法務局が行っている、相続登記促進への取組を紹介します。下記取組を市町村で活用することが望まれます。

・市区町村に赴いて事業担当課宛に相続登記の重要性・必要性の説明及び、メリットや登記を怠った際のデメリットについて説明

・相続登記促進の広報用リーフレットの提供及び配布依頼によりリーフレット設置対応に応じる自治体が増加（和歌山県では全ての自治体でリーフレットを設置）

・死亡届後の手続き一覧表に相続登記の案内を掲載依頼。手続き一覧表に掲載する自治体が増加（岡山県では27市町村中21市町村で掲載）

・自治体広報誌への相続登記の案内の掲載を依頼し、掲載してもらう。

・相続登記促進の広報用リーフレット（図7‐2）の提供及び配布依頼によりリーフレット設置

　　法務局では、このほかに司法書士会と合同で相続登記に関する相談会を実施したり、司法書士会が実施する相続登記に関する講演会やシンポジウムへの講師派遣や後援を行っています。また、登記所備付地図作成作業の説明会等において、相続登記促進の広報を行っています。

図7‐2：リーフレット

【岡山地方法務局が提案した市町村の「手続一覧」への相続登記に係る原稿案（一例）】

□不動産を相続された方

　亡くなられた方が、不動産（土地及び建物）を所有されていた場合は、早めに相続登記をしましょう。

　相続登記の手続については、岡山地方法務局ホームページをご覧ください。

□相続登記

　亡くなられた方が、不動産（土地及び建物）を所有されていた場合に、相続登記をしていなければ、不動産を売却して現金化したいが売買による移転登記ができないなど、様々な問題が生じますので、早めに相続登記をしましょう。

　相続登記の手続については、岡山地方法務局ホームページをご覧ください。（また、国家資格を有する司法書士（岡山県司法書士会ホームページをご覧ください。）に手続を依頼することもできます。）

【法定相続情報証明制度について】

　不動産登記制度を所管している法務省により、相続登記を促進するため、平成29年5月29日（月）から，全国の登記所（法務局）において，各種相続手続に利用することができる「法定相続情報証明制度」が始まりました。

　本制度は、各種の相続手続の際にいわゆる戸除籍の謄本の束を提出する手間を省力化して手続的な負担を軽減するとともに、本制度に基づく証明書の取得の際に相続に直面した相続人の方々に相続登記によるメリットや放置することによるデメリットを登記官が説明することなどを通じて、相続登記の必要性についての意識を向上させることで、相続登記の促進を狙うものです。

　本制度を利用しようとする相続人は、戸除籍の謄本の束とそれらから分かる相続関係を示した「法定相続情報一覧図」を作成して登記所に提出すれば、登記官がその内容を確認し、認証します。認証された法定相続情報一覧図は、登記官の認証文を付した写しを必要な通数発行しますので、戸除籍の謄本の束に代替するものとして、登記手続はもちろんのこと、民間の金融機関など相続に伴う事務を取り扱う企業・団体においても幅広く利用することができます。

　制度の詳細については、法務省のWebサイトに掲載されています

（http://houmukyoku.moj.go.jp/homu/page 7 _000013.html）

＜手続の流れ＞

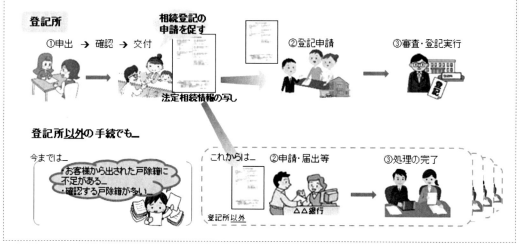

7-2　情報の共有

ポイント

- 市区町村の判断により、5年間を超えて保存されている住民票の除票の写し等の交付を行うことは、所有者情報の探索の負担軽減につながる。
- 農業委員会は、農地に関する情報について、行政機関内部での内部利用・相互提供や他の機関に対し情報提供依頼が可能。
- 都道府県及び市町村の林務担当部局は、森林所有者等に関する情報について、行政機関内部での情報の利用及び他の行政機関に対し提供の依頼が可能。

　ここでは、所有者不明土地の発生防止や、所有者情報調査の負担軽減に資するものとして、都道府県、市区町村等における所有者情報の円滑な活用や、所有者情報の整備のための取組について紹介します。

（1）所有者情報の円滑な活用

　第1章1-2で紹介したとおり、所有者情報の調査の際には、住民票の除票の写し等や戸籍の附票の除票の写しを請求する必要が生ずる場合があります。しかし、令和元年6月20日までは、住民票の除票や戸籍の附票の除票の保存期間は消除された日から5年間とされていたことから、既に住民票の除票や戸籍の附票の除票が廃棄されている場合には、住民票の除票の写し等や戸籍の附票の除票の交付がされない場合があります。

　5年間を超えて保存されている住民票の除票の写し等や戸籍の附票の除票の写しの交付を行うことについては、市区町村の判断によりますが、所有者情報の探索の負担軽減につながることから現場での対応がなされることが期待されます。

＜参照条文＞
住民基本台帳法施行令
（保存）
　第34条　市町村長は、除票又は戸籍の附票の除票を、これらに係る住民票又は戸籍の附票を消除し、又は改製した日から百五十年間保存するものとする。
　2　市町村長は、法第三十条の六第一項の規定により通知した本人確認情報を、総務省令で定めるところにより磁気ディスクに記録し、これを次の各号に掲げる本人確認情報の区分に応じ、当該本人確認情報の通知の日から当該各号に定める日までの期間保存するものとする。
　一　住民票の記載又は記載の修正を行つたことにより通知した本人確認情報　当該本人確認情報に係る者に係る新たな本人確認情報の通知をした日から起算して百五十年を経過する日
　二　住民票の消除を行つたことにより通知した本人確認情報　当該本人確認情報の通知の日から起算して百五十年を経過する日
　3　（略）

（2）農地に係る情報共有

　農地法では農業委員会は、農地に関する情報について、行政機関での内部利用・相互提供や他の機関に対し、情報提供依頼ができると規定しています（農地法第51条の2）。

　さらに、農地台帳の正確な記録を確保するため、毎年1回以上、固定資産課税台帳及び住民基本台帳との照合を行うこととされており（農地法施行規則第102条）、そのための情報提供依頼が可能です。農業委員会が税務担当部局から提供を受けることができる情報は、基本的には登記記録と同じ情報に限られますが、登記記録とは異なる情報であっても、農地法第3条の規定に基づく権利取得の許可を行う際又は同法第3条の3の規定に基づく権利取得の届出[52]を行う際に農業委員会への提出が義務付けられている事項のうち、農地台帳への記載が必要な事項については、情報の提供を受けることができます。具体的には、農地の所有者の氏名又は名称及び住所、農地の所在、農地の面積といった事項です[53]。

　日頃から農地台帳における所有者情報の整備を行っておくことが、所有者不明土地の発生防止や所有者情報調査の負担軽減につながるという点からも、農地法に定められた照合を確実に実施することが重要です。

　なお、これらの取組により整備された農地台帳の一部及び農地に関する地図は、第4章4-2において紹介したとおり、インターネットによる公表（全国農地ナビ）や農業委員会による窓口公表等によって、誰でも確認することができます。

52　本章7-4（2）参照。
53　詳細については、「固定資産課税台帳に記載されている農地に関する情報の取扱いについて（平成26年3月31日25経営第3968号）」を参照。

＜参照条文＞

農地法

（農地に関する情報の利用等）

第51条の2　都道府県知事、市町村長及び農業委員会は、その所掌事務の遂行に必要な限度で、その保有する農地に関する情報を、その保有に当たつて特定された利用の目的以外の目的のために内部で利用し、又は相互に提供することができる。

2　都道府県知事、市町村長及び農業委員会は、その所掌事務の遂行に必要な限度で、関係する地方公共団体、農地中間管理機構その他の者に対して、農地に関する情報の提供を求めることができる。

（情報の提供等）

第52条　農業委員会は、農地の農業上の利用の増進及び農地の利用関係の調整に資するほか、その所掌事務を的確に行うため、農地の保有及び利用の状況、借賃等の動向その他の農地に関する情報の収集、整理、分析及び提供を行うものとする。

（農地台帳及び農地に関する地図の公表）

第52条の3　農業委員会は、農地に関する情報の活用の促進を図るため、第52条の規定による農地に関する情報の提供の一環として、農地台帳に記録された事項（公表することにより個人の権利利益を害するものその他の公表することが適当でないものとして農林水産省令で定めるものを除く。）をインターネットの利用その他の方法により公表するものとする。

2　農業委員会は、農地に関する情報の活用の促進に資するよう、農地台帳のほか、農地に関する地図を作成し、これをインターネットの利用その他の方法により公表するものとする。

3　前条第2項から第4項までの規定は、前項の地図について準用する。

農地法施行規則

（農地台帳の正確な記録を確保するための措置）

第102条　農業委員会は、農地台帳の正確な記録を確保するため、毎年一回以上、農地台帳について、固定資産課税台帳（地方税法（昭和25年法律第226号）第341条第9号に掲げる固定資産課税台帳をいう。）及び住民基本台帳との照合を行うものとする。ただし、固定資産課税台帳との照合は、同法第22条の規定に違反しない範囲内で行うものとする。

（3）森林に係る情報共有

　森林法では、都道府県知事及び市町村長は、森林所有者等に関する情報について、森林計画の作成、新たに森林の土地の所有者となった旨の届出[54]に関する確認、伐採及び伐採後の造林の届出に係る変更命令や遵守命令、施業の勧告など法の施行のため必要があるとき、行政機関内部での情報の利用及び他の行政機関に対する提供の依頼ができると規定しています（森林法第191条の2、図7-3）。なお、この情報の利用については、平成23年の森林法改正により措置されたものです。

　具体的には、都道府県及び市町村の林務担当部局は、国土利用計画法に基づく届出[55]をした所有者の情報について土地担当部局から提供を受けることができます。

　さらに、市町村の林務担当部局は、税務担当部局に固定資産課税台帳の情報の提供依頼が可能です。提供を受けることができる情報は、基本的には登記記録と同じ情報に限られますが、登記記録とは異なる情報であっても、森林法第10条の7の2に基づき平成24年4月以降新たに森林の所有者になった旨の届出を行う際に市町村への提出が義務付けられている事項については、情報の提供を受けることができます。具体的には、森林の土地の所有者の氏名又は名称及び住所、その土地の所在及び面積等といった事項です[56]。

　また、市町村の地籍担当部局及び林務担当部局においては、山村部での地籍調査の促進や適切な森林管理等に資するため、地籍調査や森林境界明確化関連事業で得られた情報の相互共有を図っており、林務担当部局が、地籍調査の成果のみでなく、地籍調査のために行った所有者情報調査の結果についても入手できることもあります[57]。

　さらに、都道府県林務担当部局及び市町村林務担当部局の間で、相互に保有する情報の提供依頼が可能であるほか、登記所が保有する森林所有者等に関する情報については、都道府県又は市町村の林務担当部局から登記所への提供依頼が可能です。登記情報は、地番区域（大字）単位で一定区域における登記情報及び地図情報の電子データによる提供依頼が可能となっています[58]。

　平成28年5月の森林法改正において、市町村が森林の土地の所有者や境界等の情報を記載した林地台帳を作成する仕組みが創設されました。林地台帳の情報は、個人の権利利益を害するものなどを除いて一部を市町村の窓口で公表するほか、施業集約化に取り組む森林組合や林業事業体等の森林整備の担い手、都道府県等には情

54　本章7-4（3）で紹介。

55　本章7-4（1）で紹介。

56　地方税法第22条の守秘義務が課される情報に該当しない。詳細は、「固定資産課税台帳に記載されている森林所有者に関する情報の利用について（平成24年3月26日付23林整計第342号）」を参照のこと。照会文書の様式等が示されている。

57　地籍調査の成果には、相続等に伴う所有権の移転は反映されないことから、必要に応じて所有者情報調査の成果も入手する。本章7-4（3）参照。

58　登記情報の提供依頼の具体的な方法については、「登記情報の電子データによる提供について（平成27年3月23日付26林整計第844号）」を参照のこと。

　報を提供することができることとされています。この林地台帳の制度は、平成31年
4月から本格的に運用が開始されました。

　上記の取組が可能となっていることに加え、都道府県及び市町村は、森林に関す
るデータベースの整備その他森林に関する正確な情報を把握するために必要な措置
を講ずるよう努めるものとするとされています（森林法第191条の7）。所有者不明
土地の発生防止や所有者情報調査の負担軽減につながるという点からも、日頃から
上記の取組を行うことが重要です。

　また、都道府県及び市町村は、個人情報保護条例に基づく個人情報取扱事務登録
簿等に森林簿など個人情報を含む森林関連情報を記載し、その利用目的として森林
経営計画の作成等を、その提供先として、森林所有者、森林組合、林業事業体等
（以下「林業事業体等」という。）をそれぞれ規定することにより、森林の経営の受
委託、森林施業の集約化等に取り組む林業事業体等への情報提供が可能となるよう
努めることが重要です。

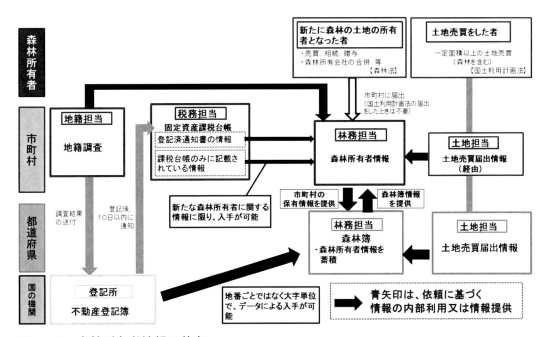

図7-3：森林所有者情報の共有
　（※）編注　印刷の都合上、本書では、本文中「青矢印」とあるのは、「➡」で表しています。

＜参照条文＞
森林法
（森林所有者等に関する情報の利用等）
　第191条の2　都道府県知事及び市町村の長は、この法律の施行に必要な限度で、その保
　　有する森林所有者等の氏名その他の森林所有者等に関する情報を、その保有に当たつて
　　特定された利用の目的以外の目的のために内部で利用することができる。
　2　都道府県知事及び市町村の長は、この法律の施行のため必要があるときは、関係する
　　地方公共団体の長その他の者に対して、森林所有者等の把握に関し必要な情報の提供を
　　求めることができる。

（林地台帳の作成）
　第191条の4　市町村は、その所掌事務を的確に行うため、一筆の森林（地域森林計画の
　　対象となつている民有林に限る。以下この条から第百九十一条の六までにおいて同じ。）
　　の土地ごとに次に掲げる事項を記載した林地台帳を作成するものとする。
　　一　その森林の土地の所有者の氏名又は名称及び住所
　　二　その森林の土地の所在、地番、地目及び面積
　　三　その森林の土地の境界に関する測量の実施状況
　　四　その他農林水産省令で定める事項
　2　林地台帳の記載又は記載の修正若しくは抹消は、この法律の規定による申請、届出そ
　　の他の手続により得られた情報に基づいて行うものとし、市町村は、林地台帳の正確な
　　記載を確保するよう努めるものとする。
　3　前二項に規定するもののほか、林地台帳に関し必要な事項は、政令で定める。

（林地台帳及び森林の土地に関する地図の公表）
　第191条の5　市町村は、森林の土地に関する情報の活用の促進を図るため、林地台帳に
　　記載された事項（公表することにより個人の権利利益を害するものその他の公表するこ
　　とが適当でないものとして農林水産省令で定めるものを除く。）を公表するものとする。
　2　市町村は、森林の土地に関する情報の活用の促進に資するよう、林地台帳のほか、森
　　林の土地に関する地図を作成し、これを公表するものとする。
　3　前条第二項及び第三項の規定は、前項の地図について準用する。

（林地台帳及び森林の土地に関する地図の正確な記載を確保するための措置）
　第191条の6　森林の土地の所有者は、当該森林の土地に係る林地台帳又は前条第二項の
　　地図に記載の漏れ又は誤りがあることを知つたときは、市町村に対し、その旨を申し出
　　ることができる。
　2　市町村の長は、前項の規定による申出があつた場合には、当該申出について速やかに
　　検討を加え、林地台帳又は前条第二項の地図を修正することが必要と認めるときは、こ
　　れらの修正を行うものとする。
　3　市町村の長は、第一項の規定による申出に係る修正を行うこととした場合には、その
　　旨を当該申出をした者に速やかに通知するものとする。
　4　市町村の長は、第一項の規定による申出に係る修正を行わないこととした場合には、
　　理由を付して、その旨を当該申出をした者に速やかに通知するものとする。

（森林に関するデータベースの整備等）
　第191条の7　第191条の4及び第191条の5に定めるもののほか、国及び地方公共団体は、
　　森林の施業が適切に行われるためには森林に関する正確な情報の把握が重要であること
　　に鑑み、森林に関するデータベースの整備その他森林に関する正確な情報を把握するた
　　めに必要な措置を講ずるよう努めるものとする。

7-3　地籍調査結果の登記への反映等

ポイント

- 7-1（2）の地籍調査をきっかけとした登記の促進とともに、地籍調査により判明した所有者の氏名や住所等の変更について、登記情報に反映されるよう、国土調査法第20条の励行が望まれる。
- 上記効果を有することも踏まえ、地籍調査の着実な実施が期待される。

　地籍調査をきっかけとして、土地所有者の土地への関心が高まることにより、不動産登記やその他の土地に関する届出の適切な実施等に繋がることが期待されます。また、地籍調査等の成果が不動産登記簿に適切に反映されることにより、所有者不明土地の増加を防ぐ効果も期待されます。

　こうしたことから、地籍調査の着実な実施が望まれるところ、本節では、地籍調査に関連した制度等について紹介します。

（1）国土調査法第20条の適切な運用

　地籍調査等の成果については、市町村から都道府県に送付されたのち、都道府県で検査をした上で国の承認を受け、都道府県知事が認証することとなっています（国土調査法第18条、同法第19条）。その認証された成果に関しては写しを作成して市町村又は都道府県で保存されるほか、登記所に送付されます。登記所は、送付された成果の写しに基づいて、土地の表示に関する登記及び所有権の登記名義人の氏名若しくは名称、若しくは住所についての変更の登記若しくは更正の登記を行います（国土調査法第20条）。

　この変更又は更正の登記とは、所有権登記名義人等の婚姻等での氏名の変更、転居等での住所変更等に伴う変更であり、所有権登記名義人等が別の者となっていたというような変更は含まれません。

　しかし、この変更の登記が適切に実施されることにより、例えば、後年に当該土地の所有者の相続人調査が必要となった場合など、変更の登記が実施されていない場合と比較して、円滑な相続人調査に寄与することが期待されます。

（2）調査の推進（実施の委託）

　　地籍調査の主な実施主体は市町村等ですが、行政ニーズの多様化等により、市町村等の体制は十分であるとは言えません。そこで、市町村等が法人[59]に調査の実施を委託（国土調査法第10条第2項）することにより、その負担を軽減することが可能です。委託できる内容は、従来外注で行っていた測量作業等の実施だけではなく、それらの作業の工程管理や検査等も含まれます。この制度の積極的な活用が地籍調査の推進に向けた有効な対策になると考えられます。

（3）地籍調査以外の測量成果の活用

　　地籍調査以外の測量成果について、国土調査法に基づく指定（国土調査法第19条第5項）を受けることにより、国土調査の成果と同等の扱いをされることとなり、原則として地籍調査の実施は不要とされています。

　　具体的には、土地区画整理事業、土地改良事業、公共事業を行う前の用地測量等の成果について、国土交通省又は事業所官庁において、測量精度等が国土調査と同等以上といえるかを審査し、それを満たしているものについては国土調査の成果と同等に扱えるように指定します。指定された成果は、国土交通省又は事業所官庁が当該土地を管轄する登記所に送付し、登記官の職権で登記記録に反映され、不動産登記法第14条第1項の地図として備え付けられます。

　　市区町村においては、地籍担当部局だけではなく、公共事業等を担当する部局でも、この制度への理解が深まることが必要です。

59　地籍調査についての十分な知識や経験等があるものを有する、偏りのない役員配置がされている法人で、第三者機関による検定が義務付けられている。

<＜参照条文＞
国土調査法
（国土調査の実施の委託）
第10条　国の機関、都道府県又は市町村は、国土調査を行おうとする場合においては、国の機関にあつては都道府県又は道若しくは二以上の都府県の区域にわたつて基本調査、土地分類調査又は水調査に類する調査を行う者に、都道府県にあつては市町村又は土地改良区等に、市町村にあつては土地改良区等に、それぞれ当該国土調査の実施を委託することができる。

2　前項に規定するもののほか、都道府県又は市町村は、国土調査を適正かつ確実に実施することができると認められる者として国土交通省令で定める要件に該当する法人に、その行う国土調査（同項の規定によりその実施を委託されたものを含む。）の実施を委託することができる。

（地図及び簿冊の送付）
第18条　前条第1項の規定により閲覧に供された地図及び簿冊について同項の閲覧期間内に同条第2項の規定による申出がない場合、同項の規定による申出があつた場合においてその申出に係る事実がないと認めた場合又は同条第3項の規定により修正を行つた場合においては、当該地図及び簿冊に係る国土調査を行つた者は、それぞれ、国の機関及び第5条第4項の規定による指定を受け又は第6条の3第2項の規定により定められた事業計画に基づいて国土調査を行う都道府県にあつては国土交通大臣に、第8条第1項の勧告に基づいて国土調査を行う者にあつては事業所管大臣に、その他の者にあつては都道府県知事に、遅滞なく、その地図及び簿冊を送付しなければならない。

（成果の認証）
第19条　国土調査を行つた者は、前条の規定により送付した地図及び簿冊（以下「成果」という。）について、それぞれ、国の機関及び第五条第四項の規定による指定を受け又は第6条の3第2項の規定により定められた事業計画に基づいて国土調査を行う都道府県にあつては国土交通大臣に、第八条第一項の勧告に基づいて国土調査を行う者にあつては事業所管大臣に、その他の者にあつては都道府県知事に、政令で定める手続により、その認証を請求することができる。

2　国土交通大臣、事業所管大臣又は都道府県知事は、前項の規定による請求を受けた場合においては、当該請求に係る国土調査の成果の審査の結果に基づいて、その成果に測量若しくは調査上の誤り又は政令で定める限度以上の誤差がある場合を除くほか、その成果を認証しなければならない。

3・4　（略）

5　国土調査以外の測量及び調査を行つた者が当該調査の結果作成された地図及び簿冊について政令で定める手続により国土調査の成果としての認証を申請した場合においては、国土交通大臣又は事業所管大臣は、これらの地図及び簿冊が第2項の規定により認証を受けた国土調査の成果と同等以上の精度又は正確さを有すると認めたときは、これらを同項の規定によつて認証された国土調査の成果と同一の効果があるものとして指定することができる。

6　（略）

＜参照条文＞

国土調査法

（成果の写しの送付等）

　第20条　国土交通大臣、事業所管大臣又は都道府県知事は、前条第 2 項の規定により国土
　　調査の成果を認証した場合又は同条第 5 項の規定により指定をした場合においては、地
　　籍調査にあつては当該調査に係る土地の登記の事務をつかさどる登記所に、その他の国
　　土調査にあつては政令で定める台帳を備える者に、それぞれ当該成果の写しを送付しな
　　ければならない。

　2　　登記所又は前項の台帳を備える者は、政令で定めるところにより、同項の規定による
　　送付に係る地図及び簿冊に基づいて、土地の表示に関する登記及び所有権の登記名義人
　　の氏名若しくは名称若しくは住所についての変更の登記若しくは更正の登記をし、又は
　　同項の台帳の記載を改めなければならない。

　3　　（略）

7-4　関連制度について（参考）

　ここでは、本章7-1、7-2で取り上げた対策の参考として、国土利用計画法に基づく事後届出制、農地法に基づく届出制度等、森林法に基づく事後届出制度の概要、相続登記の手続の簡素化等に向けた取組み、所有者不明土地を隣接地とする筆界特定制度の活用、表題部所有者不明土地の登記及び管理の適正化に関する法律について、紹介します。

（1）国土利用計画法に基づく事後届出制

　国土利用計画法においては、土地の投機的取引及び地価の高騰が国民生活に及ぼす弊害を除去し、かつ、適正かつ合理的な土地利用の確保を図ることを目的として、土地取引の規制に関する措置を定めています。

　土地取引の規制に関する措置は、全国に一般的に適用される事後届出制と、地価の上昇の程度等によって区域、期間を限定して適用される事前届出制（注視区域制度、監視区域制度）及び許可制（規制区域制度）から構成されています。

　事後届出制においては、法定面積以上の大規模な土地取引（市街化区域：2,000㎡以上、都市計画区域（市街化区域を除く。）：5,000㎡以上、都市計画区域外：10,000㎡以上）について、土地売買等の契約（所有権、地上権、賃借権等の移転又は設定をする契約）を締結した場合に、土地に関する権利の取得者は、契約締結の日から起算して2週間以内に、市町村長を経由して都道府県知事等に対し届出を行うことを義務付けています。届出内容は、契約当事者の氏名・住所、契約締結年月日、土地の所在・面積、権利の種別・内容、土地の利用目的、取引価格等です。なお、贈与、相続等の場合は届出が不要です。

＜参照条文＞
国土利用計画法
（土地に関する権利の移転又は設定後における利用目的等の届出）
　第23条　土地売買等の契約を締結した場合には、当事者のうち当該土地売買等の契約により土地に関する権利の移転又は設定を受けることとなる者（次項において「権利取得者」という。）は、その契約を締結した日から起算して二週間以内に、次に掲げる事項を、国土交通省令で定めるところにより、当該土地が所在する市町村の長を経由して、都道府県知事に届け出なければならない。
　　一～七　（略）
　2・3　（略）

（2）農地法に基づく届出制度等

　　農地法においては、有限で貴重な資源である農地についてその保全を図り、農業を行う者に適正・効率的に利用されるよう、耕作目的での農地等の権利を移動する場合には、その土地の所在する市町村の農業委員会の許可（以下「農地法第３条許可」という。）を受けることとされています。一方、農業委員会が許可等により把握できない相続等による農地等の権利取得についても、農業委員会が把握できるよう、その権利を取得した者は、遅滞なく、その土地の所在する市町村の農業委員会に届出（以下「農地法第３条の３の規定による届出」という。）を行うことが、義務付けられています（図７-４）。なお、農地法第３条の３の規定による届出制度は、平成21年の農地法改正により創設された制度です。

　　農地法第３条許可の申請の内容は、申請当事者の住所氏名、土地の所在場所及び面積等であり、土地登記事項証明書、公図の写し、位置図等を添付して、譲渡人、譲受人の連名で申請を行います。この許可を受けていない売買等は無効となります。

　　農地法第３条の３の規定による届出は、相続、遺産分割、財産分与に関する裁判等による権利の取得、包括遺贈による権利の取得等が対象になっており、届出の内容は、届出者の住所氏名、土地の所在場所及び面積、権利を取得した日、取得した権利の種類及び内容等です。

　　なお、この届出制度の確実な運用を図る観点から、８割以上の市町村において、死亡届の提出先である戸籍担当部局が、農地を相続した場合の届出手続を死亡関連届出一覧に記載するといった措置を講じています。

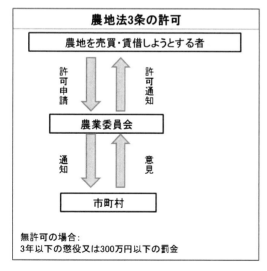
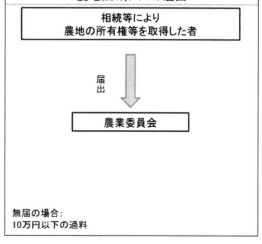

図７-４　農地法に基づく届出制度等

<参照条文>

農地法

（農地又は採草放牧地の権利移動の制限）

　第3条　農地又は採草放牧地について所有権を移転し、又は地上権、永小作権、質権、使用貸借による権利、賃借権若しくはその他の使用及び収益を目的とする権利を設定し、若しくは移転する場合には、政令で定めるところにより、当事者が農業委員会の許可を受けなければならない。ただし、次の各号のいずれかに該当する場合及び第五条第一項本文に規定する場合は、この限りでない。

　　一〜一六　（略）

　2　（略）

（農地又は採草放牧地についての権利取得の届出）

　第3条の3　農地又は採草放牧地について第3条第1項本文に掲げる権利を取得した者は、同項の許可を受けてこれらの権利を取得した場合、同項各号（第12号及び第16号を除く。）のいずれかに該当する場合その他農林水産省令で定める場合を除き、遅滞なく、農林水産省令で定めるところにより、その農地又は採草放牧地の存する市町村の農業委員会にその旨を届け出なければならない。

（3）森林法に基づく事後届出制度

　　森林法においては、森林法に基づき都道府県知事又は市町村の長が、伐採及び伐採後の造林の計画の届出をしないで伐採が行われた場合の造林命令、保安林における監督処分などの諸制度を円滑に実施する上で、森林所有者を把握することが重要であることから、法第10条の７の２の規定に基づき、新たに森林の所有者になった場合は、その土地が所在する市町村に届出を行うことが義務付けられています（図７-５）。なお、本制度は、平成23年の森林法改正により創設された制度です。

　　本制度においては、国土利用計画法に基づく届出を行った森林を除く地域森林計画の対象森林すべてが届出の対象となっており、売買、相続、贈与、遺贈、土地の交換等により新たに対象森林の土地所有者となった場合、所有者になった日から90日以内に土地の所在する市町村長に届出を行うことが義務付けられています。届出の内容は、届出者と前所有者の住所氏名、所有者となった年月日、所有権移転の原因、土地の所在場所及び面積、土地の用途等であり、登記事項証明書（写しも可）又は土地売買契約書や遺産分割協議書など所有権を有したことが分かる書類、土地の位置を示す図面を添付します。

　　なお、森林を相続したが、90日以内に遺産分割協議が整わない場合には、法定相続人の共有物としての届出が必要となり、法定相続人個々で届出を行うか、又は共同して届出を行うことになります。また、その後、遺産分割協議が整い持分に変更があった場合には、分割協議の終了日から90日以内に再度届出を行うことになります。

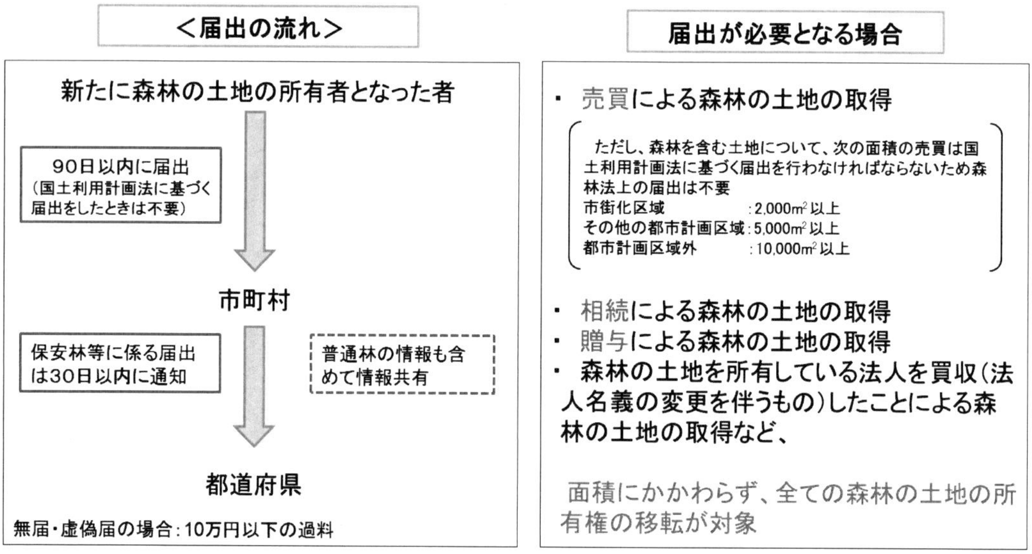

図７-５：森林法に基づく届出制度

<参照条文>

森林法

（森林の土地の所有者となつた旨の届出等）

　第10条の7の2　地域森林計画の対象となつている民有林について、新たに当該森林の土地の所有者となつた者は、農林水産省令で定める手続に従い、市町村の長にその旨を届け出なければならない。ただし、国土利用計画法（昭和49年法律第92号）第23条第1項の規定による届出をしたときは、この限りでない。

　2　（略）

（4）相続登記の手続の簡素化等にむけた取組み

　　相続登記の手続の簡素化やその利便性の向上に向けての法務省の取組みを紹介します。

・相続登記の申請において、被相続人の除籍等の一部が、廃棄処分又は戦災、焼失若しくは災害により滅失しており、謄本を提供することができない場合には、これまで、他に相続人はない旨の相続人全員の証明（申述）書（印鑑証明書添付）を提供する取扱いとされていましたが、平成28年3月に、これを不要とする取扱いに変更されました。

・遺産分割協議後に他の相続人が死亡して、当該協議の証明者が一人となった場合の相続登記の申請に添付すべき書面について、その一人が遺産分割協議の内容を証明する書面も適格性を有するとの取扱いが平成28年3月に明確化されました。

・相続登記の申請において、被相続人の登記記録上の住所が戸籍の謄本に記載された本籍と異なる場合には、これまで、不在籍証明書等を提供する取扱いとされていましたが、平成29年3月に、これを不要とする取扱いに変更されました。

・数次相続が生じている場合の登記申請について、最終的な遺産分割協議の結果のみが記載されている遺産分割協議書であっても、中間の相続が単独相続であることが相続人の合理的な意思であると推認できるものについては1件の申請で行うことができるとの取扱いが平成29年3月に明確化されました。

・数次相続が生じている場合の登記申請について、異順位の共同相続人の間で相続分の譲渡がされた後に、中間の相続が単独相続となるような遺産分割協議が行われたものについては、1件の申請で行うことができるとの取扱いが平成30年3月に明確化されました。

（5）筆界特定制度

　　ここでは、不動産登記法に基づく筆界特定制度について紹介します。

　　所有者不明土地の増加に伴い、隣接する土地の所有者の所在を把握することができず筆界の確認ができないことが土地取引を阻害する要因の一つとなっています。

　　筆界特定制度では、このような場合でも、実地調査や測量を含む様々な調査を行った上で筆界特定登記官が隣接地との筆界を特定し、土地の位置や範囲を明確にすることが可能です。

　　また、上記のような事案において筆界特定制度の更なる活用を図るべく、土地家屋調査士又は土地家屋調査士法人（以下「土地家屋調査士等」という。）と連携して効率的に筆界特定を行う仕組み[60]について試行的な運用を行っています。

＜筆界特定制度＞

　　筆界特定登記官が、土地の所有権登記名義人等の申請に基づき、外部専門家である筆界調査委員の意見を踏まえ、一定の手続を経て、現地における筆界の位置について判断をする制度。

　　筆界特定登記官の行う筆界特定は、公的機関が、筆界を特定するための手続に基づいて筆界を判断する行為であり、行政処分としての効力はないが、公的機関が示した筆界についての判断としての証明力を有することになるため、土地の筆界の位置が問題となる様々な場面で、証拠として活用することが可能。

　　本制度は、裁判のような厳格な手続によることなく、土地の所有権登記名義人等の申請を受けて、行政が職権で必要な調査を行う。筆界確定訴訟のように形成的に筆界を確定する効力はないが、①隣人を訴えることなく、迅速に公の機関の判断を得られ、②証拠収集の負担が軽減され、③外部専門家が必ず関与する制度的仕組みが保障される、といった特長がある。

　　なお、手続上、隣接地の所有権登記名義人等には、意見聴取等の機会や土地の測量、実地調査に立ち会う機会が与えられている（ただし、立ち会わなくても筆界を特定することは可能。）

60　分筆の登記、地積の更正の登記（地図訂正の申出を含む。）、土地の表題登記等（以下「分筆登記等」という。）を受託した土地家屋調査士等が分筆登記等のために収集する各種資料（隣接地の所有者探索に関する資料、登記事項証明書、各種図面、測量結果等）を提出して筆界特定の申請を行う場合には、筆界特定登記官がそれらの資料を最大限活用することによって、通常の手続（6か月から1年程度）よりも迅速（申請から3か月以内の処理を目標とする。）に筆界特定を行おうという仕組み。

（6）表題部所有者不明土地の登記及び管理の適正化に関する法律

　　表題部所有者欄の氏名・住所が正常に記録されていない土地（表題部所有者不明土地）の登記及び管理の適正化を図るため、表題部所有者法（表題部所有者不明土地の登記及び管理の適正化に関する法律（令和元年法律第15号））が令和元年5月24日に公布され、①登記官が所有者の探索を行い、その結果を登記に反映させる制度及び②所有者の探索を行った結果、所有者を特定することができなかった土地について、裁判所の選任した管理者による管理を可能とする制度が設けられました。なお、①所有者の探索等に関する制度は同年11月22日に施行され、②所有者を特定することができなかった土地について適切な管理を可能とする制度は令和2年11月1日に施行される予定であり、現在、施行に向けた準備が進められています。（図7-6）。

表題部所有者不明土地の登記及び管理の適正化に関する法律の概要

法務省民事局

令和元年5月17日成立, 5月24日公布, 令和元年法律第15号

第1　表題部所有者不明土地とは

旧土地台帳制度下における所有者欄の氏名・住所の変則的な記載が, 昭和35年以降の土地台帳と不動産登記簿との一元化作業後も引き継がれたことにより, 表題部所有者(※)欄の氏名・住所が正常に記録されていない登記となっている土地(表題部所有者不明土地)となり, それがそのまま解消されていない土地が全国に多数存在(全国約50万筆調査の結果, 約1%存在)

(平成29年8月～平成30年5月調査)

(※)表題部所有者とは…所有権の登記(権利部)がない不動産について, 登記記録の表題部に記録される所有者をいう。
当事者の申請により所有権の登記がされると, 表題部所有者に関する登記事項は抹消される。

表　題　部　(土地の表示)			調製	余　白	不動産番号	0000000000000
地図番号	余　白	筆界特定	余　白			
所　在	特別区南都町一丁目					余　白
① 地番	② 地目	③ 地積	㎡	原因及びその日付 [登記の日付]		
101番	宅地	300	00	不詳 [平成20年10月14日]		
所　有　者	特別区南都町一丁目1番1号　甲　野　太　郎					

種類別の内訳

墓地, 山林, 畑等

(例)
① 住所の記載がない土地 (単有・共有)
「A」
② 字持地　　　　③ 記名共有地
「大字〇〇」　　　「A外〇名」 等

③4%
②11%
①85%

第2　現状

● 所有者不明土地の中でも, 氏名や住所の記録がないため, 戸籍や住民票による所有者調査の手掛かりがなく, 所有者の発見が特に困難
→自治体における用地取得や民間取引において, 交渉の相手方が全く分からず, 用地取得や民間取引の大きな阻害要因に
● 表題部所有者不明土地を解消するためには,
・ 公的資料や歴史的な文献(例えば, 寺で保管されている過去帳や, 地域内の土地に関する歴史書等)を調査
・ その土地の経緯を知る近隣住民等からの聴き取り
などによる所有者の特定が必要
→今後, 歴史的資料の散逸や地域コミュニティの衰退により, 所有者の特定がますます困難になるおそれ
(政府方針)
〇経済財政運営と改革の基本方針2018(平成30年6月15日閣議決定)
「変則的な登記(表題部所有者の氏名・住所が正常に記録されていない登記)の解消を図るため, 必要となる法案の次期通常国会への提出を目指すとともに, 必要となる体制を速やかに整備する。」

第3　法律のポイント

1 表題部所有者不明土地について, 所有者の探索に関する制度を設ける
(令和元年11月22日施行)

・登記官に所有者の探索に必要な調査権限を付与(各種台帳情報の提供の求め等)
・所有者等探索委員制度(必要な知識・経験を有する者から任命される委員に, 必要な調査を行わせ, 登記官の調査を補充する制度)を創設

2 探索の結果を登記簿に反映させるための不動産登記の特例を設ける
(令和元年11月22日施行)

・探索の結果を踏まえて, 表題部所有者の登記を改めるための規定を整備

3 探索の結果, 所有者を特定することができなかった土地について, 適切な管理を可能とする制度を創設する (令和2年11月1日施行)

・登記官が探索を行ってもなお所有者を特定することができなかった土地について, 新たな財産管理制度(裁判所の選任した管理者による管理)を創設

1

図7-6：表題部所有者法の概要

（7）不動産の寄付を受け付けている取組

国や自治体の不動産の寄付の受け入れは難しい点がありますが、一定の条件を満たせば空き家対策事業の一環として自治体が不動産の寄付を受け付けている事例を紹介します。

【長崎県長崎市の取組】
老朽危険空き家対策事業における不動産の寄付を受け付けている事例

概要：老朽危険空き家について、地域の防災、防犯などのために、下記の条件にすべてあてはまるものの解体を行い、公共空間を確保。

条件：① 対象区域内※にあるもの
　　　　② 所有者から土地と建物を長崎市へ寄附または無償譲渡されること
　　　　③ 解体後の土地の日常の維持管理を、地元の住民がおこなうこと
　　　　④ 木造建築物又は軽量鉄骨造建築物であること
　　　　⑤ 土地と建物に、物権又は賃借権が設定されていないこと
　　　　⑥ 急傾斜地、土砂流出危険区域等で維持管理に支障をきたす恐れがなく、又、寄附等後に災害防止等の措置が必要でないこと
　　　　⑦ 土地と建物の所有者が市税を完納していること
　　　　※「対象区域内」長崎市老朽危険空き家対策事業実施要項第3条で指定されている既成市街地、330町丁目、約3,900ha（木造密集市街地で特に整備が必要な既成市街地など含む）

おもな手順：申込者（所有者または相続人）⇒建築指導課受付⇒現地調査⇒
　　　　　　　地元意向調査⇒申込者申請書提出⇒判定⇒申込者へ通知⇒所有権移転⇒
　　　　　　　解体⇒整地⇒地元利用・管理

実施前

実施後

【愛媛県松前町の取組】
　住環境改善事業における土地の寄付を受け付けている事例

概要：老朽放置建物の倒壊などによる防災、住環境の悪化防止のために、下記の条件にす
　　　べてあてはまる老朽放置建物が存する土地の寄付を受けて町が建物の除却を行い更
　　　地として維持管理。または管理放棄地の寄付を受けて住環境の保全をする。老朽放
　　　置建物の除却を行うものに対し、予算の範囲内において補助金を助成。

条件：①　指定区域内※にあるもの
　　　②　昭和56年 5 月31日以前に着工された一戸建ての木造建物及びその付属する建物
　　　③　敷地内に所有者、管理者又は占用者が居住しておらず、現に放置されている建
　　　　　物
　　　④　老朽放置建物が現に存している土地又は更地のまま適正な管理がなされず放置
　　　　　されている土地
　　　⑤　土地・建物の所有者または債権等を抹消し、建物の除却し、管理放棄地を無償
　　　　　で寄付できる権限を持つ者（以下「除却対象者」という。）
　　　　※指定区域内　松前町住環境改善事業実施要項第 3 条で指定されている 2 地区
　　　　　（現況は木造住宅密集地であり町全体の中でも空き家が非常に多い地区）

おもな手順：除却対象者による除却認定の申請⇒まちづくり課受付⇒現地調査⇒除却対象
　　　　　　　者へ除却認定の通知⇒除却対象者による除却事業の申請⇒除却事業の決定⇒
　　　　　　　除却事業対象の土地・建物の所有権移転⇒除却対象者への所有権移転を通知
　　　　　　　⇒解体⇒除却対象者への通知⇒更地として維持

所有者の所在の把握が難しい土地に関する探索・利活用のためのガイドライン

事例集

本事例集では、ガイドラインに掲載した所有者の所在の把握が難しい土地に関する探索や利活用の方法について、具体事例を紹介します。

　所有者の所在の把握が難しい土地に関する事例は多種多様であり、個々の土地の状況や事業の性質、問題の実態等により、解決へのプロセスも異なると考えられます。この事例集は、あくまでも、実際の現場における問題解決の手順や考え方等を整理したものです。
　したがって、必ずしも掲載した方法と同様の対応で解決できるものではないことを申し添えます。

　実務担当者におかれましては、ガイドライン本文と併せてご活用いただき、問題解決の一助としていただければ幸いです。

＜事例集の活用にあたって＞
　・出典が「用地ジャーナル」となっている事例の詳細については、一般財団法人公共用地補償機構への問い合わせが可能です。また、掲載年が平成28年度以前の事例については、以下のウェブサイトで、詳細な資料の確認が可能です。
　　【連絡先】一般財団法人　公共用地補償機構　用地補償研究所
　　　　　　　03-5940-0222（電話）
　　　　　　　03-5940-0223（FAX）
　　【ウェブサイト】用地ジャーナルアーカイブ
　　　　　　　　　http://www.hosyoukikou.jp/cgi-bin/journal/index.cgi

　・各事例の最上段にある「土地の状況」は、ガイドライン第3章の分類に基づき、「解決方法」は、ガイドライン第2章の分類に基づき、それぞれ示しています。

事例集　目次

事例1

土地の状況	解決方法
所有権について時効取得を 主張することができる土地	不在者財産管理制度
	訴訟
記名共有地	（取得時効）

事案の概要

　登記記録の表題部の所有者欄に「A外55名」との記録しかない土地（隣接地は神社が所有）であり、かつ閉鎖登記簿に共同人名票も存在しないため、表題部所有者の特定ができず、取得時効を原因とする所有権確認の訴えを提起するなどして、用地取得した事案である。

土地の状況（問題のポイント等）

○対象地は、登記記録の表題部の所有者欄に「A外55名」との記録しかなく、閉鎖登記簿に共同人名票も存在しない。

○隣接地は神社が所有しており、対象地の固定資産税は神社が支払っている。

○土地を神社の責任役員（総代）が第三者に賃貸しており、その賃料は同神社の銀行口座に入金されている。

土地所有者の探索や制度活用等、解決のために講じた方策の手順

①所有者特定方法の検討

　…起業者から、地方法務局出張所の登記相談や県公共嘱託登記司法書士協会の地元社員（司法書士）、さらにその司法書士を通じて、地方法務局、地方裁判所に相談したところ、時効取得を原因とする所有権確認の確定判決（旧不動産登記法第100条第1項第2号。現在の不動産登記法第74条第1項第2号）があれば所有権保存登記をすることが可能であることが判明した。

②不在者財産管理人の選任

　…本事案では特定できたA氏は所在不明であり、A氏以外の所有者は把握できないため、家庭裁判所に対しA氏について不在者財産管理人の選任を申し立てた。不在者財産管理人は、表題部の所有者欄に記録されたA氏の子孫であり、神社の世話人であったA´氏が選任された。

③所有権確認等請求に係る訴え提起

④5回の口頭弁論を経て確認判決がされ、同判決が確定（判決確定まで提訴から10か月）

⑤神社が所有権保存登記後、神社と起業者で土地の売買契約、借地人と権利消

事例1

　　減補償契約の締結の実施

［その他］
　○裁判費用の見積費用（司法書士事務所作成）の支払を負担する意向を神社が
　　示した。
　○土地収用法の活用では、ある程度の期間を要するが、本件においては所有権
　　確認訴訟（取得時効）を活用し、比較的短期間で用地取得をすることができ
　　た。

［出典］
用地ジャーナル2011年10月号
　（補償事例）登記簿の共同人名票が不存在の場合に時効取得により所有者を
　特定させ用地取得をした事例

［備考］
　　記名共有地について所有権確認の確定判決に基づいて所有権保存登記をする
場合、その判決の理由中において当該土地が登記記録にかかわらず原告の所有
に属することが証拠に基づいて認定されている必要があり、本件も判決の理由
中において原告の所有に属することが証拠により認定されている事例と考えら
れる。

事例2

土地の状況	事業主体：国
	解決方法
相続に伴う登記手続が一代又は数代にわたりされていない土地	不在者財産管理制度

事案の概要

　河川調節池事業実施の際に、整備区域内の複数の土地の一部につき、その所有者の登記名義人が既に死亡し、相続が発生していた。相続人を調査したところ、相続人のうちの1名が不在者であることが判明したことにより、民法第25条の規定に基づき不在者財産管理制度を活用し、迅速な用地取得を図った事案である。

土地の状況（問題のポイント等）

○所有権の登記名義人が既に死亡しており、相続人調査の結果、土地は所有権の登記名義人の相続人3名で共有されていることが判明したが、そのうち1名の所在が不明であった土地である。

土地所有者の探索や制度活用等、解決のために講じた方策の手順

①権利者調査（不在者把握）（平成25年10月～平成26年8月）

　…戸籍及び戸籍の附票等の調査、最後の住所地に赴き近隣住民に対する不在者に関する情報収集及びその子や警察に対する情報収集を行った。

②不在者財産管理人選任の申立て

③不在者財産管理人選任の審判（平成26年10月）

④権限外行為許可の申立て

⑤権限外行為の許可を受け、不在者財産管理人と起業者間で土地売買契約等（平成27年10月）

手続等に要した書類

①不在者財産管理人選任の申立書

　（添付書類：財産目録（本件物件のみの記載。起業者にて作成）、土地登記記録、不在を証する書面（周辺への聞き込み調査（用地交渉記録）、固定資産課税台帳の調査結果、手紙の郵送、戸籍謄本等）、物件写真、物件位置図、公図の写し、利害関係を証する書面）

②権限外行為許可の申立書

3

事例2

| その他 |

○本事案では、公的書類（固定資産課税台帳、戸籍謄本等）、区役所、警察及び近隣住人への聞き込みにより不在者の所在の特定を試みた。しかし、不在者の住所及び居所は判明せず、その行方、生死等に関する情報も得られなかった。

事例3

	事業主体：国
土地の状況	**解決方法**
相続に伴う登記手続が一代又は数代にわたりされていない土地	不在者財産管理制度

事案の概要

　大規模な斜面崩落及び河道閉塞が発生した地域において、二次災害を防ぐためなどに緊急的に砂防対策工事を行っており、必要な土地の共有者のうちの1名の相続人につき、その戸籍が高齢者消除[1]され、所在が不明であったため、不在者財産管理人を選任した事案である。

土地の状況（問題のポイント等）

○対象地は、植林などの用途には利用されていない山林であり、明治30年に地元の者3名が共有者として所有権の登記名義人となった後は、相続も含めて所有権移転登記がされていない土地である。

○共有者のうちの1名の相続人（明治20年生まれ）の戸籍が、近年高齢者消除されていた。

土地所有者の探索や制度活用等、解決のために講じた方策の手順

①戸籍、住民票等による権利者調査（不明者把握）（平成25年5月）

②所在不明者に関する親族や近隣住民への聞き取り調査等（平成25年5月～11月）

③不在者財産管理人選任の申立て

④不在者財産管理人選任の審判（平成26年6月）

⑤権限外行為許可の申立て

⑥権限外行為の許可を受け、不在者財産管理人と起業者間で土地売買契約等（平成27年5月）

手続等に要した書類

①不在者財産管理人選任の申立書

②権限外行為許可の申立書

1　高齢者消除とは、戸籍上高齢となっているが死亡届が提出されていない者について、一定の要件のもと、戸籍の整理をするために講じる行政措置のことをいう（法令で義務付けされているものではない）。

事例３

○登記手続のために「他に相続人がないことの証明書」及び「家督相続人が選
　定された事実がないことの証明書」を作成する必要がある相続人がいた。

事例4

	事業主体：国
土地の状況	**解決方法**
相続に伴う登記手続が一代又は数代にわたりされていない土地	不在者財産管理制度

事案の概要

　砂防事業実施の際、起業地内に2名の共有名義土地が存在し、相続が発生していた所有権の登記名義人1名について戸籍関係書類等の調査及び親族等への聞き取りを実施したところ、居所及び生死の確認に至らなかった相続人1名が存在していたため、不在者財産管理制度を活用することにより迅速な用地取得を図った事案である。

土地の状況（問題のポイント等）

○対象地は昭和40年代に売買にて取得され、所有権保存登記がされている山林であるが、共有者である所有権の登記名義人1名が死亡した時点でその相続人のうち1名が行方不明であったことから、適正な相続登記ができなかったものと考えられる。

土地所有者の探索や制度活用等、解決のために講じた方策の手順

①権利者調査（不明者把握）（平成24年12月～平成25年7月）
　…戸籍関係書類の調査や、他の相続人及び住所地近隣住民への聴取を行った。
②不在者財産管理人選任の申立て及び審判（平成25年8月～平成26年1月）
③権限外行為許可の申立て（平成26年2月）
④権限外行為の許可を受け、不在者財産管理人と起業者間で土地売買契約締結等（平成26年2月）

手続等に要した書類

①不在者財産管理人選任の申立書
　（添付書類：全部事項証明書・戸籍謄本等・相続関係説明図・調査報告書（聞き取り調査等の経緯や内容を記載）・図面）
②権限外行為許可の申立書

その他

○地元区長に事業の緊急性、必要性を説明し、理解を求めた。

事例5

事業主体：国	
土地の状況	**解決方法**
相続に伴う登記手続が一代又は数代にわたりされていない土地	不在者財産管理制度

事案の概要

　河川事業用地の中に所有権の登記名義人に相続が発生している土地があり、相続人のうち1名が戸籍の附票の住所について職権により消除され所在が不明であったため、当該相続人の子が不在者財産管理人の選任を申し立て、用地取得を図った事案である。

土地の状況（問題のポイント等）

○対象地は、相続発生（昭和50年）による相続整理がなされておらず、共有者である相続人17名のうち1名が所在不明の状態であった。

土地所有者の探索や制度活用等、解決のために講じた方策の手順

①権利者調査（不明者把握）（平成23年11月～平成24年2月）

　…戸籍調査、地元区長、相続人等への聞き取りを実施した。

②用地協議（平成25年7月～平成27年1月）

　…戸籍の附票の住所が職権により消除されたため、職権消除された権利者の子（相続人の子）が不在者財産管理人の選任を申し立て、相続整理を行うことについて、了解を得た。

③不在者財産管理人選任の申立て及び審判（平成26年1月～平成26年12月）

④権限外行為許可の申立て（遺産分割協議）

⑤権限外行為の許可を経て遺産分割協議を実施し、その後、土地売買契約（平成27年1月）

事例6

土地の状況	事業主体：国
	解決方法
相続に伴う登記手続が一代又は数代にわたりされていない土地	不在者財産管理制度

事案の概要

一級河川の堤防強化工事を実施する際に、登記名義人の死亡に伴う相続登記がなされておらず、また、法定相続人（長男）の所在が不明な土地が存在していたため、民法第25条第1項に基づき「不在者財産管理人」を選任することにより、用地取得を図った事案。

土地の状況（問題のポイント等）

○取得対象地は、死亡した登記名義人の単独所有又は持分共有地であるが、登記名義人の死亡に伴う相続登記がなされておらず、また、法定相続人4名のうち1名の所在が不明となっていた。

土地所有者の探索や制度活用等、解決のために講じた方策の手順

権利者調査（不明者把握）（平成25年4月～平成26年9月）

　①不在者の最終住所地への郵便物の送付

　②不在者の最終住所地（アパート）の管理者への聴取

　③不在者の母親、従兄弟への聴取

手続等に要した書類

権利者調査（不明者把握）

　①不在者の不在を証する調査報告書

　②不在者の父方親戚関係図

その他

○法定相続人のうちの一人が住民票の最終住所地に居住しておらず、親戚等に照会しても所在が判明しなかった事例。

○補償金から不在者財産管理人の報酬を支払うことが可能であったことから、不在者財産管理人を引き受けてもらえた。

事例 7

	事業主体：国
土地の状況	**解決方法**
その他 （登記名義人の所在が不明となっている土地）	不在者財産管理制度

事案の概要

　道路事業実施に際し、起業地内の当該土地の所有者について、戸籍関係書類の調査及び親族への聞き取りを実施したところ、住民票が職権消除されており、親族も連絡先を知らず、所有者の所在の確認に至らなかったため、不在者財産管理制度を活用することにより、迅速な用地取得を図った事案。

土地の状況（問題のポイント等）

○取得対象土地は、昭和40年代に名義人が相続を受けて取得した山林であるが、昭和60年に住民票が職権消除され、親族も連絡先を知らず、所有者の所在が不明となっている。

土地所有者の探索や制度活用等、解決のために講じた方策の手順

①権利者調査（平成21年〜平成28年 5 月）

　…具体的な内容　戸籍関係書類の調査、親族への聞き取り

②不在者財産管理人選任の申立て（平成28年 6 月）

　…具体的な内容　戸籍関係書類の調査、親族への聞き取り

③権限外行為許可の申立て（平成28年 9 月）

　…具体的な内容　管理財産を国に売却することの許可

④土地売買契約締結（平成29年 1 月）

手続等に要した書類

①不在者財産管理人選任申立書

②権限外行為許可申立書

その他

○親族に対しては、事業の必要性、緊急性を説明し、理解を求めた。

事例8

土地の状況	解決方法
事業主体：国	
その他 （共有者の1人の所在が不明の土地）	不在者財産管理制度

（※上段「事業主体：国」は右上）

事例8（事業主体：国）

土地の状況	解決方法
その他 （共有者の1人の所在が不明の土地）	不在者財産管理制度

事案の概要

　道路整備事業実施の際に、登記簿を調査したところ15名の共有名義の土地があり、共有者の1人について戸籍を調査したところ、登記簿上の住所・氏名では戸籍が存在せず、当該住所地番の現地調査を行ったが何も情報を得ることができなかった。（同姓同名で住所違いの者の戸籍はあったものの、当該地と結びつける情報は得られなかった。）

　他の共有者等にも聞き取り調査を行ったが情報を得ることができず、登記名義人について不在者財産管理人を選任してもらい、任意取得を図った事案である。

土地の状況（問題のポイント等）

○登記簿上記載されている住所・氏名では戸籍が存在しなかった。

土地所有者の探索や制度活用等、解決のために講じた方策の手順

①権利者調査（登記簿、戸籍調査）（平成22年5月〜平成24年4月）
②不在者財産管理人選任申立てに係る資料作成
　（平成28年4月〜平成28年5月）
③不在者財産管理人選任申立てを法務局に依頼（起業者→法務局）
　（平成28年5月）
④不在者財産管理人選任申立て（法務局→裁判所）（平成28年6月）
⑤不在者財産管理人選任（平成28年7月）
⑥権限外行為許可申立て（平成28年7月）
⑦権限外行為許可（平成28年8月）
⑧土地売買契約等（平成28年8月）

手続等に要した書類

権利者調査
　…登記簿、戸籍調査（各種公用請求）

事例9

	事業主体：国
土地の状況	**解決方法**
表題部のみ登記がされている土地 （表題部所有者の住所の記録が ない場合）	不在者財産管理制度
	訴え提起前の和解等（即決和解）

事案の概要

　高規格道路事業実施の際に、事業区域内の一部に所有権保存登記がされていない土地につき、民法第25条の規定に基づき不在者財産管理制度を活用することにした。さらに、財産管理人と契約締結後、国へ所有権移転登記を行うために、民事訴訟法第275条第1項の規定により、国が所有権を有することを確認する旨の即決和解を申し立て迅速に用地取得を行った事案である。

土地の状況（問題のポイント等）

○対象地は登記記録上、表題部登記のみで、<u>表題部の所有者の氏名は記録されているものの、住所が記録されていなかった</u>。

○対象地は売買契約も締結しており、<u>所有権に争いがない</u>ことから、訴訟よりも即決和解が妥当と判断し、その申立てを行ったものである。

土地所有者の探索や制度活用等、解決のために講じた方策の手順

①権利者調査（所有者把握）（平成23年3月～平成24年6月）

　…土地登記記録による所有者確認及び戸籍調査を行ったが、登記記録上、表題部の登記のみで住所の記録がなかった。

②不在者財産管理人選任の申立て（平成24年9月）

③不在者財産管理人選任の審判（平成25年2月）

④権限外行為許可の申立て（平成25年7月）

⑤権限外行為の許可を受け、不在者財産管理人と起業者間で土地売買契約等（平成25年8月）

⑥即決和解の申立て（平成25年10月）

⑦和解成立（平成25年11月）

手続等に要した書類

①不在者財産管理人選任の申立書

　（添付書類：財産目録（本件物件のみの記載。起業者にて作成。）、固定資産評価通知書、登記事項証明書、閉鎖登記簿謄本、公図、墓石使用（祭祀）者調査票、相続関係説明図、戸籍謄本（除籍）、現地調査報告書、事業に関す

る資料、利害関係を証する書面）

②即決和解の申立書

（添付書類：財産目録、和解条項（案）、不在者財産管理人選任及び不在者財産管理人権限外行為許可に係る審判書（写）、当該土地の全部事項証明書、土地売買契約書）

その他

○本件においては、地権者から国に所有権移転登記を行うに当たり、法務局より、即決和解による和解調書を得た上でなければ、所有権保存登記及び所有権移転登記ができないとの指導があった。

事例10

	事業主体：国

土地の状況	解決方法
表題部のみ登記がされている土地 （表題部所有者の住所の記録が ない場合）	不在者財産管理制度
	訴え提起前の和解等（即決和解）

事案の概要

　必要事業用地（地目：墓地）の登記記録上の表題部所有者が、氏名のみ記録され、住所等所在が分からず、戸籍・除籍も特定することができなかった。また、相続人も追跡できない状況で、所在地周辺の神社・寺院等の過去帳調査、区長及び周辺住民等の聞き取りでも何ら手がかりを得ることができず、法務局の閉鎖登記簿・旧土地台帳調査も行ったが、所在が確認できなかった事案である。

土地の状況（問題のポイント等）

○法務局で、閉鎖登記簿・旧土地台帳等の調査を実施したが、いずれも表題部所有者の氏名のみ（住所なし）が記録されていた。

土地所有者の探索や制度活用等、解決のために講じた方策の手順

①権利者調査（不在者把握）（平成24年4月～平成24年12月）

　…市への所有者探索依頼、周辺の神社・寺院等への聞き取り、過去帳の調査を実施した。所在地周辺の住民への聞き取り調査を行うとともに、法務局に対して閉鎖登記簿・旧土地台帳の調査も行った。

②不在者財産管理人選任の申立て（平成25年5月）

③不在者財産管理人選任の審判（平成25年6月）

④権限外行為許可の申立て

⑤権限外行為許可の審判（平成25年12月）

⑥国と不在者財産管理人との間で、土地の売買契約の締結（平成25年12月）

⑦所有権保存登記の申請等（平成25年12月～平成26年3月）

　…表題部所有者の住所が不明なときは、不動産登記法上、所有権登記保存登記ができない取扱いとなっている。

　そのため、不動産登記法第74条第1項第2号に基づき、確定判決（確定判決と同一の効力を有するものも含む）により、直接国土交通省名義で所有権保存登記をする必要がある。よって、国は、簡易裁判所に対して、即決和解を申し立て（民事訴訟法第275条）、その和解調書により、所有権保存登記を申請した。

| 手続等に要した書類 |

①不在者財産管理人選任の申立書

　（添付書類：不在者調査経過書）

②権限外行為許可の申立書

③即決和解の申立書

| その他 |

○財産管理人を事前に起業者より候補人を立てて進めた案件である。事前に候補者を指定することにより、選任申立てから約6か月で財産管理人の選任が可能となった。

事例11

土地の状況	事業主体：国
	解決方法
表題部のみ登記がされている土地（表題部所有者の住所の記録がない場合）	不在者財産管理制度
	訴え提起前の和解等（即決和解）

事案の概要

　事業用地に、所有権保存登記がなされておらず表題部所有者の氏名のみが記録されている土地について、不在者財産管理人を選任し、即決和解により用地取得を図った事案である。

土地の状況（問題のポイント等）

○対象地は、土地登記簿上<u>表題部の登記のみ</u>なされていた。

土地所有者の探索や制度活用等、解決のために講じた方策の手順

①準備期間（約5か月）
　…登記記録、戸籍を調査した結果、表題部所有者の所在の把握ができなかった。
②不在者財産管理人選任の申立て（約1か月）
③不在者財産管理人選任の審判（約1か月）
④権限外行為許可の申立て（約0.5か月）
⑤権限外行為の許可審判（約1か月）
⑥土地の売買契約の締結（約0.5か月）
　…補償対象を確定し、土地売買契約が締結された。
⑦簡易裁判所へ即決和解の申立て（約1か月）
　…所有権保存登記に必要であったため、申立てを行った。
⑧和解（約1か月）
　…和解調書が作成された。
⑨対象地の所有権保存登記（約1か月）
　…和解調書を登記原因証書として、所有権保存登記を申請した。

手続等に要した書類

①不在者財産管理人選任の申立書
②権限外行為許可の申立書

その他

○本件では、現地での状況確認、役所への当該地の固定資産税の納税者の照会及び地元民生委員への調査の結果、不在者又はその縁故者の情報を得ることができなかったことをもって不在者に該当すると判断した。

○所有権保存登記を行う上で所有権の登記名義人（＝不在者）の住所が必要となるが、所有権の登記名義人が不在であることにより住所が分からないため、国が所有権を有することを確認する旨の即決和解の申立てを行い、その和解調書を得る必要がある。

○即決和解による和解調書に基づいて、不動産登記法第74条第1項第2号を根拠とする登記が可能か否か、登記官に事前に相談しておく必要がある。

事例12

	事業主体：国
土地の状況	**解決方法**
表題部のみ登記がされている土地	不在者財産管理制度
	訴え提起前の和解等（即決和解）

事案の概要

　河川事業用地に、所有権保存登記がなされておらず表題部所有者の氏名のみが記録されている土地について、不在者財産管理人を選任してもらい、即決和解により用地取得を図った事案である。

土地の状況（問題のポイント等）

○法務局で、登記事項証明書、閉鎖登記簿及び旧土地台帳の調査を実施したが、いずれも表題部所有者の氏名のみ（住所記載なし）が記録されていた。
○地元自治委員にも不在者の調査を実施したが、同区域内に不在者を確認することはできなかった。

土地所有者の探索や制度活用等、解決のために講じた方策の手順

①権利者調査（不明者把握）（平成27年2月～平成27年7月）
　…具体的な内容　法務局調査、地元自治体（戸籍）への調査、地元自治委員への聞き取り調査
②不在者財産管理人選任の申立て～審判（平成27年11月～平成27年12月）
③権限外行為許可の申立て（土地売買）～審判（平成28年4月）
④土地の売買契約の締結（平成28年5月）
⑤即決和解の申立て～和解調書の作成（平成28年6月～平成28年7月）
⑥所有権保存登記（平成28年8月）

手続等に要した書類

①不在者財産管理人選任の申立書
②即決和解申立書（訴え提起前の和解申立書）

その他

○現地の状況、公的資料（登記簿、戸籍）及び地元自治委員への調査の結果、不在者又はその縁故者の情報を得ることができなかったことをもって不在者に該当すると判断した。なお、当該土地の固定資産税の納税者の照会については個人情報が不開示であったため、情報を得ることができなかった。

○不在者財産管理人の選任手続の迅速化のため、過去の事案において不在者財産管理人に選任されていた司法書士に候補者となる了承を得て、事前に起業者から不在者財産管理人の候補者を立てて進めた案件である。

○和解調書に基づいて、不動産登記法第74条第1項第2号を根拠とする登記申請ができるか否かについては、事前に法務局に相談しておくことも有用と考えられる。

事例13

事業主体：国	
土地の状況	解決方法
所有権について時効取得を 主張することができる土地	相続財産管理制度
	訴訟 （取得時効）

事案の概要

　自転車歩行者道整備事業において、予定地内の一部の土地につき、所有権の登記名義人が既に死亡し、その相続人が存在しなかったため、この土地の取得に当たり相続財産管理制度を活用し、さらには相続財産法人を被告として、時効取得により所有権を取得したことを原因とする所有権移転登記を求める訴えを提起するなどし、実際に土地を管理・使用している者に所有権移転登記を行い、土地売買契約を締結した事案である。

土地の状況（問題のポイント等）

○対象地は、20年以上耕作を継続された農地（畑）であり、所有権の登記名義人の相続人は存在しなかった。

土地所有者の探索や制度活用等、解決のために講じた方策の手順

①相続調査（平成23年7月）

　…所有権の登記名義人の相続人の戸籍等調査を実施した。

②土地管理者との協議、調整（平成23年8月）

　…所有権の登記名義人の相続人が存在しなかったことから、土地の管理者と今後の取扱いについて調整した。

③相続財産管理人選任の申立て（平成23年9月）

④訴え提起（平成23年11月）

　…相続財産法人を被告として占有者である土地の管理者が時効により所有権を取得したとして、所有権移転登記手続を求める訴えを提起した。

⑤所有権移転登記（平成23年12月）

　…確定判決に基づき土地の管理者へ所有権移転登記がなされた。

⑥土地売買契約締結（平成23年12月）

　…新所有者（土地の管理者）と国で売買契約を締結した。

事例14

事業主体：国	
土地の状況	解決方法
相続に伴う登記手続が一代又は 数代にわたりされていない土地	相続財産管理制度

事案の概要

　国道の歩道整備事業実施の際に、歩道部分の一部の土地につき、その所有者が既に死亡し、相続人のあることが明らかでなかったため、相続財産管理制度を活用することにより迅速な用地取得を図った事案である。

土地の状況（問題のポイント等）

○対象地の所有者は昭和50年に死亡しているが、戸籍からは法定相続人の存在を確認することができず、土地管理者や近隣住民等への聞き込みを行っても相続人を把握することができなかった。

土地所有者の探索や制度活用等、解決のために講じた方策の手順

①権利者調査（相続人把握）（平成10年11月〜平成20年10月）

　…起業者によって、戸籍収集のほか、土地管理者や近隣住民等への聞き込みを行った。

②相続財産管理人選任の申立て及び審判（平成20年10月〜平成21年11月）

③権限外行為許可申立て（平成22年9月）

④権限外行為の許可を受け、相続財産管理人と起業者間で土地売買契約等（平成22年9月）

事業主体：国		
土地の状況		**解決方法**
相続に伴う登記手続が一代又は 数代にわたりされていない土地		相続財産管理制度

事例15

事案の概要

　事業用地の一部の土地につき、所有者が既に死亡し、その相続人のあることが明らかでなかったため、相続財産管理人を選任して用地取得を図った事案である。

土地の状況（問題のポイント等）

○所有権の登記名義人Aが戸主として記録されている除籍謄本には、明治30年死亡と記録されており、その親族として養父、実父及び養母（明治26年死亡）のみが記録されている。

○除籍謄本に記録されている前戸主である養父及び実父の除籍謄本を町役場に請求するも、保存期間経過により廃棄されていたため相続人の有無が不明となっていた。

土地所有者の探索や制度活用等、解決のために講じた方策の手順

①準備期間（約4か月）

　…登記記録、戸籍を調査した結果、相続人の有無が不明となっていた。このため、相続財産管理制度を活用することとした。

②相続財産管理人選任の申立て（約1か月）

③相続財産管理人選任の審判（約1か月）

④権限外行為許可の申立て（約0.5か月）

⑤権限外行為の許可審判（約1か月）

⑥土地の売買契約の締結及び所有権移転登記（約1か月）

　…相続財産管理人と土地売買契約を締結し、その後所有権移転登記をした。

手続等に要した書類

①相続財産管理人選任の申立書

　※なお、上記②による申立ての資料として、町役場が交付した「養父及び実父の除籍謄本については、保存期間経過により廃棄済であることの証明書」を添付した。

事例16

	事業主体：都道府県
土地の状況	**解決方法**
相続に伴う登記手続が一代又は数代にわたりされていない土地	相続財産管理制度

事案の概要

　　対象地は、豪雨災害後に事業計画された急傾斜地崩壊対策事業の一工区である。土地共有者の一部が、既に市外に転出しており、県への寄附に難色を示していたため、急傾斜地崩壊指定区域内の住民等が、当該一部の共有者と交渉を続け、その共有持分を購入後に県に寄附をした。その過程において、共有者の１名が死亡したが相続人が存在しなかったため、相続財産管理制度を活用して用地取得を実施した事案である。

　　なお、本事業は、一定の条件を満たす場合、基本的に事業用地を県に寄附することで、県が国の補助を受けて工事を実施するものである。

土地の状況（問題のポイント等）

○対象地の共有者の一部が、既に市外に転出していて、県への寄附に難色を示していた。

○また、寄附手続中に共有者の１名（Ｔ氏）が死亡し、相続が開始した。

○なお、Ｔ氏には相続人が存在しなかった。

土地所有者の探索や制度活用等、解決のために講じた方策の手順

①相続財産管理人選任の申立て

②相続財産管理人の選任の審判

③権限外行為（寄附）の許可の申立て及びその許可

④相続財産管理人により、県に対して対象地を寄付

　　※Ｔ氏が生前中、親族Ｎ氏の子がＴ氏の身の回りの世話をしていたこともあり、財産管理人選任の申立人はＮ氏、相続財産管理人はＫ司法書士となった。

　　※寄附については、相続財産管理人の権限外行為であるため、家庭裁判所の権限外行為許可を受ける必要があった。このため、Ｋ司法書士が県との打合せの後、家庭裁判所に対し、権限外行為許可を申し立て、その許可の審判がなされた。

| 手続等に要した書類 |

①相続財産管理人選任の申立書

②権限外行為許可申立書（申立ての実情に関する記入含む）

| 出典 |

用地ジャーナル2014年4月号

　（補償事例）相続財産管理人の権限外行為による用地取得

事例17

	事業主体：国
土地の状況	**解決方法**
その他 （相続人全員が相続放棄した土地）	相続財産管理制度

事案の概要

　国営公園の整備に当たり必要となる土地が100名以上の共有地であり、全員の同意が得られず残件となっていたが、平成25年から共有持分の買収を開始し、残2名のうち1名について、法定相続人全員が相続放棄を行い相続人不存在となったため、相続財産管理制度を活用し、用地取得を行った事案である。

土地の状況（問題のポイント等）

○対象地は共有地であり、その共有者が多数存在していたため、当該事業用地は、長年にわたり、唯一、買収ができていない土地であった。

○各共有者から各々の共有持分の買収を行ってきたが、そのうち既に死亡していた1名については、その法定相続人全員が相続放棄を行い、相続人不存在となった。

○そこで、家庭裁判所による相続財産管理人の選任を経て、当該相続財産管理人との間で共有持分に係る売買契約を締結し、同共有持分を取得した。

土地所有者の探索や制度活用等、解決のために講じた方策の手順

①権利者調査（平成26年4月）

　…住民票や戸籍の調査を実施した。

②権利者の共有持分買収に関する意向確認（平成26年5月～平成26年6月）

　…書面を各権利者に郵送し、買収土地代金等を伝えるとともに、相続人に対しては、法定相続分に係る共有持分を売却する旨の契約締結の可否や、相続放棄等に関する確認を行った。

③②の確認をしたところ、既に死亡していた共有者1名（被相続人）につき、その配偶者及び第1順位の相続人全員が相続放棄を行っていたことが判明（平成26年6月）

　…相続人の一人からの電話連絡による。

④上記被相続人の第3順位の相続人への説明（平成26年9月）

　…第2順位の相続人は全員既に死亡していたため、第3順位の相続人（1名）の自宅へ出向き、上記配偶者等による相続放棄の事実を伝え、相続放棄を行うか、相続放棄はせず当方との売買契約に応じるか選択するよう説明した。

⑤④の第３順位の相続人が相続放棄を選択し、相続人不存在となる（平成26年11月）

　…当該相続人に確認するとともに、家庭裁判所へ文書で確認した。

⑥相続財産管理人選任の申立て（平成27年３月）

⑦相続財産管理人選任の審判（平成27年５月）

⑧相続財産管理人が対象不動産の共有持分を国へ売却することに関し、家庭裁判所による権限外許可の審判（平成27年10月）

⑨共有持分売買契約（平成27年11月）

> **手続等に要した書類**

①相続放棄・限定承認の申述の有無についての照会申請書

②戸籍謄本

③登記事項証明書

④固定資産公課証明書

> **その他**

○管轄家庭裁判所へ相続放棄の有無を確認する際は、相続放棄・限定承認の申述の有無の照会申請書を提出する必要がある。

事例18

土地の状況	解決方法
	事業主体：国
その他 （相続人全員が相続放棄した土地）	相続財産管理制度

事案の概要

　河川事業（堤防整備）実施の際に、事業区域内の一部に相続が発生している土地が存在。相続人の調査等をしたところ、相続人全員が相続放棄を申述しており相続人不存在が判明しため、民法952条の規定による相続財産管理制度を活用し、迅速な用地取得を図った事案

土地の状況（問題のポイント等）

○相続人全員が相続放棄をしている土地。

土地所有者の探索や制度活用等、解決のために講じた方策の手順

①権利者調査（相続人把握）（期間不明）
　…戸籍、除籍及び相続放棄の申述の有無の照会等による情報収集。
②相続財産管理人選任の申立て依頼（平成28年2月）
③家庭裁判所への申立て（平成28年6月）
　…法務局から家庭裁判所に申立て
④相続財産管理人選任審判（平成28年7月）
　…法務局から地方整備局長あて、相続財産管理人の選任通知。
⑤権限外行為許可の申立て（平成28年12月）
⑥権限外行為許可を受け土地売買契約（平成28年12月）

手続等に要した書類

①戸籍謄本（除籍）
②住民票謄本（廃棄済証明書）
③登記事項証明書
④相続関係説明図
⑤相続放棄・限定承認の申述の有無についての照会申請書
⑥財産目録
⑦利害関係を証する書面
⑧位置図、用地平面図
⑨取得調書

事例18

⑩固定資産税評価証

事例19

事業主体：国

土地の状況	解決方法
その他 （相続人全員が相続放棄した土地）	相続財産管理制度

事案の概要

　道路事業の実施の際に、登記簿記載の土地所有者について、戸籍を調査したところ、登記名義人の死亡が確認された。そのため、相続人を調査したところ、6人の相続人全員が相続放棄の申述がなされて、相続人が不存在の状況となったため、管理人を選任し、任意取得を図った事案である。

土地の状況（問題のポイント等）

○戸籍調査等により相続人全員が相続放棄を行って、相続人が不存在となった土地。

土地所有者の探索や制度活用等、解決のために講じた方策の手順

①権利者調査（登記簿、戸籍調査）（平成27年1月～平成27年8月）

②法務局協議（法律意見照会）（平成27年8月）

③相続財産管理人選任資料作成（平成27年9月）

④相続財産管理人選任法務局依頼（起業者→法務局）（平成28年10月）

⑤相続財産管理人選任申立て（法務局→裁判所）（平成27年11月）

⑥相続財産管理人選任（平成27年12月）

⑦権限外行為許可申立て（管理人→裁判所）（平成28年3月）

⑧権限外行為許可（平成28年3月）

⑨土地売買契約等（平成28年3月～平成28年8月）

手続等に要した書類

①権利者調査（登記簿、戸籍調査）：各書類公用請求書

②法務局協議（法律意見照会）：任意様式（問い合わせ内容を自由に記述）

事例20

	事業主体：国
土地の状況	**解決方法**
その他 （相続人全員が相続放棄した土地）	相続財産管理制度

事案の概要

　道路事業を実施する際に、登記名義人の死亡に伴い相続が発生したが法定相続人全員が相続放棄の申述をしており、相続人不存在の状態となっていた土地が存在していた。このため、民法第952条第1項に基づき「相続財産管理人」を選任することにより、用地取得を図った事案

土地の状況（問題のポイント等）

○取得対象地は、登記名義人の死亡に伴い相続が発生したが、法定相続人全員が相続放棄の申述をしており、相続人不存在の状態となっていた。

土地所有者の探索や制度活用等、解決のために講じた方策の手順

権利者調査（相続人不存在調査）（平成22年7月～平成25年9月）

　①登記記録、戸籍調査

　②抵当権者への聴取

　③固定資産税評価証明書確認

手続等に要した書類

権利者調査（相続人不存在調査）

　①相続人不存在調査経過書

その他

○補償金から相続財産管理人の報酬を支払うことが可能であったことから、相続財産管理人を引き受けてもらえた。

事例21

土地の状況	解決方法
	事業主体：市町村
その他	相続財産管理制度
（相続人が存在しない土地）	無縁墳墓の改葬

事案の概要

　駅周辺土地区画整理事業の施行に伴い、相続人が存在しない土地（地目：墓地、２基の墓碑が存在）について、相続財産管理人を選任のうえ用地を取得するとともに、無縁墳墓を改葬した事案である。

土地の状況（問題のポイント等）

○当該墓地は、登記名義人A氏が明治26年に相続により取得していることが判明したが、昭和２年に死亡していた。墓地の管理は墓地の近隣に住むC氏が好意により、除草等を行っていた。Aの戸籍には相続人が存在しない旨の記載がされていた。

土地所有者の探索や制度活用等、解決のために講じた方策の手順

①市が家庭裁判所に相続財産管理人選任申立て（平成21年４月）

　…管理人の選任については裁判所にて選任するとのことであったため候補者は市から選定しなかった。申立て後、予納金（30万円）を納付。

②相続財産管理人選任の審判、公告開始（平成21年５月）

　…当該地は現況墓地で固定資産税も非課税であることから、市に寄付してもらうように相続財産管理人へ依頼。

③現地調査（平成21年７月）

　…墓地を管理しているC氏へA氏の相続人及び特別縁故者についての聞き取り調査をしたが全く心当たりがないとのこと。また、市に寄付することへの異議、主張は一切ないとのことでC氏の意向を確認した。

④相続財産管理人が請求申出の公告・催告開始（平成21年８月）

　…公告期間（２か月）の間に債権者・受遺者からの請求申出はなかった。

⑤権限外行為（寄付）の許可申請（平成21年10月）、審判（同年11月）

　…C氏が特別縁故者にあたる可能性があるため、寄付に同意する旨のC氏の同意書を添付して申請。

⑥市と相続財産管理人で寄附契約が成立し、所有権移転登記完了（平成21年11月末）

⑦無縁墳墓の改葬（「墓地、埋葬等に関する法律施行規則」第３条に基づく）

　…1）改葬許可申請の要件確認等（平成20年3月）

　　2）無縁墳墓改葬公告（平成21年12月〜平成22年12月（1年間））

　　3）立て札の設置（平成21年12月〜平成22年12月（1年間））

　　4）改葬先についての協議（平成22年12月）

　　5）公告期間中に縁故者等からの申出がなかったため、改葬許可を申請
　　　（平成23年1月）

　　6）改葬工事（平成23年1月〜2月）

その他

○市が寄付を受けた墓地以外に相続財産が存在しなかったため、相続財産管理
　人の報酬等は予納金から支出され、市への返還金はなかった。

○無縁墳墓の改葬については市保健所と協議した。

出典

用地ジャーナル2013年1月号

　（補償事例）相続財産管理人の選任による用地の取得及び無縁墳墓の改葬に
　ついて

事例22

	事業主体：国
土地の状況	**解決方法**
所有権について時効取得を 主張することができる土地	訴訟 （取得時効）

事案の概要

　対象地については所有権の登記名義人の死亡により相続が発生し、法定相続人のうち１名については協議拒否により、遺産分割協議を成立させることができなくなっていた。このため、対象地の管理者（所有権の登記名義人の孫）から他の相続人全員を被告として、取得時効により所有権を取得したことを理由とする所有権移転登記手続を求める訴えを提起してもらい、その確定判決による所有権移転登記を経た上で、当該管理者と契約を締結した事案である。

土地の状況（問題のポイント等）

○対象地の所有権の登記名義人Aの死亡により相続が発生し、その法定相続人は34名であった。

○相続人34名のうち33名からは遺産分割協議を成立させることについて同意が得られたものの、１名については協議拒否により、遺産分割協議を成立させることができなくなっていた。

○対象地の管理者BはAの孫に当たり、Bの父（Aの長男）が生存中から一貫して所有の意思をもって、平穏・公然と当該土地を占有（20年以上）し、公租公課を負担していた。

土地所有者の探索や制度活用等、解決のために講じた方策の手順

①権利者調査（平成18年５月～平成18年８月）

　…所有権の登記名義人が死亡していたため、戸籍等の収集を行い、相続人調査を行った。

②相続に関する意向の取りまとめ（平成19年５月～平成20年５月）

　…当該土地について相続人の一人が取得することとするか、相続人全員が法定相続分の持分割合で共有することとするかの意向確認を行い、各種相続関係書類の徴収を行った。

③裁判による解決方法の模索（平成20年６月～平成20年11月）

　…相続人間における任意での遺産分割協議の成立が不可能となったことから、相続人や司法書士と、裁判による解決を図るべく調整を行った。

④所有権移転登記手続を求める訴え提起（平成20年12月）

　…取得時効により所有権を取得したことを理由として訴えを提起した。

⑤給付判決の確定を経て、所有権移転登記（平成21年3月）

⑥上記所有権の登記名義人の孫との間で当該土地に係る売買契約を締結（平成21年4月）

その他

○本事案は、土地を管理していたBが取得時効により所有権を取得することについて、他の相続人からの異論もなかったことから、時効取得を理由として、Bから他の相続人全員を被告とする所有権移転登記手続を求める訴えを提起したものである。

○当初戸籍収集は国（公用）で行ったが、訴訟は管理者Bが行ったため、訴訟費用（再戸籍請求費用含む）は管理者Bが全額負担（約80万円）した。

事例23

土地の状況	事業主体：国
	解決方法
所有権について時効取得を 主張することができる土地	訴訟 （取得時効）

事案の概要

　河川の築堤事業実施のための土地の一部につき、土地の所有権の登記名義人とは異なる占有者が存在した。占有者より所有権の登記名義人の相続人に対し、取得時効を理由とする所有権移転登記手続を求める訴訟を提起するなどし、用地取得を図った事案である。

土地の状況（問題のポイント等）

○対象地は、登記事項証明書では昭和14年より所有権の登記名義人登記されていたが、昭和28年から対象土地近隣に住んでいた占有者が宅地としての使用（占有）を開始した。

○その後、当該占有者が昭和49年に死亡し、その相続人（長女）が対象地を占有していた（以下、当該相続人も併せ、あるいは当該相続人のみを指して「占有者」ということもある）。

○今回の用地取得に際し、所有権の登記名義人の相続人12名に対して問い合わせたが、取得対象土地を管理していることを認識している者はいなかった。
　また、占有者の相続人及び近隣者から確認を行い、占有者が当該土地を占有していたことを確認し、占有の事実等が確定できたことから占有者の相続人である長女が所有権の登記名義人の相続人9名を被告として、昭和28年の占有開始時を起算点とした取得時効を原因とする所有権移転登記手続を求める訴訟を提起した。

土地所有者の探索や制度活用等、解決のために講じた方策の手順

①権利者調査（平成24年8月〜平成25年2月）
　…対象地の所有権の登記名義人及びその相続人らについて、戸籍調査及び聞き取り調査を実施した。

②占有者及び土地の所有権の登記名義人の相続人らとの協議（平成25年7月〜平成26年10月）
　…補償内容の説明及び訴訟手続の説明を行った。

③所有権確認訴訟（平成25年11月〜平成26年4月）
　…訴状の提出、審理及び判決

④土地売買契約等（平成26年6月）

　※②まで起業者にて対応し、③は占有者にて対応した。

[手続等に要した書類]
　①特別代理人選任命令申請書（下記「その他」参照）
　②相続関係説明資料（戸籍関係等）

[その他]
　〇所有権移転登記手続を求める訴訟を提起するに当たって、あらかじめ全ての所有権の登記名義人の相続人ら及び占有者の相続人に対し、訴訟が形式的なものにすぎない旨を説明する手紙を郵送し、理解を求めた。
　〇対象地の所有権の登記名義人の相続人のうち１名について訴訟能力がないことが判明したため、裁判所に対し特別代理人選任の申立てを行った。

事例24

土地の状況	解決方法
	事業主体：国
所有権について時効取得を 主張することができる土地	訴訟 （取得時効）

事案の概要

　市道の拡幅や歩道設置といった街路事業実施の際に、歩道部分の用地に、所有権の登記名義人の所在が不明な土地が存在していたため、土地を利用していた者が時効取得をすることにより迅速な用地取得を図った事案である。

土地の状況（問題のポイント等）

○対象地は、昭和32年に所有権保存登記がされており、その情報に基づいて所有者の住所及び相続追跡調査を行ったものの、その所在や生死を把握することができなかった。

○実態としては、当該所有者とは別の者が土地を占有していた。

土地所有者の探索や制度活用等、解決のために講じた方策の手順

①権利者調査（不在者把握）（平成17年11月～平成21年12月）

　…起業者から司法書士に対して、住所及び相続追跡調査を依頼した。

②占有者との調整（平成22年1月～平成23年7月）

　…起業者から占有者に対して、時効取得について提案した。その後、占有者から弁護士へ時効取得を理由とする訴訟提起に向けた依頼がなされた。

③所有権移転登記手続請求訴訟（平成23年8月～平成24年2月）

　…占有者が訴訟を提起した。

④土地売買契約等（平成24年12月）

　…起業者と占有者間で売買契約を締結した。

事例25

土地の状況	解決方法
事業主体：都道府県	
所有権について時効取得を主張することができる土地	訴訟（取得時効）

（表の上段「事業主体：都道府県」、「土地の状況」／「解決方法」）

事業主体：都道府県

土地の状況	解決方法
所有権について時効取得を主張することができる土地	訴訟（取得時効）

事案の概要

　道路改良工事に関する対象地につき、所有権の登記名義人ではない地元自治会が管理している場合において、その地元自治会を法人化した上で、取得時効を原因として所有権を取得したとして、所有権移転登記手続を求める訴えを提起させるなどして、用地取得を行った事案である。

土地の状況（問題のポイント等）

○対象地の所有権の登記名義人は昭和51年に亡くなったが、死亡時に実子はなく、親、配偶者及び養子も既に死亡していた。

○事業着手に当たって対象地の所有権の登記名義人の法定相続人を調査した結果、27名の存在を確認したが、血縁関係も薄く親戚づきあいもなかったことから、地元自治会がやむを得ず所有権の登記名義人の葬儀・埋葬を行っていた。

○対象地の草刈等の維持管理についても地元自治会が継続的に行っており、納税管理人も当時の自治会役員となっていた。

土地所有者の探索や制度活用等、解決のために講じた方策の手順

①地元自治会の法人化

　…上記理由から、対象地は、地元自治会の所有とすることが適当と判断したため、法定相続人を被告として、地元自治会に対象地の時効取得による所有権の取得を原因とする所有権移転登記手続を求める訴えの提起が必要となり、地元自治会に地方自治法第260条の2の規定により「認可地縁団体」として法人格を取得させた。

②地元自治会が時効取得による所有権の取得を原因とする所有権移転登記請求訴訟を提起

③確定判決により時効取得を原因とする許可地縁団体への所有権移転登記

④認可地縁団体と土地売買契約を締結（起業地の所有権を取得）

手続等に要した書類

①訴状（所有権移転登記請求訴訟の提起）

出典

用地ジャーナル2013年9月号

（補償事例）無縁者の土地を法人化させた自治会に、裁判により時効取得させたうえで用地取得をした事例

事例26

	事業主体：国
土地の状況	**解決方法**
相続に伴う登記手続が一代又は数代にわたりされていない土地	遺産分割協議

事案の概要

　　高規格道路建設に伴う用地取得において、土地の所有権の登記名義人が大正10年に死亡し、その相続登記がされていなかったが、調査の結果、その法定相続人が99名存在していることが判明した。対象地の取得に際して、戸主の相続人が遺産分割協議を行い、対象地の所有者を確定させた事案である。

土地の状況（問題のポイント等）

○対象地は、被相続人の長男（戸主）の子孫A氏が住む宅地になっており、A氏が固定資産税を納めている土地である。

○事業により住宅が移転対象になっているため、A氏としては、単独で相続したい意向がある。

土地所有者の探索や制度活用等、解決のために講じた方策の手順

①権利者の意向確認

　　…起業者から法定相続人に、A氏が土地を相続する旨の手紙を発送し、折り返しの連絡により意向を確認した。

②はんこ代請求への対応

　　…①の過程で印鑑登録に要する交通費等を請求する者がおり、最終的にA氏が全相続人に2万円を支払った。

③遺言書の存在の判明

　　…①の過程で、ある法定相続人に関する遺言書の存在が判明し、法定相続人は26名減少した（これにより遺産分割協議に要する時間が短縮された）。

④遺産分割協議終了（①の開始から約3か月後）

　　…法定相続人全員の意向確認が終了し、結果としてA氏が相続することで、遺産分割協議が成立した。

出典

関東地方整備局　平成24年度スキルアップセミナー関東

　（発表論文）法定相続人が多数存在する土地の用地取得について

事例27　　　　　　　　　　　　　　　　　　　　　　　事業主体：都道府県

土地の状況	解決方法
相続に伴う登記手続が一代又は 数代にわたりされていない土地	共有物分割請求訴訟

事案の概要

　道路改良工事において土地を取得するに当たり、所有権の登記名義人の相続人が多数存在し、一部の相続人から土地売却に係る協力を得ることができなかった案件で、土地収用ではなく共有物分割請求訴訟により短期間で土地を取得した事案である。

土地の状況（問題のポイント等）

○対象地（200㎡、一筆）は、トンネル坑口部に当たり、形状は不整形で更地状態である。

○対象地の所有権の登記名義人は既に死亡しており、その相続人が32名いることが判明した。32名の相続人に対して補償に関する説明等を行い、うち31名については了解を得られたが、他都道府県在住の１名から了解を得られない状況であった。

土地所有者の探索や制度活用等、解決のために講じた方策の手順

①解決方法の検討

　　…弁護士に相談したところ、民法第258条に基づく共有物分割請求訴訟で解決できる可能性があることが分かったため、土地収用でなく、共有物分割請求訴訟による土地取得を選択した。

②了解を得ている31名分の共有持分につき売買契約を締結し、県名義に持分移転登記

③県が残り１名の共有者に対し共有物分割請求訴訟を提起

④第１回口頭弁論期日（同期日において弁論終結）

⑤判決

　　…持分移転：被告は価格賠償の金額を受領するのと引き換えに対象地の共有持分について移転登記手続を行う

⑥登記完了

その他

○一部の共有者から了解が得られない場合、土地収用手続による場合が多く、
事業認定から収用裁決まで多大な労力と時間が必要になるが、共有物分割請
求訴訟を選択することにより、比較的短期間で解決することができた。

出典

用地ジャーナル2013年8月号
　（補償事例）共有物分割請求訴訟により土地を取得した事例

事例28

事業主体：都道府県

土地の状況	解決方法
その他 （共有地）	共有物分割請求訴訟

事案の概要

　道路改良工事に必要な土地が4名の共有名義であったことから、共有者のうちの1名が共有物分割請求訴訟を提起することにより起業地部分を取得し、その後、起業者との土地売買契約を経て所有権移転登記をして土地を取得した事案である。

土地の状況（問題のポイント等）

○当該土地はA、B、C、D氏の共有であり、A氏は工事箇所付近に居住しており、道路改良工事の必要性を理解され、B、D氏についてもA氏に交渉を一任することで事業協力の同意を得た。

○C氏は、県外に居住しており、一度連絡がついたものの、その後は訪問にも応じてくれず、郵便物も受取り拒否の状況であり、他の共有者からの連絡を試みても同じ状況であった。

土地所有者の探索や制度活用等、解決のために講じた方策の手順

①解決方法の検討

　…当初、土地収用手続も検討したが、かかる手間や時間の懸念、C氏を除く3名の同意を得ていたことから踏み切れずにいた。A氏から早期に解決してほしいとの強い申し出があったため、起業者の顧問弁護士へ相談したところ民法258条に基づく共有物分割請求訴訟で解決できる可能性があることが分かった。A氏に訴訟費用の負担も含めて協力要請を行ったところ、同意を得たため訴えを提起するに至った。

②A氏がB、C、D氏に対して共有物分割請求訴訟を提起

③3回にわたる口頭弁論（被告らの出頭はなかった）

④判決

　…起業地部分はA氏の単独所有とし、各持分の価額賠償としてA氏はB、C、D氏に対して金銭を支払う

⑤契約

　…判決を受けて、A氏はB、C、D氏に対して賠償金を支払った後、A氏と起業者間で土地売買契約を締結。

⑥所有権移転登記

　　…判決文と持分相当額をB、C、D氏に賠償したことを確認できる書面を添
　　付し3名の共有持分全部をA氏へ移転登記をし、A氏から起業者名義に所
　　有権移転登記申請。

その他

○提訴に当たってはA氏が弁護士を選定し、提訴の相談には起業者も同行して
　説明を行った。

出典

用地ジャーナル2016年4月号
　（補償事例）被補償者において行われた共有物分割訴訟により分割された土
　地を買収した事例

事例29

	事業主体：国
土地の状況	**解決方法**
相続に伴う登記手続が一代又は数代にわたりされていない土地	土地収用法に基づく不明裁決制度

事案の概要

　　自動車専用道路用地の一部に相続が発生している土地があり、相続人が行方不明であったため、不在者財産管理人選任の申立てを行ったが、家庭裁判所より登記名義人である被相続人が債務超過の可能性が高く、土地買収を目的とした不在者財産管理人の選任は困難であるとの見解が示されたため、土地収用制度を活用し用地取得を図った事案。

土地の状況（問題のポイント等）

○登記名義人が既に死亡しており、相続人である子供３名全員が相続放棄していたことから、姉が相続人となったものの、その姉も死亡しており、姉の子供２名が相続人となったが、１名は相続放棄を行ったため、最終的に１名が相続人となり、その１名が行方不明の状況。

土地所有者の探索や制度活用等、解決のために講じた方策の手順

①権利者調査（平成25年〜平成27年）

②用地協議（平成26年〜平成27年）

　…不在者の親族及び関係者への聞き取り、最後の住所地への訪問、近隣への聞き取り

③裁決申請（平成27年11月）

④不在者財産管理人選任の申立て（平成28年４月）

　…家庭裁判所より選任困難の見解が示されたため、取り下げ（平成28年12月）

⑤裁決（平成28年12月）

手続等に要した書類

①権利者確認調査　戸籍・住民票等の公用交付申請書

②不在者財産管理人選任申立書

③裁決申請書

| その他 |

　家庭裁判所に不在者財産管理人選任の申立てを行ったところ、登記名義人が債務超過である場合、不在者に多額の負債を負わせる可能性があるため、家庭裁判所としては不在者の利益を考慮することから、土地売買を目的とした不在者財産管理人の選任は困難との見解が示された。

　家庭裁判所からは、その他に考えられる選択肢も提示されたが、手続に相当期間を要することが予想され事業進捗に遅れが生じる可能性が高いこと、予納金が多額になる可能性が指摘され、当該案件については補償金がわずかであり予納金の確保が困難であったことから、土地収用制度を活用し、不明裁決により解決を図った。

事例30

土地の状況	解決方法	事業主体：国

土地の状況	解決方法
解散等をした法人が所有権 登記名義人等となっている土地	土地収用法に基づく不明裁決制度

事案の概要

存在が確認できない法人が所有権の登記名義人となっている土地につき、土地収用制度の不明裁決によって権利を取得した事案である。

土地の状況（問題のポイント等）

○登記記録に記録されている所有権の登記名義人である法人について、商業・法人登記簿（閉鎖登記簿）が保存期間の経過により存在せず、当該法人が官報に公告した記録も確認できなかった。

土地所有者の探索や制度活用等、解決のために講じた方策の手順

①登記記録に記録された所有権の登記名義人たる法人の商業・法人登記事項証明書を請求したところ、保存期間が経過したため存在しないとの回答があった。

②実在する又は実在した法人かを確認するため、関係資料の有無について国立国会図書館に調査依頼した。その結果、大正7年から昭和19年までにおける活動記録（営業報告書）が国立国会図書館にあったものの、それ以降の記録は不明であった。

③本件に係る清算人申立ての可否及び財産管理制度の活用について、法務局に法律意見照会を行った。法務局からの回答は、「本件法人の登記事項等を確認できない限り、本件を清算人の選任申立制度を利用して解決することはできない。また、財産管理制度は、自然人たる不在者を対象としたものであり、法人を対象にしたものではない」ということだった。

④土地収用法に基づく裁決申請に当たって、営業報告書に記載された所在地（起業者が確認した最終所在地）の現在の住所を明らかにする必要があったため、区役所に照会したところ、現在の住所の回答と合わせて、住居表示に関する法律に基づく住居表示実施時（昭和47年1月11日）に当該法人の名称は見当たらないとの回答があった。

⑤大学附属図書館において、昭和19年以降の官報における解散又は合併公告の閲覧を行ったが、当該法人の記録は存在しなかった。また、東京都公文書館において、昭和初期の地図収集を行ったが、当該法人の記録は存在しなかった。

⑥平成19年 2 月 1 日土地収用法に基づく事業認定申請（平成19年 3 月19日官報
　告示）

⑦平成19年 5 月11日裁決手続開始決定（平成19年 7 月27日不明裁決）

⑧平成19年 8 月26日権利取得完了

手続等に要した費用

収用委員会に対する鑑定料（30万円）

事例31 | 事業主体：国

土地の状況	解決方法
表題部のみ登記がされている土地 （表題部所有者の住所の記録が ない場合）	土地収用法に基づく不明裁決制度

事案の概要

　土地の登記記録に記録されている所有者を特定できず、一方で所有権を主張する者が現れたために、その所有者を特定するに至らず、土地収用法を活用して権利取得した事案である。

土地の状況（問題のポイント等）

○対象地の登記記録は表題部のみに記録があり、共有者46名（持分それぞれ46分の1）の共有地であった。

○全46名の氏名と各々の持分は確認することができるが、それぞれの住所の記録がないことから、所有者調査を実施したものの所有者の特定に至らなかった。

○また、地元地区が所有権を主張していた。

土地所有者の探索や制度活用等、解決のために講じた方策の手順

①所有者調査の実施

…登記所（法務局）における登記記録や旧土地台帳の調査、市役所における固定資産課税台帳登載証明書（課税台帳）等の調査、周辺寺院における過去帳の調査、地元地区における聞き取り調査、相続人を推定した戸籍の追跡調査を実施したものの、所有者の特定はできなかった。なお、地元区長から「地元集落の総有の土地であり、地区が実質所有者である」旨を聞き取った。

②解決手法の検討

…本事案の実態から「相続財産管理制度」「不在者財産管理制度」は活用できず、唯一可能性のある「時効取得」を検討したが、弁護士と相談した結果、地区として過去からの具体的な使用の経緯がない状況を踏まえ、任意協議による用地取得は不可能と判断し、土地収用法に基づく不明裁決申請に移行した。

③裁決申請

…収用委員会に対して、「収用又は使用の裁決申請」「明渡裁決の申立て」の手続を行った。裁決申請書の添付書類に土地所有者及び土地に関して権利

を有する関係人の氏名及び住所を記載した書類を提出することが求められているが、本事案では関係人の氏名及び住所につき「過失がなくて知ることができない」ことの証明書を作成した。

④結審

…裁決申請の受理後、収用委員会は、起業者が実施した表題部所有者46名の権利者確知の調査が十分であることを認め、地元地区が土地所有者の可能性があるという判断を妥当とした。

その他

○「過失がなくて知ることができない」ことの証明書については、次の内容で作成した。

①所有者情報が限られている中で表題部所有者の特定のために実施した調査とその結果

②地元地区の主張を受け、その主張を証明する資料調査を実施したが、主張を証明する資料を確認することができないため、地元地区が所有者である可能性があること

③調査結果を踏まえた起業者（公共事業施行者）としての所有者に関する判断

出典

平成26年度北陸地方整備局事例研究発表会

（論文）所有者不明地の土地収用法に基づく裁決申請について

事例32

土地の状況	事業主体：国
	解決方法
その他 （共有地）	土地収用法に基づく不明裁決制度

事案の概要

　復興道路として整備している当該事業において、8名の共有者が所有権の登記名義人となっている土地（ため池）につき、所有権の登記名義人はいずれも既に死亡し、相続が開始している場合において、それらの相続人が合計80名を超え、それらの相続人全員からの合意が得られなかったため、土地収用制度の不明裁決により用地取得を行った事案である。

土地の状況（問題のポイント等）

○対象地は分筆買収であったが、所有権の登記名義人8名のうち7名の相続については遺産分割協議が調ったものの、残る1名の相続（相続人39名）については遺産分割協議が調わなかった。

○この39名の相続人のうち2名については、住民票が消除されていることを確認したため、周辺へ聞き込みを行ったが情報を得られなかった。

○法定相続人39名のうち37名に対して遺産分割に関する協議を行ったが、このうち2名からは、再三にわたり返答を求めたにもかかわらず、何ら返答がなく、上記所在不明者2名につき不在者財産管理人を選任したとしても遺産分割協議が調わないと判断し、収用裁決の申請を行ったものである。

土地所有者の探索や制度活用等、解決のために講じた方策の手順

①権利者調査（各相続人の把握）

　…用地調査等業務（登記事項証明書、戸籍簿等の簿冊の謄本等の収受又は居住者等からの聞き取り等の方法により土地、建物等の現在の権利者（又はその法定代理人）等の氏名又は名称及び住所又は所在地等に関し調査する業務）により、土地の登記記録に記録されている共有に係る所有権の登記名義人について、戸籍等の権利者調査を実施したところ、所有権の登記名義人はいずれも既に死亡し、相続が開始されていることが確認されたため、それらの法定相続人を把握するために戸籍及び住民票を調査した。

②用地協議（各相続人との協議）

　…補償説明業務（権利者に対し、土地の評価の方法、建物等の補償方針及び補償額の算定内容の説明を行う業務）により、7名の共有者の各法定相続人合計41名と協議を実施し、7名の相続に関しては遺産分割協議が調った

が、残る1名の相続（相続人39名）の遺産分割協議が不調となった。

③事業認定

　…②の結果を受け、事業認定申請書類作成業務により土地収用に係る事業認定に向けての申請書類を作成した。

④裁決申請

　…裁決申請書作成業務により収用裁決に向けての申請書類を作成した。

| 手続等に要した費用 |

業務委託費

・補償説明業務（400万円）

・事業認定申請書作成業務（400万円）

・裁決申請書作成業務（50万円）

| その他 |

○本事案では、遺産分割協議が調った7名の相続人全員も裁決申請の対象となった。手続開始決定に伴う分筆登記完了後に裁決申請を一部取り下げ、任意契約での対応となることについて、各相続人へ手紙を郵送し理解を求めた。なお、遺産分割が調わない1名については、土地所有者「不明（ただし、法定相続人39名)」裁決となり、補償金を法務局へ供託し手続は完了した。

事例33

土地の状況	解決方法
その他 （地縁団体が所有している にもかかわらず自然人の 共有名義となっている土地）	土地収用法に基づく不明裁決制度

事業主体：国

事案の概要

　　自動車専用道路用地の一部に22名の共有名義（相続人226名）となっている土地が存在していたため、土地収用制度を活用し用地取得を図った事案である。

土地の状況（問題のポイント等）

○利用実態は地区自治会の共同利用だが、土地取得時に自治会名義で登記できなかったため、地区住民の共有名義で登記（明治22年）したものと考えられる。

○現在の地区住民の認識も自治会所有地ということで概ね一致している。

土地所有者の探索や制度活用等、解決のために講じた方策の手順

①地縁団体設立の認可（平成12年2月）※用地着手以前

②権利者調査（平成19年11月～平成20年3月）

③地元自治会との調整（平成20年10月～平成25年3月）

　…平成24年に自治会が司法書士に時効取得を原因とする所有権移転登記手続を依頼し、着手するも平成25年に断念した経緯がある。

④事業認定告示（平成25年3月）

⑤裁決申請～裁決（平成25年9月～平成26年4月）

⑥土地明渡し期限（平成26年6月）

手続等に要した書類

①裁決申請書

その他

○相続人調査の結果、権利者総数が200名を超えた事案である。

○自治会が司法書士に依頼した時効取得を原因とする所有権移転登記手続を断念した理由は不明である。

事例34

	事業主体：高速道路会社
土地の状況	**解決方法**
その他 （所有権の登記名義人と地元自治会 との間で所有権争いのある土地）	土地収用法に基づく不明裁決制度

事案の概要

　高速道路建設工事の用地取得において、58名の共有名義となっている土地について、それらの所有権を登記名義人と地元自治会とがその所有権の帰属を争っていた案件について、土地収用法により解決を図った事案である。

土地の状況（問題のポイント等）

○権利登記については、明治21年5月に所有権保存登記がなされ、当時の地元居住者58名の共有名義になっていた。

土地所有者の探索や制度活用等、解決のために講じた方策の手順

①任意契約に向けた用地交渉（平成11年〜）

　…交渉を進めていく中で、地元自治会の一部の者から、土地は地元自治会の所有であるとの主張がなされた。所有権の登記名義人と地元自治会は、双方とも自らが所有者であると主張し、所有者の特定には至らなかった。

②所有権の登記名義人の一部による共有持分確認訴訟（平成16年5月〜）

　…①の状況の中、所有権の登記名義人の一部である16名の原告が、共有持分確認訴訟を提起した。訴訟の結果、所有権の登記名義人の共有持分確認の請求については棄却され、その判決は確定したが、地元自治会が自らの所有権の確認を求めることなどはしなかったため、所有者を特定するには至らなかった。

③解決に向けての交渉（平成20年10月〜）

　…再び地元自治会、所有権の登記名義人双方と交渉を続けたが、所有権の登記名義人の一部の者は、地元自治会への所有権移転登記に協力できないと主張するなど、所有権の登記名義人の全員から同意を得て所有者を確定させることは困難な状況となった。

④裁決手続による解決に向けた所有者の特定

　…地元自治会が「権利能力なき社団」であることを確認できた。

　　（対象地は、明治時代に地区の構成員58名に総有的に帰属したものであり、山林利用の実態（材木伐採の収益が地区の活動費に充てられていた）や固定資産税の支払を自治会で行ってきたことなどからして、実質的に地方自

治法第260条の2第1項の「地縁による団体」に該当すると判断）
⑤名宛人（土地所有者）を構成員全員、所有形態を総有とする裁決申請
⑥収用委員会における裁決
　…裁決申請のとおり地元自治会を「権利能力なき社団と認定」して「自治会の構成員全員の総有に帰属」するという判断がなされた。
⑦補償金の支払
　…自治会の役員に対して補償金支払の趣旨を鋭意説明し、自治会の協力を得て、補償金を自治会口座へ振り込み。

その他

○本事案は、起業者が十分な調査・準備を行った上で、踏み込んだ裁決申請を行うとともに、審理においては法的見地からの説明を尽くしたことで、問題解決が図れた。

出典

用地ジャーナル2010年8月号
　（補償事例）登記名義人と地元自治会との間で所有権争いのある土地を地元自治会の総有として裁決申請した事例

事例35

事業主体：地縁団体

土地の状況	解決方法
記名共有地	認可地縁団体が所有する 不動産に係る登記の特例

事案の概要

　登記記録上「○外何名」となっていた共有地について、権利関係の複雑化を回避するという自治会の強い意向により、所有権保存の登記をした上で、認可地縁団体が所有する不動産に係る登記の特例を活用して、所有権移転の登記をした事例である。

土地の状況（問題のポイント等）

○対象地（山林）は約４万㎡で、登記記録上は、当初、表題部所有者欄に「○外何名」と記録されていた共有地である。その後、他の共有者の氏名が明らかとなった。

○対象地に係る税金については、これまで自治会で負担してきた。

○ただし、対象地の登記については、権利関係の複雑化を回避するという自治会の強い意向があり、また、所有権を巡り、以前紛争があった（調停において自治会の所有とする内容で和解）。

土地所有者の探索や制度活用等、解決のために講じた方策の手順

①解決方法の検討

　…自治会（申請者）は認可地縁団体としての登記を進めることにより、今後、問題を拡大させることも防止できるとの理由で認可地縁団体への所有権移転登記を望んでいた。自治会で独自に法定相続人の探索を行ったところ、その中に数名の所在不明者が存在した。もっとも、当該土地の権利関係を巡り調停が申し立てられたこともあり、当該地縁団体の過去の構成員を証明する公的な資料が存在した。

②疎明資料の確認

　疎明資料：

　１）認可地縁団体登録時の保有資産目録

　２）納税証明書と収支決算書：納税証明書については、市からは過去５年分しか取得できず、「10年以上所有の意思をもって」占有しているという認可地縁団体の設立のための要件の疎明資料としては不十分であったため、自治会の作成している詳細な収支決算書（10年分）も合わせて提出した。

　　3）対象地の権利関係を巡り調停が申し立てられたこともあり、この調停事件の調書に、当事者の氏名と住所が記載されていた。そこで、当該調書と氏名のみが記録されている登記事項証明書とを照らし合わせて当該地縁団体の構成員が地縁団体の所在する地区に居住していることが判明したため、それをもって地方自治法第260条の38第1項第3号を満たすと市が判断した。

　　4）自治会に法定相続人の調査結果報告書（報告書記載事項の精通者の署名入り）を提出してもらった。これに上記調停調書の写し、登記簿謄本の写しをもって市は判断した。

③公告手続（3か月間）

④（異議がなかったため）証明書の交付

⑤認可地縁団体への所有権移転の登記

事例36

	事業主体：国

土地の状況	解決方法
その他 （共有地）	認可地縁団体が所有する 不動産に係る登記の特例

事案の概要

　一般国道自動車専用道路の用地取得に伴い、50名の共有名義となっている土地が存在していたため、平成27年4月に改正された地方自治法第260条の38、第260条の39（認可地縁団体が所有する不動産に係る登記の特例）を適用し、認可地縁団体に所有権移転登記をすることにより迅速な用地取得を図った事案である。

土地の状況（問題のポイント等）

○対象地に係る50名の所有権の登記名義人は、明治24年当時の地区の全世帯主と考えられる。現況は地元地区の公園敷地となっており、地区住民も地区所有地という認識を持っている。

土地所有者の探索や制度活用等、解決のために講じた方策の手順

①権利者調査（平成24年1月～平成24年3月）

　…所有権の登記名義人の戸籍・住民票等の調査等を行った。

②地元市町村及び地元地区との調整（平成26年11月～平成27年3月）

　…認可地縁団体設立等に関する説明会の開催等を行った。

③認可地縁団体設立（平成27年3月～平成27年4月）

　…認可地縁団体設立総会を開催し、地区から市町村への設立申請がなされ承認された。

④地方自治法第260条の38における公告手続（平成27年5月～平成27年8月）

　…地元地区の臨時総会が開催され、地区から市町村へ公告申請書が提出された。

⑤所有権移転登記（平成27年8月～平成27年9月）

⑥土地売買契約等（平成28年4月予定）

手続等に要した書類

①戸籍謄本等・住民票の写し等の公用交付申請書

　その他

○相続人調査の結果、共有に係る所有権の登記名義人の相続人を確定するに至らなかった事案である。平成26年に改正された地方自治法第260条の38、第260条の39（認可地縁団体が所有する不動産に係る登記の特例）を活用し、地元地区の理解を得て解決を図った。

○地元地区に対しては、事前に役員等と綿密に調整を行った上で説明会を開催することで、スムーズに理解を得ることができた。

○また、地元市町村に対しては、これまで先例のない手続である旨を説明し、事業への協力を依頼したところ、地元市町村にて事前に改正地方自治法に関する運用方針や解釈等を確認するなど、全面的な協力を得ることができた。

事例37

	事業主体：都道府県
土地の状況	**解決方法**
その他 （共有地）	認可地縁団体が所有する 不動産に係る登記の特例

事案の概要

　県道のバイパス道路工事の起業地内に最終登記日が明治時代である18名の共有名義の土地があることが判明した。認可地縁団体の設立及び認可地縁団体が所有する不動産の登記の特例（以下「登記特例制度」という。）を活用して用地取得を図った事案である。

土地の状況（問題のポイント等）

○対象地は昔から地域住民で水路の清掃などの維持管理を行っており、18名の登記名義人はすべて地区内の住民であった。

○住民は工事計画に対してとても協力的であり、同意をいただけたものの、用地調査を行った結果、共有名義の土地があることが判明した。

土地所有者の探索や制度活用等、解決のために講じた方策の手順

①相続人調査

　…地区長や地域の古老からの聞き取りと住民票及び住民票の除票による相続人の所在の調査を行う。その結果、登記名義人の一部の所在が知れないことが確認できた。

②地縁団体の設立に関する検討（平成27年３月から平成27年５月）

　…用地取得の方法について模索する中、平成27年４月１日に登記特例制度が施行されたため、同制度を活用することにした。地縁団体を設立する地区について、地域住民や関係部署との調整を行うとともに、地方自治法第260条の２第２項に定められた設立要件を満たすことの確認や、地区長からの聞き取りにより対象地を誰がどのように管理を行ってきたか各地区の史実の調査を行い、地縁団体を設立する地区を決定した。

③疎明資料の確認及び地縁団体設立の総会の開催（平成27年６月）

　…地縁団体設立の総会を開催するまでに、地区長、市町村および土木事務所で地方自治法登記第260条の38第１項各号にかかる疎明資料について確認作業を行った。設立予定の地区長へ協力要請をし、登記特例制度の活用に係る手続等についても快諾された。市町村および土木事務所が協力して、設立に必要な資料の作成等を行い、総会を開催。事前に各地区長に協力を仰いだことで、認可地縁団体設立の申請及び登記特例制度の適用申請につ

いての議決を同時に得ることができた。

④認可地縁団体設立の申請及び登記特例制度適用の申請（平成27年7月）

　…市町村の協力で両件申請の手続を同時に進めることができた。

⑤公告手続（成27年9月、公告期間3か月）。

⑥認可地縁団体設立の許可及び登記特例制度にかかる公告に対する意義がなかったことの証明書の交付（平成27年12月）

⑦認可地縁団体への所有権移転の登記（平成28年3月）

手続等に要した書類

①住民票、住民票の除票（相続人調査用）

②疎明資料　地区で保有する資料がなかったため、下記で対応した。

　…地方自治法第260条の38第1項第1号関係（認可地縁団体による不動産所有の疎明）

　登記名義人の住所が全てA地区内であったこと（を記した書面が確認できる登記簿）

　認可地縁団体が申請不動産を所有していたことについての地区長の証言を記した書面

　…同項2号関係（10年以上にわたる占有の疎明）

　登記簿により登記名義人の住所が全てA地区内であったことを証明。昔から地域住民で水路の維持管理を行っていることについての地区長の証言を記した書面

　…同項3号関係（所有権登記名義人等の全てが構成員であることの疎明）

　登記名義人が全て当該地区に居住していたという地区長の証言を記した書面

　…同項4号関係（所在が知れない登記関係者の疎明）

　1名の相続人について住民票及び住民票の除票の確認ができず、所在が分からないため行方不明となっている旨の「地区長の証明書」

　1名の相続人について所在が分からないため行方不明となっている旨の地区長及び古老の証言を記した書面

その他

○地区長、地域住民及び市町村の担当者間で問題点を話しあい、協力していくことが円滑に手続を進めるために必要である。本件では、1年以内に認可地縁団体の設立及び所有権移転登記手続を完了させることができた。

事例37

出典

用地ジャーナル2016年9月号

（補償事例）認可地縁団体が所有する不動産の登記の特例制度を活用して用
地取得を進めた事例

事例38

土地の状況	解決方法
所有権登記名義人等やその相続人が 外国に在住している土地	認可地縁団体が所有する 不動産に係る登記の特例
記名共有地	

事案の概要

　土地の登記記録では多数の共有者が所有権の登記名義人となっている土地について、地方自治法に規定する認可地縁団体の設立、及び、「認可地縁団体が所有する不動産に係る登記の特例」に基づく、所有不動産の登記移転等に係る公告申請を行い、用地取得をした事案である。

土地の状況（問題のポイント等）

○対象地は、52名の共有名義となっている山林である。

○土地の登記記録を確認すると、その52名は明治時代に地元に居住していた構成員であり、現在に至るまで相続等の権利移転がほとんど登記されていない土地であった。

○所有権の登記名義人の52名は既に全員が死亡しており、その法定相続人は総勢400名以上であった。

○地元精通者への聞き取りによると、当該山林は古くからその地元に居住する住民が共同で管理及び使用収益を享受してきた共有地であり、個人の持分権はなく、地元（団体）全体で共同所有する財産であるとのことであった。

土地所有者の探索や制度活用等、解決のために講じた方策の手順

①地元との協議

　…相続手続と用地取得の手続について、どのような手法で法定相続人に説明し、その理解を得ていくのか、土地の実質的な所有者である現在居住している居住者（自治会）と慎重に協議を行った。

②方針の決定

　…所有権の登記名義人の相続手続を完了したとしても所有権の登記名義人が一時的に現在の構成員となるだけで、数十年後には現状と同様に所有権の登記名義人と構成員が一致しない状態に陥ってしまう可能性がある。地元（団体）としては公共用地として取得されない土地についても今後の管理が必要であるため、土地を一元管理することができ、相続に係る問題も発生しない認可地縁団体を設立する方針を決定した。

③認可地縁団体の設立

…総会の開催、必要書類の作成、市町村長への認可申請により、認可地縁団体を設立した。

④所有権移転登記手続の開始

…土地の共有名義状態を解消するために、所有権の登記名義人52名の1名ごとに1系統と考え、系統ごとに持分を集約し、登記原因：委任の終了により地縁団体へ登記名義を移した。現在は52系統中41系統が地縁団体名義となっている、残る11系統の名義がそのままである理由内訳は以下の三つである。

・海外居住者であるため、同意は得ているが書類の手続ができていない（1系統）。
・登記関係者の一部が自己の法定持分を主張する等の理由で認可地縁団体への所有権移転登記に反対している（7系統）。
・相続人が所在不明の状態である（3系統）。

⑤土地売買契約等

…④のような状況下で、地方自治法の改正により「認可地縁団体が所有する不動産に係る登記の特例」が創設されたことから、同制度を活用し所有不動産の登記移転等に係る公告申請を行い、3か月の公告期間を得た後、登記名義を地縁団体名義とし、土地売買契約を締結した。

［ その他 ］

○なお、「認可地縁団体が所有する不動産に係る登記の特例」施行以前は次の手続を検討していた。

①海外在住者に対しては、現地の日本領事館へ「サイン証明」「在留証明書」の申請
②反対者に対しては、所有権確認訴訟の提起
③相続人のうち所在不明の者に対しては、不在者財産管理制度の活用

［ 出典 ］

中部地方整備局　平成27年度管内事業研究発表会
　（発表論文）認可地縁団体設立による共有名義土地の取得手続における展望と課題

事例39

事業主体：地縁団体

土地の状況	解決方法
その他 （認可地縁団体が所有しているにも かかわらず自然人を所有権の 登記名義人としている土地）	認可地縁団体が所有する 不動産に係る登記の特例

事案の概要

　認可地縁団体の管理する共有名義の境内地について、その一部の共有の登記名義人につき大正時代から持分移転の登記がされておらず、その法定相続人の調査を行ったが、一部の法定相続人と連絡が取れない状態であった。対象地について、認可地縁団体への所有権移転登記を行うために、認可地縁団体が所有する不動産に係る登記の特例を活用して、登記を移転した事案である。

土地の状況（問題のポイント等）

○対象地は、境内地になっていた。

○当初6名が共有する土地であり、登記は大正時代に行われた。

○6名のうち、5名については持分移転の登記がされていたが、残りの1名については、持分移転の登記が一切されておらず、調査の結果、その者が既に死亡していること及びその法定相続人が28名いることが判明した。このうち、22名からは持分移転登記についての同意を得ることができたが、残りの6名については、戸籍の附票に記載されていた住所に手紙を郵送しても返信がなく（宛先不明で返送されたものではない）、連絡が取れなかった。

土地所有者の探索や制度活用等、解決のために講じた方策の手順

①解決方法の検討

　…自治会（申請者）は、認可地縁団体としての登記を進めることにより、今後、煩雑な登記手続を回避できるとの理由で認可地縁団体への所有権移転登記をすることを望んでいた。また、自治会は、申請以前にも、独自に法定相続人の探索を行ってきたが、連絡が取れない者が複数名存在した。当初、訴訟による解決も想定されたが、検討の途中で利用可能となって本制度による解決を図ることとした。

②疎明資料の確認

　※疎明資料：事業報告書、納税証明書のほか、22名の持分移転登記の同意書（写し）。居所不明者（6名のうちの1名）分については、戸籍の附票の写しの提出も依頼。

③公告手続（3か月間）

④（異議がなかったため）証明書の交付

⑤認可地縁団体への登記移転

| その他 |

〇相続人調査等には、専門家（弁護士）を活用した。

事例40　　　　　　　　　　　　　　　　　　　　　**事業主体：国**

土地の状況	解決方法
その他 （認可地縁団体が所有している にもかかわらず自然人を所有権の 登記名義人としている土地）	認可地縁団体が所有する 不動産に係る登記の特例

事案の概要

　築堤事業の用地内に、100名を超える個人の共有名義となっている土地が存在していた。

　当該土地を実際に所有及び管理しているのは地元自治会であったため、地方自治法第260条の2の規定により認可地縁団体を設立するとともに、地方自治法260条の38により認可地縁団体が当該不動産を所有していること等を公告し、260条の39により所有権移転登記を申請することにより迅速な用地取得を図った事案である。

土地の状況（問題のポイント等）

○土地取得時に地縁団体に法人格が付与される制度がなかったため登記することができず、地区住民の共有名義で登記されていた土地。

土地所有者の探索や制度活用等、解決のために講じた方策の手順

①権利者調査（平成27年2月～平成27年5月）

　…所有権の登記名義人の戸籍・住民票等の調査等を行った。

②地元自治会との調整（平成27年6月）

　…認可地縁団体設立等に関する説明会の開催等を行った。

③地元自治会の総会において　地縁団体設立の同意（平成27年7月）

　…認可地縁団体設立総会を開催し、地元自治会全体が同意した。

④地縁団体の認可申請書提出（平成27年8月）

　…地元自治会から市への設立申請がなされた。

⑤認可（平成27年10月）

⑥認可地縁団体の印鑑登録（平成27年10月）

⑦地方自治法260条の38　所有不動産の登記移転等に係る公告を地元自治体へ申請（平成27年11月）

⑧公告（平成27年11月　～　平成28年2月まで）

⑨異議がなかったことについて、地元自治体から申請認可地縁団体へ通知（平成28年3月）

⑩認可地縁団体に所有権移転登記（平成28年3月）

手続等に要した費用

十万円以下。

（認可地縁団体の印鑑登録手数料、印鑑登録証明書の交付手数料、所有権移転登記申請時の登録免許税。）

手続等に要した書類

地方自治法260条の2　認可申請書

地方自治法260条の38　所有不動産の登記移転等に係る公告申請書

その他

○今回は、事業用地の二筆が地縁団体に保管されている土地台帳及び財産目録に記載があり、かつ現実に地縁団体に利用されており占有の事実が認められる土地であったため、地方自治法第260条の38の第1項1号「当該認可地縁団体が当該不動産を所有していること。」及び2号「当該認可地縁団体が当該不動産を十年以上所有の意思をもって平穏かつ公然と占有していること。」を証明することができた。

○地方自治法260条の38第1項4号「当該不動産の登記関係者の全部又は一部の所在が知れないこと。」を証明する必要があった。今回は、該当する者についての「不在住証明書」を自治体に発行してもらうことで証明した。

事例41

土地の状況	解決方法	事業主体：国

土地の状況	解決方法
その他 （認可地縁団体が所有している にもかかわらず自然人を所有権の 登記名義人としている土地）	認可地縁団体が所有する 不動産に係る登記の特例

事案の概要

　起業地内に38名の共有名義地が存在し、うち37名で相続が発生。権利者約340名。戸籍等調査の結果、居所不明の相続人が1名存在。当初は全員から関係書類を収集しようと動いていたが困難な状況になった折、平成27年4月から「認可地縁団体の登記の特例」が施行されたのでこれを活用して用地取得を行った事案である。

土地の状況（問題のポイント等）

○取得対象地は地縁団体の所有だったが、当時地縁団体名義での登記が不可能だったため、当時の地縁団体のメンバー38名名義で登記したもの。

土地所有者の探索や制度活用等、解決のために講じた方策の手順

①権利者調査、必要書類の収集
②特例の活用のための地元、市との調整
③認可地縁団体からの特例申請、市の公告
④市の情報提供文書により、38名名義から地縁団体名義への所有権移転登記
⑤土地売買契約締結

手続等に要した費用

④の登記費用　50,000円

その他

○築堤を熱望する地元の積極的な協力、それを後押しする市の協力が前提にあり、今回の特例適用要件がきちんと当てはまったからこそ解決できたと考える。

事例42

	事業主体：農業委員会・農地中間管理機構等
土地の状況	**解決方法**
相続に伴う登記手続が 数代にわたりされていない遊休農地	農地法に基づく 所有者不明遊休農地の裁定制度

事案の概要

　長期間耕作放棄されている所有者不明の遊休農地が存在していたことから、農地法に基づく措置を活用して解消を図ることとした事例である。

土地の状況（問題のポイント等）

○対象地の登記名義人はおよそ70年前に死亡し、その配偶者及び子の全員が死亡していた。

○雑木や雑草が生い茂り、隣接する花き栽培ハウスの日照を阻害していたほか、病害虫や鳥獣被害が生じる原因となる恐れがあった。

土地所有者の探索や制度活用等、解決のために講じた方策の手順

①農業委員会が農地台帳、登記簿及び固定資産課税台帳を調査した結果、遊休農地の所有者が死亡していることを確認（平成28年6月）

②死亡した所有者の相続人（配偶者及び子）の戸籍謄本等の確認や集落の年長者等からの聞き取り調査によって、現所有者が不明であることを確認（平成28年6～7月）

③所有者不明である旨を公示（農地法第32条第3項）（平成28年7月）

④公示から6か月以内に所有者からの申出がなかったことから、農地中間管理機構に対してその旨を通知（農地法第43条第1項）（平成29年1月）

⑤農地中間管理機構は、県知事に対して裁定を申請（農地法第43条第1項）（平成29年1月）

⑥県知事は、農地中間管理機構に当該遊休農地の利用権を設定すべき旨の裁定（農地法第43条第2項により準用する同法第39条第1項）を行い、これを公告（農地法第43条第3項）（平成29年2月）

⑦⑥の裁定の定めるところにより、農地中間管理機構が利用権を取得（農地法第43条第4項）し、担い手へ貸付け

※　根拠条項は、事例当時のものです。

事例43

	事業主体：市町村（農地中間管理機構）
土地の状況	**解決方法**
相続に伴う登記手続が一代又は数代にわたりされていない土地	その他 （農業経営基盤強化促進法に基づく利用権設定）

事案の概要

　相続について所有権移転登記がなされていない農地について、相続人の過半の同意を得て利用権設定（農地中間管理機構への貸付け）を行った事案である。

土地の状況（問題のポイント等）

○平成26年度から新たな農地の貸し借りの仕組みとして「農地中間管理事業」が開始され、その実施主体となる「農地中間管理機構」に公益財団法人である県地域振興公社が指定を受け、県や市町村、農業関係機関団体等と連携しながら事業の推進にあたっている。

○平成26年6月、集落長及び水土里サークル活動組織の代表に、本件集落をモデル地区として選定することを説明し、了承を得た。

○農地中間管理機構への貸付けを予定する面積20.4haのうち、<u>約8haが相続未登記農地</u>であった。

土地所有者の探索や制度活用等、解決のために講じた方策の手順

①対象地区の空中写真を使用し、現地の聞き取り調査を実施。

　…それぞれの土地の状況の把握（名義人は誰か、名義人が現在も生存しているか、相続者の居所はどこか等）を行うとともに、それらの土地について、2分の1を超える共有持分を有する者の同意が得られる見込みがあるか否かの見当をつけた（共有土地である対象地につき、農業経営基盤強化促進法に基づく利用権設定をする場合、2分の1を超える共有持分を有する者の同意が必要であるため）。

②相続人の調査及び相続人に対する同意依頼

　…同意が得られ、あるいは得られる見込みのある土地のみでは、まだ面積として十分でないため、それ以外で必要な場所（名義変更がされていない土地）について、適宜、農業委員会を通じて担当部署へ戸籍簿等の取り寄せ（農地経営基盤強化促進法第18条を根拠法として公用請求）により、相関図の作成を依頼した。相続人の調査を行い、相続人を特定した土地については、利用権設定に対する協力を依頼した。

③2分の1を超える共有持分を有する者の相続人の過半数の同意を得て5年間

の利用権設定を行った。

※なお、登記事項証明書の請求は、網羅的に行うのではなく、聞き取り調査で
　同意を得られる可能性の高いところをピックアップした上で、その土地につ
　いての登記事項証明書を取得した。

| 出典 |

農林水産省経営局農地政策課（2015年7月）「農地中間管理機構の取組地区に
関する優良事例集」、p. 38
水土里ネット鹿児島（2015年10月）「農業農村整備かごしま　vol. 332」、pp. 16-
17

事例44

	事業主体：都道府県
土地の状況	**解決方法**
相続に伴う登記手続が一代又は数代にわたりされていない土地	その他 （任意買収：相続分譲渡）

事案の概要

　県道事業の用地取得に当たって、2代にわたって相続登記がされておらず、相続人が48名となっていた土地を、土地の管理者への法定相続分に係る共有持分の譲渡をさせるなどして、用地取得を行った事案である。

土地の状況（問題のポイント等）

○対象地は、路線の中間地点に位置する農地2筆、山林1筆であった。

○対象地を管理している相続人Aは、所有権の登記名義人であるB（農地2筆）・C（山林1筆）の直系の孫であり、従前より対象地の一切の管理を行っていた。

○B・Cには8名の子供がいたが、いずれも亡くなっているため、相続人がその子・孫に広がり計48名となっていた。

土地所有者の探索や制度活用等、解決のために講じた方策の手順

①Aとの交渉

　…Aから、相続人との交渉は起業者がやること、Aのみの名義で相続登記すること、無償で話をつけること、といった条件が出され、早期の用地買収が求められたことから、起業者側で相続人との交渉を実施することとした。

②相続人との交渉

　…各相続人に対し、「相続分のないことの証明書（特別受益証明書）」に署名・押印する方法により、A名義として相続登記を行うことについて協力を求めたが、最終的に協力を得られたのは18名のみだった。

③相続方法の再検討

　…②の方法では、起業者がA側の立場と捉えられてしまい、また、遺産分割協議も全員の合意が必要となり困難なため、法定相続分に係る共有持分を譲渡することにより進める方法を検討した。この方法によれば、譲渡に合意した相続人の法定相続分に係る共有持分についてはAに譲渡されて、その権利が集約されるため、その関係者の数を相当程度絞り込むことでき，起業者が任意で買収したり，裁決申請を行ったりする場合の事務上の負担が大きく削減される。

④Aとの再交渉

　…起業者側の説明に対しAは難色を示したが、事業の緊急性及び重要性を説明し、さらに、Aの希望どおり解決する可能性が非常に低いことも説明し、次の方針により進めることで、Aから了解を得た。

　　・Aの影響力が期待できる相続人（兄弟等）へは、Aからも依頼する

　　・有償譲渡を希望する相続人については、起業地価格に法定相続分を乗じた金額を支払う

　　・起業地は、最終的にAに共有持分を譲渡しない者とAとの共有になるが、相続手続完了後は、速やかに契約を締結する

⑤再交渉（全ての契約締結まで、①から１年６か月）

手続等に要した書類

①相続分譲渡証明書

②相続持分譲渡契約書

その他

○上記手順③においては、事前に公共嘱託登記司法書士協会、税務署、市の農業委員会、法務局等と協議し、了解を得た上で最終的に方針決定した。

○上記書類の様式については、司法書士と相談した。

出典

用地ジャーナル2002年11月号

　（補償事例）相続分譲渡による用地買収事例

事例45

土地の状況	事業主体：都道府県
	解決方法
相続に伴う登記手続が一代又は数代にわたりされていない土地	その他 （登記簿の確認、森林組合・町内会等への聞き取り調査、戸籍謄本の確認による所有者探索）

事案の概要

　県行造林地において分収契約が満期を迎えるにあたり、延長契約に伴う土地の現所有者の探索が必要となった際、分収契約を結んだ当時の契約相手のほとんどが死亡しており、相続登記が行われていない場合が多い。登記簿の確認、森林組合及び町内会等への聞き取り調査、戸籍謄本の確認を行うことで現所有者を特定した事案である。

土地の状況（問題のポイント等）

　○分収契約の延長契約を結ぼうとした際、当時の契約相手が死亡している森林。

土地所有者の探索や制度活用等、解決のために講じた方策の手順

現所有者の探索方法（①から③の順に探索）

①登記簿の確認

　県行造林契約地番の登記簿を公用で取得し、所有権の登記名義人を確認する。所有権の登記名義人宛に、現所有者を確認する旨の手紙を送付する。これにより、現所有者もしくは現所有者を知っている人が判明する（全体の５割程度※）。

②聞き取り調査

　登記簿の確認により現所有者が判明しなかったものについて、森林組合及び町内会等への聞き取り調査を行う。これにより、現所有者や現所有者の知人の連絡先を得ることができ、そこへ連絡を取ることで現所有者が判明する（全体の３割程度※）。

③戸籍謄本の確認

　登記簿の確認及び聞き取り調査により現所有者が判明しなかったものについては、分収契約の相手方の戸籍謄本等を公用で取得し、現所有者を特定できるまでたどっていく。これにより、現所有者が判明し、電話帳等により連絡先が把握できる（全体の２割程度※）。

※担当者からの聞き取りによるもので、おおよその割合

| その他 |

○現所有者を探索していく上で、できる限り時間や手間をかけないようにしていることから、戸籍謄本の確認はあくまで最終的な手段としている。

○現所有者が判明した場合でも、現所有者が相続登記をする必要性を感じていないことや時間・手間・費用がかかるということから相続登記が行われない場合が多い。

○登記情報は公表情報であり、森林組合等の事業体も入手可能である。当該情報が実態と合った情報となることは集約化等に有用である。

事例46

| | 事業主体：都道府県 |

土地の状況	解決方法
相続に伴う登記手続が一代又は数代にわたりされていない土地	その他 （市町村と林業事業体等を構成員とした地域協議会が所有する森林所有者情報の活用）
その他 （登記名義人が所在不明な土地）	

事案の概要

　不在村や相続未登記による所有者不明の森林、また、森林経営そのものに無関心な所有者の森林が点在することにより、①森林法に基づく森林経営計画の作成及び②森林の効率的な整備に支障が生じるケースが見られる。県独自の事業である「森と担い手をつなぐ集約化促進事業」の活用によって、所有者不明の森林、経営・管理に無関心な所有者の森林を把握・調査し、森林所有者への働きかけを行うことで森林の施業集約化を図った事案である。

土地の状況（問題のポイント等）

○登記名義人が亡くなったあと、相続登記がされないままであり、登記名義人の子や孫の所在が不明であったため所有者不明となっている森林。

○また、登記名義人が転居のため現住所が不明となっている森林。（登記事項要約書記載の名義人に書類を郵送しても、所在不明で返送されてしまう森林）

土地所有者の探索や制度活用等、解決のために講じた方策の手順

①地域協議会構成員（市町村等）が有する森林所有者情報を突合し、森林所有者の氏名・住所184名を特定し、所有林情報との紐付けを行う。（森林簿、登記事項要約書、電話帳、ゼンリン地図、森林組合提供の委託契約情報等で補完）

②特定した森林所有者へDMを送り、宛先不明で返送されてきた24名については、区長説明会や個別訪問等での聞き取り調査で22名が探索できた。

　＜個別訪問の事例＞

　・地元区長への聞き取り

　・不明所有者の住所地の住民への聞き取り

　・不明所有者の親戚・同級生への聞き取り

　・事業説明等で尋ねた森林所有者への聞き取り

その他

・県単独事業である「森と担い手をつなぐ集約化促進事業」の活用

　…実施主体：地域協議会

　…県では市町村と林業事業体等を構成員とした地域協議会への支援を通じ、
　　地域協議会に新たに雇用した「集約化専門員」を中心に、森林調査、森林
　　カルテの作成、集落座談会、個別訪問、DM送付等により、所有者不明又
　　は森林の経営・管理に無関心な所有者の森林を把握・調査。

　…地域協議会の構成員である市町村との連携

　…協力員（地元区長等）との連携

　このような森林所有者への働きかけを行うことで、森林の施業集約化を促進。

手続等に要した書類

　①森林簿、②登記事項要約書、③電話帳、④ゼンリン地図、⑤航空写真

事例47　　　　　　　　　　　　　　　　　　　　　　　　| 事業主体：都道府県

土地の状況	解決方法
その他 （水利組合の現在の代表者への 所有権移転登記が 行われていない土地）	その他 （任意買収：所有権移転登記）

事案の概要

　高規格幹線道路事業において、水利組合の代表者の個人名で登記されている池を一部買収することになったが、所有権の登記名義人は既に死亡していた。登記記録上は個人財産となっているものの、池の権利は17名の水利権者にあり、所有権の登記名義人の相続人は補償対象者にはなり得ないため、補償対象者を確定するために所有権の登記名義人である代表者から現在の代表者に所有権移転登記を行った事案である。

土地の状況（問題のポイント等）

○対象地は農業用水のため池であり、権利能力なき社団である水利組合が所有しており、17名が池の水を使用している。

○昭和23年12月、自作農創設特別措置法により農林省（当時）から水利組合代表のＡ氏に対して売却されて所有権移転登記がなされたが、Ａ氏死亡後、選任された後任者への所有権移転登記が行われていなかった。

土地所有者の探索や制度活用等、解決のために講じた方策の手順

①現在の代表者との交渉

②その他の相続人への説明と「登記原因証明情報」への署名・捺印

　…書類は事業者側で準備したが、相続人への説明や手続は現在の代表者が実施した。

③所有権移転登記

手続等に要した書類

①登記原因証明情報

出典

用地ジャーナル2010年9月号

　（補償事例）権利者確定のための所有権移転手続の事例

事例48

	事業主体：国
土地の状況	**解決方法**
所有権登記名義人等やその相続人が 外国に在住している土地	その他 （海外在住者への対応）

事案の概要

　河川の治水対策事業に際して、取得予定地の所有権の登記名義人の相続人のうち一人が海外（イギリス）に在住していたことから、他の相続人への聞き取りによりその所在を把握し、取得交渉を進めている事案である。

土地の状況（問題のポイント等）

○対象地の所有権の登記名義人が亡くなり、相続が発生した。

○複数いる相続人のうちの1名（相続人A）が海外（イギリス）に在住していることが判明した。

土地所有者の探索や制度活用等、解決のために講じた方策の手順

①国内に住む相続人（相続人B）からイギリス在住の相続人Aにメールにて連絡を依頼

②相続人Aから、起業者へメールで連絡

③署名証明に向けた準備

　…海外在住者の場合、印鑑登録証明書に代えて、大使館（領事館）にて署名の証明をしてもらい本人確認する必要があり、その署名の証明には10ユーロ（国によって異なる）ほどの手数料が書類ごとに必要となる。また、郵送で対応する際に、返信用封筒に当方で切手を貼っておく必要があるが、起業者側で海外の切手を準備することが必要となる。

　　今回は、署名証明に必要な費用負担については大使館宛に署名（及び拇印）証明（手数料免除）について依頼をすることにより対応し、海外からの返信用の切手については、返信切手相当分の国際返信切手券を購入し郵送することで対応した。

④署名の証明手続を利用することにより、筆界確認書及び官民境界協議書について、署名がなされた。

⑤今後も同様に署名の証明手続を利用することにより、契約書の調印を行い、対象地を取得する予定。

手続等に要した費用

　国際返信切手券16枚（2,400円）、他に大使館と打合せのための国際電話代

手続等に要した書類

　署名証明（手数料免除）依頼書　※任意様式

その他

　○平成28年1月現在、手続中であり、署名証明をされた書類は返送されてきていないため、完結はしていない。

事例49

	事業主体：国
土地の状況	**解決方法**
所有権登記名義人等やその相続人が 外国に在住している土地	その他 （海外在住者への対応）

事案の概要

　土地に関する登記記録の所有権の登記名義人の住所にアメリカの住所地が記録されていたことから、所有権の登記名義人の現在の住所地を確認するため戸籍等の収集を行ったところ、所有権の登記名義人の住所が「アメリカ国籍取得（日本国籍喪失）」とされていたため、その所在を確認し、外国郵便、メールによるやり取りの結果、契約に至った事案である。

土地の状況（問題のポイント等）

○対象地の所有権の登記名義人が外国籍（アメリカ）であった。

○土地の登記記録に記録された所有権の登記名義人のアメリカの住所については、その後所在を確認するため県人会、総領事館へ調査を行い、総領事館から住所地の参考となる事項を入手した。結果として、土地の登記記録の住所とは異なっていたことが判明した。

土地所有者の探索や制度活用等、解決のために講じた方策の手順

①権利者調査（平成27年6月〜平成27年7月）

　…戸籍等の収集、所在調査（県人会、領事館）を行った。

②翻訳作業（平成27年7月〜必要に応じ作業）

　…所有権の登記名義人は英語しか理解できなかったため、翻訳会社へ委託し、事業説明資料、補償概要などを翻訳し、説明用資料を作成した。契約書類等は日本語、英語を併記した。

③書類の郵送（契約まで）（平成27年7月〜平成27年9月）

　…主に郵送にて書類のやり取りを行い、メールにて補足を行った。契約書類の中で「身元宣誓陳述書」、「登記原因証明情報兼登記承諾書」には公証人の証明を得た。

④契約（平成27年10月）

手続等に要した費用

翻訳作業（20万円）、郵送費（6,000円）

[手続等に要した書類]

①権利者調査時…土地登記記録、戸籍

②翻訳作業にて作成…説明用手紙、事業概要資料、契約関係資料

③EMS郵便（国際スピード郵便）

[その他]

○契約書、請求書については本来契約額にて書類作成を行う必要があるが、支払を行う際（外国送金）は譲渡所得税額分を差し引いて支払う必要がある（譲渡所得税額分は税務署へ支払）。

事例50

土地の状況	解決方法
	事業主体：都道府県
所有権登記名義人等やその相続人が 外国に在住している土地	その他 （海外在住者への対応）

事案の概要

　道路改良事業において土地の所有権の登記名義人のうち1名が海外（インド）に在住していたことから、親族に確認したところ、当該登記名義人の住所が判明し、関係する役所等との入念な打合わせ等を経て、現地へ渡航して売買契約や登記手続を完了させた事案である。

土地の状況（問題のポイント等）

○取得する事業用地は、7筆で土地の所有権の登記名義人は3名、このうち、1名について住民票の除票及び戸籍の附票を調査したところ、出国した国名（インド）しか記載されておらず、現住所が不明であった。

土地所有者の探索や制度活用等、解決のために講じた方策の手順

①海外在住の登記名義人に係る戸籍調査の結果、国内にいる血縁者が1名だけ存命していた。所有者の現住所を確認するため当該血縁者へ書面を郵送した結果、登記名義人の代理人（日本在住、不動産を管理する人）からインド国内の現住所を教えてもらうことができた。

②在インド日本国大使館領事部に本人による署名証明書と在留証明願の申請及び交付について問合せを行い、休館日や申請から交付までの期間、所有者宅から在インド日本国大使館領事部までの所要時間（2時間以上）についても確認。また、各申請は本人にしかできないが、委任状とパスポートがあれば代理受領が可能とのことがわかった。

③渡航前に準備する各書類について各関係機関と打合せのうえ作成

④所有者とインド国内で会うため、メールで日程調整

⑤所有者とインドにて契約手続

　…本人確認後、図面や資料による用地説明を行った上で、契約手続及び支払方法の確認をした。

⑥帰国後の登記手続

　…在インド日本国大使館領事部で交付された署名証明書及び在留証明書と、所有権の登記名義人が記入した登記原因証明書兼登記承諾書による嘱託登記を行った。

手続等に要した書類

○戸籍、戸籍の附票、住民票の除票

○大使館領事部で交付された署名証明書及び在留証明書

○所有権の登記名義人が記入した登記原因証明書兼登記承諾書

その他

○外国においては印鑑登録制度がないため、外国在住の登記名義人から提出してもらう登記原因証明書兼登記承諾書に添付する印鑑証明書が発行されないことや、日本国で保有・登録していた実印は外国では使用できないことに注意が必要。

○土地代金を円で支払う際の口座の有無についても確認が必要。

出典

用地ジャーナル2016年10月号

　（補償事例）土地所有者が国外に在住している場合の土地取得の手続きについて

事例51

事業主体：国	
土地の状況	解決方法
解散等をした法人が所有権登記 名義人等となっている土地	その他 （清算人の選任）

事案の概要

　事業用地に破産手続が終結した法人が所有する土地が存在していたため、清算人を選任して用地取得を図った事案である。

土地の状況（問題のポイント等）

○対象地は、既に破産手続開始決定後、破産手続が終結したことにより登記簿が閉鎖された法人の名義となっていた。

土地所有者の探索や制度活用等、解決のために講じた方策の手順

①準備期間（約3か月）

　…法人の閉鎖登記簿の調査を基に当時の代表者を特定し、起業者から当時の代表者に経緯及び清算人による処理方針について説明を行った。国の事件であるため、申立てを行う地方法務局と事前協議を実施した。

②清算人の選任の申立て（平成23年4月）

③清算人選任の決定（平成23年7月）

④清算人選任登記（平成23年7月）

　…法人登記簿に清算人選任の登記を行うべく登記申請をした。

⑤境界確定（平成23年8月～平成23年11月）

　…清算人に境界立会を依頼し、境界確定を行った。

⑥土地の売買契約の締結及び所有権移転登記（平成23年12月）

　…補償対象を確定し、土地売買契約を締結した。その後所有権移転登記をした。

⑦任務終了による清算人の取消し（平成25年6月）

その他

○清算人は裁判所が定める職務報酬等の費用を土地売買契約等の補償金など清算する法人の財産のうちから受領することとなるが、その財産が報酬等の費用に満たない場合に備え、清算人選任時に申立人から裁判所に予納金が納められた。

○法人登記簿への清算人の登記は、選任された清算人が申請する必要がある。

事例52

	事業主体：国
土地の状況	**解決方法**
解散等をした法人が所有権登記 名義人等となっている土地	その他 （清算人の選任）

事案の概要

　河川改修用地において、法人解散後、清算手続未了のまま代表清算人が死亡していることが判明し、関係人が申立人となり、裁判所において清算人を選任してもらい、清算人と売買契約を締結し解決した事案である。

土地の状況（問題のポイント等）

○対象地の登記記録や戸籍等を調査した結果、法人解散後に清算手続が未了のまま、代表清算人が死亡していることが判明した。

土地所有者の探索や制度活用等、解決のために講じた方策の手順

①司法書士に清算人選任手続の方法についての相談（平成25年5月）

②関係人に相談（平成25年5月～平成25年9月）

③清算人選任手続（平成25年10月～平成25年11月）

④清算人による国との土地売買について、裁判所への許可申請（平成25年12月～平成26年1月）

⑤売買契約（平成26年1月）

事例53

	事業主体：国
土地の状況	**解決方法**
解散等をした法人が所有権登記名義人等となっている土地	その他（清算人の選任）

事案の概要

　解散後、清算手続中の法人につき、その清算結了前に清算人が死亡した。東京法務局へ清算人選任申立ての依頼を行い、東京法務局から裁判所に国を申立人とする清算人選任の申立てを行った事案である。

土地の状況（問題のポイント等）

○登記記録・戸籍を調査した結果、法人解散後、清算手続未了のまま清算人が死亡していることが判明した。

○清算人選任の手続の利用に当たって、適当な申立人もいなかったことから、国を申立人とする清算人選任のための手続を東京法務局に依頼した。なお、東京法務局は同手続の依頼をしたのは、解散当時の法人の本社の所在が東京都であったためである。

土地所有者の探索や制度活用等、解決のために講じた方策の手順

①清算人選任申立ての手続依頼（平成26年12月）

②東京地方裁判所にて清算人選任決定（平成27年7月）

③土地売買契約（平成27年11月）

手続等に要した書類

清算人選任申立ての手続依頼書

事例54

土地の状況	解決方法
解散等をした法人が所有権登記名義人等となっている土地	その他（清算人の選任）

（右上）事業主体：都道府県

事案の概要

　道路改良事業に伴い、法人所有の土地を取得することとなったが、当該法人の取締役が死亡していたり、その所在が不明であったりしたため、取締役の相続人を清算人に選任し、土地売買契約を締結した事案である。

土地の状況（問題のポイント等）

○対象地は、県道沿いに位置する宅地で、「有限会社Ｓ工務店」という法人名義の土地である。

○法人登記簿に記載されている本店所在地を調査したものの、同土地上に建物は確認できず、同所で事業を行っている法人も確認できなかった。

○法人登記簿に記載されている取締役３名のうち、代表取締役を含む２名の取締役は死亡し、１名の取締役の所在は不明であった。監査役だけが確認できたが、監査役は同社の経営に関わっていなかった。

土地所有者の探索や制度活用等、解決のために講じた方策の手順

①権利者の調査

　…関係者への聞き取りにより、株主情報を把握でき（Ｓ工務店の株主は、代表取締役の息子と４名の代表取締役の親戚縁者）、株主総会開催までの見通しがついた。

②株主の意向確認

　…株主への意向調査の結果、株主総会により法人解散と清算人選任の決議を行い、清算人と契約を締結する方法が望ましいとの意向を有していることが判明した。

③清算人選任の方針決定

　…事務手続は司法書士と息子が協力して行い、清算人を息子に依頼することとした。

④株主総会において法人の解散と清算人選任決議

⑤清算人の申請により清算人の登記

⑥清算人の登記後に、清算人と県とで売買契約を締結

| 出典 |

用地ジャーナル2012年 3 月号

　（補償事例）取締役全員が不在となった法人との土地売買契約について

事例55

土地の状況	事業主体：国
	解決方法
記名共有地	その他
共有惣代地	（表題部所有者更正登記）

事案の概要

　表題部所有者の筆頭者以外の共有者の氏名及び住所が不明のため、特定が非常に困難であったが、地元自治会の所有であることが判明したため、地縁団体の設立と表題部所有者更正の登記により任意契約に至った事案である。

土地の状況（問題のポイント等）

○表題部所有者は「A外○名」となっており、記録のあったAについては、本人及びその相続人の特定ができたが、その他の表題部所有者は氏名及び住所の記録がなく、特定できなかった。

○現在の登記記録の基になった土地台帳も調査したが、その所有者欄は「共有惣代A外○名」となっていた。

○また、地元自治会役員等からの聞き取り結果等から、当該土地は地元自治会の所有であり、納税も同自治会が行っていることが判明した。

土地所有者の探索や制度活用等、解決のために講じた方策の手順

①解決方法の検討

　…「委任の終了」を登記原因として所有権移転登記をするには、全ての共有者との共同申請が必要になるが、この事案では共有者の一部の特定が困難であるため、以下の手続による解決を図った（表題部所有者を特定することができないため、所有権保存登記申請もできない。）。

②判明した相続人に対し、以下の手続により解決する旨の承諾を得る

　…1．地元自治会が地方自治法第260条の2第1項に基づき、地縁団体の認可を受ける。

　　2．相続人、市役所、連合自治会から、当該土地が認可地縁団体である地元自治会が所有する財産であるとの証明書を得る。

　　3．法務局に認可地縁団体を表題部所有者とする表題部所有者更正の登記を申請し、その登記をした上、起業者が表題部所有者である認可地縁団体から用地を買収。

事例55

出典

平成25年度近畿地方整備局研究発表会

　（論文）相続人多数共有地に関する処方箋

事例56

<table>
<tr><th colspan="2"></th><th>事業主体：都道府県</th></tr>
<tr><th colspan="2">土地の状況</th><th>解決方法</th></tr>
<tr><td colspan="2">その他
（共有地）</td><td>その他
（入会林野整備事業）</td></tr>
</table>

事案の概要

　道路改良工事に伴い、集落の入会林野（登記記録上61名共有）を、通常の買収方法によらず、起業者と入会権者が協力し「入会林野等に係る権利関係の近代化の助長に関する法律（以下、入会林野等近代化法）」に基づき、入会林野の権利関係の整備を実施し、所有権の登記名義人を実際の権利者に変更後、起業者がこれを買収した事案である。

土地の状況（問題のポイント等）

○対象地は、所有権の登記名義人が61名の共有地であり、所有権の登記名義人の約半数（27名）が死亡し、戸籍等の調査の結果、相続人を含む関係者が213名に上り、この中には行方不明者も存在していた。

○対象地については、集落で「共有地管理委員会」を設立し、固定資産税等の納付を行っているが、同委員会の会員（入会権者）は、所有権の登記名義人と一致せず、集落から転出した場合は権利を喪失することとされていた。

土地所有者の探索や制度活用等、解決のために講じた方策の手順

①当該土地の利用状況について、聞き取り調査等を実施
　…これにより、当該土地は、集落の「総有」である可能性が高いと判断した。
②上記結果をもって県の入会林野担当課と協議
　…その結果、今後入会林野整備を進めるに当たっては、入会林野等近代化法に基づき現在の入会権者（集落の世帯主）全員から事業に対する「同意書」、並びに、所有権の登記名義人等から「土地の実質所有者は入会権者であり、自らはあくまでも形式的な登記記録上の所有権の登記名義人である」旨を事業主体が確認する「確認書」が必要であることが判明した。
③全入会権者に対して入会林野近代化法による整備計画案についての意向確認を実施
　…全員が全面的に協力意向を示した。
④入会林野等近代化法により手続を進める。
（入会林野整備事業は以下のように実施）
　1．整備意思確認と整備計画決定集落の総会で整備を行うか諮った後、整備計画決定。

2．整備後の登記方法検討：当該入会地は、国土調査の際に64筆に分割されており、現在もその通り分割利用していたため、こうした実態に合わせて各権利者の名義で登記することに決定。

3．関係者からの同意：本件では、同意を得ることが必要な権利者（入会林野に抵当権、地上権等の権利を有する者）は存在しなかった。

4．所有権の登記名義人等からの確認：所有権の登記名義人又はその相続人に対し「自分たちは形式的な登記簿上の所有者名義人（又はその相続人）であり、実質所有者は入会権者である」旨の確認書を送付。確認対象の213名の内212名から確認書を受け取り、個人として権利を有するとの主張はなかった。残り１名は行方不明で親族への聞き取りをしても分からない旨を報告書としてまとめ、入会林野整備事業の認可申請書に添付した。

5．認可申請・移転登記：市町村長の意見書を添付し、認可申請。知事の整備計画認可後、各権利者の所有権移転登記完了。

6．用地買収

手続等に要した書類

①確認書
②同意書
③所有権の登記名義人の相続人（１名）が行方不明である旨の報告書

その他

○地元から入会林野整備の強い要望があり、起業者との理解が一致した（地元の協力が不可欠）。

○確認書の収集に当たって、遠方の所有権の登記名義人及びその相続人については、できるだけ地元の親類縁者から事前に電話連絡をしてもらうよう協力依頼した。

○手続上の観点から、入会林野整備関係署名は記名押印で足り、相続登記の際の実印及び印鑑登録証明書が不要である点も、成功した要因と考えられる。

○任意買収や収用裁決と異なり、用地取得部分だけでなく、残った土地の登記名義も変更できることが土地所有者にとっても大きなメリットであるため、協力を得られやすかったことも特筆すべき点である。

| 出典 |

用地ジャーナル2015年11月号

（補償事例）入会林野整備事業を活用した買収事例について

事例57

	事業主体：国
土地の状況	解決方法
その他 （共有地）	その他 （昭和22年政令15号と登記の錯誤 を原因とする所有権抹消登記の申請 による、大字名義の回復）

事案の概要

　旧村（大字）有の財産から共有者名義に所有権移転登記がされていた土地を取得した事案である。

土地の状況（問題のポイント等）

○戦後、部落会・町内会が戦争遂行の下部組織になったとして昭和22年政令15号により解散させられ、その財産は2か月以内に処分しないと市町村に帰属するとされた。これを受けて部落会等から個人名義に所有権移転登記がされたものが多く発生した。

○当該土地も昭和22年に大字から払い下げられており、このような歴史的経緯を経て、現在の状況に至ったと推測された。

土地所有者の探索や制度活用等、解決のために講じた方策の手順

①所有権の登記名義人の中に数名の生存者がおり、登記の経緯を説明するため、生存している所有権の登記名義人の証言を「陳情書」として作成。

②自治会総会を開催し、以下③～⑤の手続により解決を図る旨を決議

③自治会から起業者に対する登記承諾書の徴取等への協力要請文や、①の陳情書等の資料一式を生存している所有権の登記名義人及び死亡している所有権の登記名義人の相続人全員へ送付し、説明。

④「錯誤」を原因とする所有権抹消登記を行う旨、生存している所有権の登記名義人及び死亡している所有権の登記名義人の相続人全員と共同して、所有権抹消登記を申請し、大字名義を回復。

⑤C市の一般承継財産として、起業者がC市から用地買収（売買契約）。

出典

平成25年度近畿地方整備局研究発表会

　（論文）相続人多数共有地に関する処方箋

事例58

土地の状況	事業主体：都道府県
	解決方法
その他 （地縁団体が所有しているにも かかわらず自然人の共有名義と なっている土地）	その他 （任意買収：所有権移転登記）

事案の概要

　個人名義で登記されている自治会館用地を認可地縁団体への所有権移転後に取得した事案である。

土地の状況（問題のポイント等）

○対象地は、当該地域の地縁団体であるK地区会が、昭和14年、地区会館建設のために売買により取得した土地である。

○対象地は、当時の役員2名（共に死亡）による個人の共有名義で登記されていた。

○所有権の登記名義人死亡後、昭和59年に対象地がK地区会の資産である旨の公正証書が作成されていた。

土地所有者の探索や制度活用等、解決のために講じた方策の手順

①地縁団体の認可申請

　…K地区会が地方自治法第260条の2の規定に基づく地縁団体の認可を申請し、法人格取得

②所有権移転登記

　…所有権の登記名義人の相続人全員とK地区会の共同申請により、所有権移転登記を行う（登記の原因：「委任の終了」、所有権移転の日：地縁団体の認可日）

③土地売買契約

手続等に要した書類

①地縁団体台帳（写）

②登記申請書（委任の終了）

③登記原因証明情報（委任の終了）

事例58

出典

用地ジャーナル2015年4月号

　（補償事例）個人名義で登記されている自治会館用地を認可地縁団体への所
　有権移転後に取得した事例

事例59

土地の状況	解決方法
その他 （代表取締役が行方不明の法人名義 の土地）	その他 （仮取締役兼仮代表取締役の選任）

事案の概要

　道路事業用地に法人所有（特例有限会社）の土地及び建物等が存在し、その法人の代表取締役が行方不明であり、後任者の選任も見込めないため、会社法第346条第2項及び同法第351条第2項の規定に基づき、仮取締役兼仮代表取締役選任申立を活用することにより迅速な用地取得を図った事案。

土地の状況（問題のポイント等）

○登記記録上の土地所有者は当該法人名義であるが、その代表取締役が多重債務状況で行方不明であり、定款に基づく株主総会が招集できず取締役の選任ができない。また、残された取締役が一人で、非協力的であり、定款に基づく互選により代表取締役を選任することもできず、現在の株主も特定できないため株主総会も開催できない状態であった。

土地所有者の探索や制度活用等、解決のために講じた方策の手順

①土地等の権利者調査（平成27年6月）

②外国人登録原票等に関する照会（平成27年9月～平成27年10月）

　…行方不明である代表取締役が外国人のため。

③住所地への所在確認（平成27年10月～平成27年12月）

④聞き取り等による調査（他の取締役、根抵当権者、身内、隣接者等）

　（平成27年10月）

⑤仮取締役兼仮代表取締役選任申立、裁判官審問、選任（平成28年3月）

⑥仮取締役兼仮代表取締役（弁護士）と起業者間で土地売買契約等

　（平成28年12月）

手続等に要した書類

○仮取締役兼仮代表取締役選任申立書

[その他]

○裁判官より株主総会が本当に開催できない状況かどうか、定款、株主の存在等を詳細に確認された。

○国が利害関係人として申請するため事業の必要性、緊急性を裁判官から求められた。

○裁判所に対しては、今回は会社が多重債務であり、その状況で代表取締役が行方不明となっていることから、仮取締役兼仮代表取締役が選任されたとしても、債権者等との協議如何により契約締結ができない場合もあり、最終的に土地収用制度の活用が必要となる場合が想定される等の説明が必要であった。

○土地売買契約後においても、工事に対する協議（乗入口設置等）が必要であるため、仮取締役兼仮代表取締役の在任期間を当該用地取得箇所の工事終了期間まで含めるべきである。

事例60

	事業主体：国
土地の状況	**解決方法**
その他 （代表取締役が行方不明の法人名義 の土地）	その他 （仮取締役兼仮代表取締役の選任）

事案の概要

　事業に伴い移転が必要となる建物等の所有者である法人の取締役及び代表取締役が全員死亡し、後任者を選任された形跡も認められないことから物件移転契約が出来ないため、当該契約を行うに際し、会社法第346条第2項及び同法第351条第2項の規定に基づき、仮取締役兼仮代表取締役選任申立てを活用することにより迅速な用地取得を図った事案。

土地の状況（問題のポイント等）

○建物の登記名義人である法人（特例有限会社）の法人登記簿は存在するが、取締役及び代表取締役は全員死亡し、他の社員（株主）の所在も不明で、営業実態の無い会社であり、後任者を選任した形跡も認められない。

土地所有者の探索や制度活用等、解決のために講じた方策の手順

①物件の権利者調査（平成26年6月〜平成26年9月）
②法人登記簿調査（現在及び閉鎖）（平成26年6月〜平成26年9月）
③取締役の戸籍調査（平成26年6月〜平成26年9月）
④仮取締役兼仮代表取締役選任申立て（平成26年11月）
⑤仮取締役兼仮代表取締役選任（平成26年12月）
⑥仮取締役兼仮代表取締役（弁護士）と起業者間で土地売買契約等
　（平成27年2月）

所有者の所在の把握が難しい土地に関する
探索・利活用のためのガイドライン
（第3版）
〜所有者不明土地探索・利活用ガイドライン〜

2020年2月20日　初版発行
2022年3月1日　初版第2刷発行

発行者　　和　田　　　　裕

発行所　日 本 加 除 出 版 株 式 会 社
本　　社　郵便番号 171-8516
　　　　　東京都豊島区南長崎 3 丁目 16 番 6 号
　　　　　ＴＥＬ　（03）3953-5757（代表）
　　　　　　　　　（03）3952-5759（編集）
　　　　　ＦＡＸ　（03）3953-5772
　　　　　ＵＲＬ　www.kajo.co.jp
営　業　部　郵便番号 171-8516
　　　　　東京都豊島区南長崎 3 丁目 16 番 6 号
　　　　　ＴＥＬ　（03）3953-5642
　　　　　ＦＡＸ　（03）3953-2061

組版　㈱精興社／印刷・製本（POD）　京葉流通倉庫㈱